# 民国的一种致命伤

孔繁杰　王书芹　著

图书在版编目（CIP）数据

民国的一种致命伤 / 孔繁杰，王书芹编著．— 北京：华文出版社，2015.5（2021.6 重印）
ISBN 978-7-5075-4341-4

Ⅰ.①民… Ⅱ．①孔… ②王… Ⅲ．①中国历史－研究－民国 Ⅳ．①K260.6

中国版本图书馆 CIP 数据核字 (2015) 第 102959 号

民国的一种致命伤

---

编　　著：孔繁杰　王书芹
责任编辑：胡慧华
出版发行：华文出版社
社　　址：北京市西城区广外大街 305 号 8 区 2 号楼
邮政编码：100055
网　　址：http://www.hwcbs.com.cn
电　　话：总 编 室 010-58336239　发 行 部 010-58336212 58336238
　　　　　责任编辑 010-63421256
经　　销：新华书店
印　　刷：三河市燕春印务有限公司
开　　本：710 × 1000　1/ 16
印　　张：15. 50
字　　数：150 千字
版　　次：2017 年 6 月第 1 版
印　　次：2021 年 6 月第 3 次印刷
标准书号：ISBN 978-7-5075-4341-4
定　　价：59. 00 元

---

# 目 录

# 案一　开国之年强权案

## 袁国府 唐内阁 总统总理两龃龉

1911 年，作为清廷中央机关事务局的内务府，一年支银预算高达 1024 万两，而咸丰朝时仅为 40 万两。两广总督岑春煊巡视陆军学堂时，一次宴会就需洋酒 1300 多金。至于冒领公款、挥霍浪费，甚至侵吞赈灾款粮等更是层出不穷。

晚清对外卖国求存，奴颜事敌；而国内纲纪松弛，官吏贪污受贿，渎职无为，不本公道而循私，不凭信义而事诡，腐败透顶，为内外所疾恶。是以上天厌其德，下民倦其治，满清气数已尽。

1911 年 10 月，武昌起义一声枪响，革命党人振臂一呼，仅在一个月之内，关内就有 18 省响应，纷纷宣布脱离清廷而独立，那清政府就像枯透的大树一样，一阵风吹来，说倒就倒了！腐败落后、人心尽失是导致清帝国灭亡的主要原因。

清朝倒了，中华民国站起来。1912 年是中华民国开国年。

是年 1 月 1 日，孙中山在南京宣誓就任临时大总统，宣告中华民国临时政府成立。2 月 12 日，隆裕太后在哭声中发布《退位诏书》。翌日，孙中山考虑到袁世凯的北洋军实力强大，担心刚诞生的共和政体遭到内战扼杀，更担心外国列强干涉而致革命成果丢失，他毅然决定辞去临时大总统职务，让位给袁世凯。那时的袁世凯应该说是受国人信任的，革命党人也对他抱有很大期望。

2 月 15 日，南京临时参议院选举袁世凯为临时大总统，黎元洪为副总统。3 月 10 日，袁世凯在北京宣誓就职，各国公使也陆续承认中华民国。狡猾的袁世凯不愿去南京就职，他认为离开老巢北京无异于老虎离山，在袁世凯的坚决要求下,国府及南京临时参议院由南京迁到北京。从此,中国历史进入"北洋政府"时期。

袁世凯就任大总统才两个月，就发生了一件惊人奇闻：首任内阁总理唐绍仪跑了！

唐绍仪于 1912 年 4 月来到北京组阁，他怀着极大的政治热情投入工作，挑选宋教仁、蔡元培、陈其美等同盟会骨干成员入阁。他勤于公务，注重办事效率，使政府呈现一派新气象。然而，北京临时政府的官僚有不少来自清廷旧臣，他们唯袁世凯的马首是瞻，与南方来的革命派新官员根本就不和群，政见相悖，互相猜度，处处为难，暗斗涌动。

袁世凯想大权独揽，对唐绍仪推行责任内阁制、"事事咸恪遵约法"甚为不满。尤其在用人、财政、总理副署权等问题上，两人的分歧一步步加深。相应地也就形成了袁系的国府派与唐内阁派。

唐绍仪主张"民国用人，务贵新不贵旧"，而内务总长赵秉钧私自安排北洋旧人入阁。赵秉钧是袁世凯的心腹，唐绍仪奈何不了他。按《临时约法》规定，组阁是总理的权力，唐绍仪准备让黄兴出任陆军总长一职，但袁世凯对黄兴这个人选十分忌讳，因为在袁世凯发动京津兵变期间，黄兴就企图派兵北上倒袁。

唐绍仪在裁汰冗员、安排人事职位问题上得罪了不少北方政客。陆军总长段祺瑞上任后操纵陆军部，各司位置多为段祺瑞委任完毕，又推荐刚毕业的士官学生为陆军次长。唐绍仪大为愤懑，致使南北两派——唐内阁派与袁系国府派之间的矛盾激化。唐绍仪处在矛盾的漩涡中，一筹莫展。

临时政府初立，国库空空，而各方开支又迫在眉睫，无奈，唐绍仪只好向外国银行借款。不料，这又和袁世凯发生分歧。以袁系内务总长赵秉钧为首的一伙人，甚至连国务会议也不参加。总统府那边的人时常议论："经总统承认的事，又必须经总理承认才行，那总统不成了总理的傀儡吗？"

有一次，唐绍仪谒袁世凯时，二人因意见不一争论起来。袁世凯勃然怒道："你我如此失和，我老了，你来做总统可好吗？"唐绍仪气得踉跄趋出，乘车回家。刚出总统府约百步，忽有卫队十几人，护着一名高车驷马的大员，吆喝而来。唐绍仪避之稍迟，那卫队举枪大呼："快走开，不要恼了老子！"唐绍仪以为再不离开京城就会有性命之虞了。

1912年6月14日晚9时，国务院会议结束。唐绍仪郁闷地回到家中，他感到很累。会议上意见不一，一切都是袁世凯说了才算数，这与满清专制有何区别？这叫什么共和，做这种挂名总理有何意义！唐绍仪正想躺一会，忽然外面传来枪声，枪声有远有近，他赶忙打电话询问警局，对方回答说不知道枪声来自何处。

民国时期的东交民巷

时至午夜，唐绍仪仍然睡不着。这时东交民巷一带突然停电，用探照灯照巡东城区域，唐绍仪很是疑心。突然，外面又传来一阵枪响，唐绍仪以为发生兵变。袁世凯为了不去南方任职，就曾发动兵变制造借口。他提着枪在院里一圈紧似一圈地转。到了清晨天能辨色时，唐绍仪身穿便服，带二三个随从，到前门车站，坐上五点钟去天津的慢车，倒身而卧。他已心灰意懒，筋疲力尽，到了天津就住进了租界的利顺德饭店。

唐绍仪私自离京的消息很快被袁世凯知道了，袁暗自高兴起来，急忙派秘书长梁士诒赶赴天津，假意请唐绍仪回京。唐说："他人既不信任，我也就不回去了。"

参议院要求大总统公布唐绍仪离职的原因，其言辞极为激昂。总统府保持缄默。这时，北京警局对外界声称：现已查明，昨夜放枪的是齐安门外护麦田的农人，发现有人偷麦子，就不断地燃火绳枪吓阻贼人。又说，昨晚国务院卫队的一个人酒醉后误放了一枪。此后，北京城内就有谣言说："总统府秘书长梁士诒赴津探视唐绍仪，回来说唐'似有脑病'"；"唐绍仪匆忙逃津，不是为了政治，而是他老人家生性倜傥，在六国饭店勾搭上了一位西方妇女，老唐带着她直奔天津租界而去……"

6月27日，袁世凯批准唐绍仪辞职。民国第一届责任内阁才成立两个多月，就以这样搞笑的方式散伙了！四名同盟会阁员也被迫陆续辞职。最后还是袁世凯心腹赵秉钧取而代之当了总理，阁员也完全换成了袁世凯的人马。国家要事，均由总统府决定，连国务会议也移到总统府去开，袁世凯终于将大权揽于一身了。

唐绍仪出走后仅仅两个月，京城却又发生一件大案：开国功臣张振武、方维二人被北京政府诱捕后枪杀了！阴险老辣的袁世凯开始对南方革命党人动手了。

## 越法权 杀异党 开国第一大冤案

张振武是武昌首义的元勋，与孙武、蒋翊武并称"三武"，厥功至伟。

张振武，1877年生，湖北省竹山县茅塔镇人，祖辈行商。他自幼思维敏捷，忌受拘束，性情豪放，爱打抱不平。他湖北师范毕业后，于1904年私费东渡日本早稻田大学攻读政治法律，翌年参加同盟会。归国后在本省教书，因鼓吹反清革命，几遭逮捕。1909年，张振武加入同盟会的外围团体——湖北“共进会”，主盟人孙武和居正信任他，让他负责理财事务。1911年，湖北革命党人决定在武汉发动起义。共进会和文学社两个革命团体在同盟会的斡旋下决定联合行动。10月10日晚，新军工程兵第八营的革命党人突然起义，打响了武昌起义的第一枪。武昌起义意外成功，汉阳、汉口的革命党人闻风而动，起义军掌控武汉三镇后，成立湖北军政府。孙武本是革命党内定的武昌都督，因为他养病不在，群龙无首，无奈之下推举与革命党毫无关系的清军协统（旅长）黎元洪为都督。这位清军将领害怕革命，是被起义士兵从床下拖出来推上都督位子的。张振武任军务部代行部长职，掌管民军编制、人事配备、军械弹药等事宜。

黎元洪（摄于1912年元月）

张振武根本瞧不起黎元洪，听说黎元洪不肯就职，愤怒道：“这次革命，虽将武昌全城占领，而清朝大吏潜逃一空，未杀一个以壮声威，未免太过宽容。如今黎元洪既然不肯赞成革命，又不受同志抬举，不如将黎斩首示众，以扬革命军声威。”这话后来传到了黎元洪耳中，黎由此对张振武深怀戒心，彼此面和心不和。北洋军打来，革命军退守武昌守城。

张振武性格豪放，锋芒毕露，他甚至当众呵斥黎元洪说：“要不是我们把你从床下拉出来，你哪里有今天？”张振武还自行组织了一支卫队，配一色短枪，他走到哪里，卫队就跟到哪里，即使去见黎元洪也不例外。黎元洪虽然恼怒，但慑于张振武的枪杆子，也只能敢怒而不敢言。

1912年5月，北京临时大总统袁世凯邀请首义党人及将领百十人入京，聘为顾问，张振武当然位于其中。张看了“总统军事顾问”委任令后大怒，当场就把委任令撕毁，将袁世凯骂了一通。他对陆军总长段祺瑞抱怨说：“难道我们湖北人就配做个顾问官？”

袁世凯又给张振武下了“西北屯垦使”的委任令。张受委任后，极诚恳地向袁世凯申请经费以开办专门机构。袁世凯这时哪里有钱，也就没有理会。张振武一怒之下擅自回了武昌。就在这时，袁世凯乘机拉拢黎元洪，共同对付武汉的革命党人。黎元洪同意与袁世凯合作。袁世凯动了杀机，以进京“调停党见”为名，调“三武”（张振武、蒋翊武、孙武）进京。

8月11日，张振武带着手下大将方维等13人，及随从仆役计30余人乘火车北上。孙武、刘成禺、郑万瞻等亦于第二天由鄂抵京，鄂省要人于是冠盖京华。总统、总理、陆军部，都予以这些首义元勋高规格的接待。可是，8月14日晚，张振武在赴宴归寓的路上被京师执法处逮捕，方维同时在旅馆被捕。16日凌晨1点，张、方被处决，连天亮都没等到。临刑前，张振武还抱一线希望，要求公开审判，根据罪名定刑，“岂可凭空杀人！”负责监刑的执法处长陆建章手里晃着袁世凯的命令，说：“大总统军令上只有‘立予正法’，并未命令审讯。”张振武怒道：“不料共和国如此黑暗！”

陆建章不耐其烦，道：“快交代后事罢！”

张振武写下了三封遗书，随之被绑于木桩上，腿、肩、脑、腹、胸等处共中六枪，死时腹裂肠出，这就是震惊民国的“张振武案”。

张振武案发后的第三天，参议院中以张伯烈为首的20名共和党议员提出了《质问政府枪杀武昌起义首领张振武案》，指责副总统以非罪要求杀人、大总统以命令擅改法律、违背约法。报界纷纷发表评论，指责此案与民主法制相悖。于右任主办的《民立报》认为，“共和国家全赖法治，惟法律乃能生杀人，命令不能生杀人；惟司法官乃能执法律以生杀人，大总统不能出命令以生杀人。今以民国首功之人，大总统、副总统乃口衔刑宪，意为生杀！”《亚细亚日报》评论道：“即使在专制独裁的清朝，汪兆铭谋刺摄政王之后，铁证如山，审判之结果也只是予以监禁，而在倡导法治的民国，没有审讯和证据，下一个命令就能杀人，连清朝都不如！”

在舆论压力下，黎元洪公布了张振武的“罪状”，所谓“蛊惑军士，勾结土匪，破坏共和，图谋不轨，鄂中几次风潮，伊等均为主动”。这些事是不是真的，其他人也不知道。要问黎元洪有何证据，他说事关军机，不能泄露。有议员追问，为什么没有经过法律程序就杀害？前清专制时代，太后尚且因为不经刑部审讯擅杀大臣（六君子等）失尽民心。共和之国，岂可不经合法的逮捕、审讯、辩护而直接杀人？张、方算不算军人？该不该按军法治罪？

面对参议院的质问和舆论的压力，袁世凯随即抛出了黎元洪，公布了他们之间的电文，说明是奉副总统命令处决。面对诘难，黎元洪只好再三地刊发电报，抛出张振武“侵吞公款、拥兵自卫、串谋煽乱、广纳姬妾”等十五大罪状。然而，在共和体制下，尽管正式议会尚未选出，正式法律亦未颁布，但总统下令越权杀人，无论如何说不过去。张振武案成了中华民国开国后的第一个强权凌法案，也是第一个大冤案。

张振武案的发生，正值南北和议，形势比法律更重要。1912年8月24日，孙中山抵达北京，在与袁世凯会晤时，主张“表彰张振武之功以为和解，免得致误要政。”孙中山妥协了，他所谓“要政”是指南北和解。张振武案也就不了了之了。

## 权压法 人溺法 民主法制遭践踏

袁世凯和副总统黎元洪合谋，抛开司法，仅凭手令，杀害了开国元勋张振武，让刚刚萌生的司法独立蒙上了阴影。就在杀害张振武的那几天，北京临时政府参议院颁布了《中华民国国会组织法》，其主要内容有：规定实行两院制，国会由参议院和众议院构成。参议院议员由各省议会、中央学会和华侨选举会按名额选出；众议院议员由各地方人民选举产生。议会行使《临时约法》所规定参议院的职权，对议决法律案、财政案、弹劾案及其它承诺事件，须由两院一致通过。宪法的起草由两院选出同数委员行使，等等。这在很大程度上制约了总统的独裁统治。

这一年，政治形势形成了民国史上一个短暂的特殊阶段。首先是司法界的人员班底素质较高，京师法律学堂、京师法政学堂的毕业生近千人，分发至各省司法领域；全国政党林立，舆论活跃，表现出难得的资产阶级民主气氛；各省议会议员参政热情高涨，认真履行议会职责，对新生议会政治充满美好期待；选举、弹劾成为政治生活中的一件新鲜事，尤其是弹劾行政官员在各省非常普遍。

1912 年 8 月，直隶临时省议会议决对直隶都督张锡銮提出弹劾，原因是张锡銮侵犯省议会权限，以行政权代替立法权，独断专行。

镇安上将军张锡銮

张锡銮，字金波，1843 年生于成都，祖籍浙江钱塘。20 岁在武昌从军。中日甲午战争时，因作战有功，升至北洋营务处兼发审处总办，成了袁世凯的心腹部下。其后，历任奉天东边道兼东边税务处监督、奉天营务处总办、淮军全军翼长等职。武昌起义爆发后，袁世凯奏请清廷任命张锡銮为山西巡抚。1912 年 3 月，袁世凯就任临时大总统，任命张锡銮为直隶都督。当时，直隶地方议会机关明确反对中央任命，主张由直隶公举产生都督，并致电总统另举王芝祥为都督，但袁执意任命张为直隶都督，因此，张初到直隶就与直隶省议会互相产生恶感。

直隶省同各地一样，由集权专制向分权民主政治过渡，议会议员希望通过议会分享权力，而地方行政长官作为既得利益人，希望权力集中在自己手里，巩固并扩大自身权力和利益。因此，议会与地方政府的冲突不可避免，省议会弹劾省地方长官的案例屡屡发生。武将出身的旧官僚张锡銮，本来就缺少民主意识，加上有袁世凯在背后撑腰，就更不把议会放在眼里。

直隶临时议会认为，半载以来，张都督因循苟且，毫无振作，全省政务为之迟滞，旧日吏治腐败情形将无廓清之一日；张视民命如草芥，贪赃枉法，日甚一日。根据《直隶临时省议会法》第 11 条、第 14 条之规定，省议会有权对于本省行政长官弹劾。由此，临时议会起草了弹劾案，予 8 月 8 日议决通过，提交国务院，要求对张锡銮彻查严办。

弹劾案以充满谴责的口吻称："都督为一省之表率，握行政之中枢，当民国缔造之初，宜如何整躬率属力图振作。乃直隶都督张锡銮莅任以来毫无建树，而违法溺职之事不胜枚举。

"其一，侵权违法。按照《直隶临时省议会法》规定，未经省议会议决，都督不得擅自修改或增加本省公债、税法、义务。而张锡銮未经省议会通过，擅自拟拨十二万两巨款作为接济中央之款，以行政权代替立法权，明显属于侵越省议会权限的违法行为。

"其二，张锡銮不经议会议决，擅自将《直隶筹设统一财政办法》上交总统，连起码的民主程序都不履行，何谈民主政治！

"其三，直隶禁烟局总办苏品仁和洪恩广贪污渎职案，张锡銮在处理两案时故意袒护延宕，久悬不决，致使罪犯携款潜逃，公款流失，无法追回……

"最后，提案指控张锡銮任用前清被革人员颜世清、俞泰初、潘鸿寅及任毓麟四人。此四人未经省会通过，径行委任，尤属侵权违法。颜世清前在吉林长春道任内，侵吞公款百余万两；俞泰初在奉省经理财政时，声名狼藉，经前清东督先后参革，并押追赃款，有案可查……四人皆有污点。张督莅任后，

美国人西德尼·D·甘博1915年拍摄的直隶省某县城

罗致四人幕府，于署内分设三厅若干科，名为整顿幕职节省经费，实则为安置私人之地，并委以重任。任毓麟署法司，颜世清为井陉矿局总办，俞泰初为财政局坐办。诸多违法案件均与四人有关。张都督不仅是用人失察，而且是完全出于私心私利，假公济私，溺职渎职。”

直隶临时议会弹劾张都督案提交到了北京国务院。当时，国务院与参议院的关系正处于紧张状态，国务总理随时面临参议院质问甚至弹劾。大总统袁世凯意欲摆脱《中华民国临时约法》对总统权力的过多限制，与参议院、制宪会议之间的矛盾正趋于激化。

对于弹劾张都督案，大总统袁世凯为应付社会舆论，派田文烈赴直隶省所在地天津，查办弹劾案。田文烈，湖北汉阳人，清末民初军事将领，时任袁世凯总统府军事顾问，是袁世凯的心腹。田并未翔实调查．只是走个形式便匆匆回京了。

随后，国务院于 8 月 25 日复电直隶临时省议会，称“民国初定，地方议会与行政长官于省议会法未经颁布之前，允宜开诚布公，互相尊重。若遇事龃龉，此言弹劾彼言解散，以至政务废弛，实非共和前途之福。”电文还说，

“《直隶临时议会法》未经都督公布，未便遽行援引，该省会所具弹劾案本无法律之效力。鉴于议会既呈请核办，未便置之不问，所举侵权违法一节事关中央财政，该都督协济中央十二万两，尚非违法，应毋庸查办。其余由大总统派员查酌办理。”

国务院如此偏袒张锡銮，临时省议会迅速商讨对策。8 月 27 日开会，公推议长胡源汇及副议长王观铭并该会代表六人晋京，交涉弹劾张都督案，表示，如果此次弹劾无效，再作第二次弹劾。

代表进京后，先向国务院交涉，请国务院从速再选派贤明大员来津查办。同时致电大总统，认为张锡銮有罪证昭然，谅难曲为掩议，请求查办撤换张锡銮。在议会代表一再催促下，直至 8 月底，袁世凯才委任蒙藏事务局副总裁姚锡光赴津专办此事。

姚锡光到津后，在未展开调查的情况下，对弹劾案发表意见，说此案“第一款张都督主持每月协济中央十二万两，不为违法；该都督府幕中人类太杂，应请其赶紧更换；所谓‘袒护污吏’及‘政务废弛’问题，应调齐材料详细审查，加以边事吃紧，蒙藏局事务太繁，应先回京，然后再为办理”。姚锡光显然是应付差事。

对此，议员内部提出对抗意见，有的主张暂行休会以争，如无效，则全体辞职解散省会；有的反对辞职或解散，认为此为消极之争，仍以不休会为是。经过一番讨论，最终决定：速电在京议长及代表，请其向政府力争；此案查办当严限时日，勿得延宕。并将此意另电中央政府。

9 月 4 日，直隶临时省议会再次致电国务院，请求限期查明，电云，“敝会弹劾都督一案，推延至今迄无结果。此问题一日不解决则敝会一切事件皆不能进行，似此迟延实与直隶前途有莫大之损，务乞贵院转令限期查明。”

冯国璋任直隶都督

晋京代表在得到国务院从速查办的允诺后，

于9月7日返津。代表们自感不虚此行，对结局抱有良好期盼。不料，第二天中央政府将张锡銮改任东三省西边宦抚使，同时委任冯国璋为直隶都督。冯迅速于9月10日到津赴任，其神速令人吃惊。

冯国璋是什么人？他从袁世凯在天津小站练兵时就是袁的心腹部下，比张锡銮还忠于袁。

时人对这一结果讥讽道："直隶省议会，因不满于张都督，横也弹劾，竖也弹劾，结果无异于前门拒狼，后门进虎。"

是啊，直隶省的特殊地理位置和政治地位那么重要，袁世凯政府绝不会让它游离于自己的掌控之外。

这次围绕弹劾案的较量，实际上是集权政治向分权政治转型初期，立法机关与行政机关之间的政治博弈。

弹劾案一直拖延到11月6日，即冯国璋上任已经两个多月后，姚锡光的重新调查弹劾案才有结论：所劾张锡銮认筹中央协款未交省会议决之事，中央并不认为是违法行为，自应毋庸查办；所指"袒护污吏"之事，应俟洪恩广缉获另结；苏品仁则应由审判厅讯办；俞泰初、潘鸿蜜两员已辞差离省，均可毋庸置议；其颜世清、任毓麟两员应请交由新任都督随时察核；其省议会法预算案应请饬由新任都督分别咨交决议。

案子到了这种地步还能说什么，强权、包庇、溺法之情昭然，令人失望。

# 案二　武力胁迫选总统

## 贿议员 买选票 京城妓院成乐园

中华民国进入第二个年头1913年。

共和政体的建设迫在眉睫，尤其国会选举和正式大总统选举亟待进行。孙中山1912年公布的《中华民国临时约法》中规定，限10个月内举行国会选举，再由国会选出中华民国正式大总统。袁世凯为了能当选正式大总统，开始了选举前的各项谋划。

按照民主共和三权分立的现代体制，国会是立法机构，是三权分立之一权。4月8日，中华民国第一届国会在北京新落成的众议院议场举行开幕典礼，这是有史以来的首次国会议员选举。

这天风和日暖，街市悬挂国旗。参议院的院址是在外城的西边彰仪门内，是一座新建的西式两层楼房，院中有喷水池、假山、树木，环境优美。

上午9时起，议员们身着特制的礼服陆续齐集会场，有参议员179人，众议员503人，国务总理及各部长皆列席，其它观礼代表千余人。11时典礼开始，供卫军鸣礼炮108响以致敬。袁世凯一向讨厌议会，典礼时并未亲临，只派了梁士诒做代表念了一篇文稿。经过轰轰烈烈的初选和复选，中华民国第一届国会产生。国民党在参、众两院都获得了多数，成为国会内第一大党（在参、众两院870个议席中，占392个席位）。

国会成立后，开始宪法的起草工作，因是在天坛祈年殿进行的，所以，这部宪法草案被称之为《天坛宪草》。在宪法起草中，袁世凯对于行将制定的正式宪法引为深虑的有两个问题：一是大总统任命国务员是否需获国会同意；二是大总统有没有解散国会的权力。袁的这两个问题自然遭到国民党的宪法起草委员的猛烈抨击。《天坛宪草》确立了责任内阁制，强化国会对内阁的控制，还规定了独立于行政机构之外的审计制，明确了立法、行政、司法权力由不同部门分别行使的权力分立体制。国民党试图用宪法来约束袁世凯的权力，保护辛亥革命的成果，保卫共和制度。《天坛宪草》渗透着民主精神，对共和政体、民主政治作了详细规定。

这时恰遇到二次革命，袁政府和宪法起草委员会的矛盾更加尖锐起来。袁世凯就采用他一贯的暴力手段，下令解散江西、广东和湖南省议会；逮捕宪法起草委员徐秀钧，并被解往九江枪决。几天后，又捕去国民党籍参议员朱念祖、高荫藻、张我华、赵世钰、丁象谦等五人，众议员常恒芳、褚辅成、刘恩格等三人也同时被捕。他们共同的“罪名”是支持“二次革命”。袁政府这些行动没有任何法律根据，完全是滥用权力、武力政治的野蛮行为。

这时候，袁世凯指使黎元洪、冯国璋、段祺瑞等19省区军事长官，要他们通电主张先选总统，后制宪法。进步党为讨好袁世凯，竭力捧场；国民党也不敢抗命。参、众两院在武力胁迫下，只得决议通过先选总统案，宪法会议赶制出《大总统选举法》。

距10月份的正式大总统选举越来越近了。各党派纷纷拉拢议员，议员又利用政客，互相勾结。议员同时卖身于两个党派者已成公然的事实，亦有议员犹如孙猴子的毫毛，以一己之身同时兼卖与四五个党派。已有十数议员，到京未及两月，已向家中汇寄数千元。据说“卖身”的人收钱到手时，向掮客所说的第一句客套话是：“何必客气！”于是，当时北京的应酬场中，只要有人说一句“何必客气”，一定会引起哄堂大笑。

过去，北京城马车稀少，今之议员十有八九坐马车，且多为自备马车，议员们成了有钱的豪客。旧时北京请客，寻常酒席不过八元十元，这时议员请客，一席20余金以上，多在六国饭店、北京饭店、昌德饭店。俱乐部是洋玩意，北京本来没有，这时却极发达，作为政客们应酬和团结本党的联欢之处。

位于前门、宣武门之间的八大胡同，灯红酒绿，更是议员们的乐园。前

八大胡同清吟小班的妓女，都是小脚

朝的娼妓禁令已经无效，民国新的法令尚未顾及，导致妓院纷纷扩大或开张。一等妓院的“清吟小班”，妓女们从年龄、姿色、身材、服饰等都是最出色的。室内陈设华丽，有的还挂有社会名流的题字和书画挂屏。小班的妓女身价很高，“小清倌”（雏妓）更是价值千金，嫖客需要经常给清倌买衣料、皮货、珠宝、翡翠等物品，等嫖客的钱花到一定程度时，老鸨才会开出很高的价钱让清倌接客。

议员们有的是钱，闲暇之余，京中八百议员及政要出入于八大胡同，使许多妓院常常挂出“客满”的牌子。许多妓女被这班议员先生们纳为妾。八大胡同的“南班”妓女主要来自江南，有才有色，更解风情，是南方来的议员们最喜爱的。

这时的北京风气之坏实在是超过了清朝末年。有许多幕后阴谋和派系斗争是在八大胡同谋划的。议员们在这几条胡同的班子里都有各自的相好，有的议员为周转各种政事，每日要到妓院班数次。八大胡同成了涉及政治的一个特殊社交场所，袁世凯派人贿选国会议员，大多是在妓院里进行的。袁的亲信梁士诒高价收买了100余名议员，组成御用“公民党”，为他当选正式大总统服务。

## 一而再 再而三 武力胁迫三而成

正式大总统选举终于开始了。

1913年10月6日上午，北京众议院门前，五彩牌坊上五色国旗、彩旗迎风飘飘，中华民国国会在这里举行正式大总统选举，这是中国历史上的第一次。为攫取大总统的职位，袁世凯费尽心机。

虽说民主选举，但院外遍布军警，戒严要道，包围会场。军警们个个持枪怒目，如临大敌。陆续到来的议员们见这阵势，神经不由得紧张了三分。外国公使、各方记者前来会场旁观，见武装挟选情形均惴惴不安，亦恐选举失当，中国内乱必起。俟议员到齐后，忽将大门锁闭，此情此景可谓举世罕见。

上午9时，选举开始。到会议员759名。按《大总统选举法》规定，总统由国会议员用无记名投票选举产生；得票满投票人数3/4者当选；两次投票无人当选时，以第二次得票较多者二人决选之，得票过半数者当选。

先检点人数，再分头开票。原定的16位发票人被突然赶走不用，而且禁止旁听，将议员以外的人请出门外，安置在场外喝茶。对此种封闭会场的做法，许多议员表示不满。这时，外面来了一帮外国友人和显达之士前来参观，无人敢阻，议长亦是笑脸相迎。这些人的到来必然监督选举，于是议长赶紧派人请示袁世凯。袁说：“这怎么能行！要想法撵他们走！”会议主席便以人多杂乱、影响议员投票意向为由，将他们驱逐出去，既而连秘书各员也逐出会场，由选举人代行其事。

会场里喧哗之声久而未停，大家在议论纷纷中开始投票。因进出的人多，会场太乱，引发大家的不满。至下午二时，第一次投票终于结束。开票结果是：袁世凯471票，黎元洪151票，伍廷芳33票，皆不过3/4的法定票数，故于下午三时举行第二次投票。第二次投票仍未过法定票数，还要举行第三次投票。这时，一天已经过去，议员们是又渴又饿，会场更加混乱。人们熙来攘往，喧哗之声令近在咫尺者亦听不清说的是什么。主席台上大声疾呼，维持秩序，然而只见人头攒动，不见有人闭嘴。会议不准备餐点，哪个能受得了？饥饿难耐的人们只能到厨房买些热汤面、米饭之类来充饥。

第三次投票时，袁世凯当时非常紧张，绕室彷徨，搓手顿足，六神无主，生怕票数少于黎元洪。议长已改为王某，他对一部分议员密语道："我看目下形势，非选举袁世凯为总统不能罢休，不如就选他罢了，免得麻烦。"众人默然无语，其中一人愤然道："不如此又能奈何！"

这时，会场里忽然涌进一帮人，面容威赫，气势汹汹。王议长问其来由，来者则齐声说："我等是公民团的，代表民众监督你们，若选出一个让人们不满意的总统，将来国家扰乱，通通是诸君的罪过，哼！"言外之意就是强迫议员选举袁世凯为大总统。

"公民团"把国会包围起来，大声吼道："今天不选出我们中意的大总统，就休想出院！"

有人送来一些包子,议员们就抢着吃起来——他们太饿了！一些人对"不许回家"并不在意,但却怕耽误了晚上的牌局,耽误了与八大胡同相好的约会。

终于，诸议员在"公民团"的包围下完成了投票，其中有不少废票：明知孙文当选亦不受职，却有十几人投了他的票，还有人在票上写"我的儿"，有人竟在票上写打油诗："五色旗，挂得高，袁世凯，要挨刀。"真是花样百出，不胜枚举。

第三次选举的结果统计出来了，全场一时静了下来，王议长神情庄严地立在台中，正要宣布，只听"嘭"的一声巨响，会场里划过闪电，耀如白昼。人们以为是炸弹爆炸，惊骇万状，不顾一切夺路而逃。霎时，巨光消失——原来是照相用的镁光灯因操作失误导致爆炸。众人惊魂略定，回过神来大声斥骂一阵。最后，议长宣布投票结果：袁世凯获 507 票，超过半数票，当选中华民国正式大总统。全场拍掌，三呼万岁。这场荒唐可笑的决定中国人民命运的选举遂告结束。

根据共和政体的法统，袁世凯可谓"中华民国"第一任合法正式大总统。次日，黎元洪当选副总统，袁世凯即于当天在北京故宫太和殿举行就职典礼仪式。

袁世凯讲求的是实力说话，习惯的是武力解决问题，法律成了他政争的工具。没当选正式大总统之前，袁世凯还需要借助国民党籍议员为他办理法律手续，现在他已经是正式大总统了，这些国民党籍议员就失去了利用价值。

1913 年 11 月 4 日，大总统袁世凯以京师大学堂戒严处查获李烈钧与国民党议员数十封往来密电为由，说国民党参与叛乱，下令解散国民党，并取消国民党籍议员资格，收缴其议员证书。当天，梁启超匆匆赶往总统府，侍卫阻拦说："总统正在商讨要事。"梁启超大怒："我就是来商讨要事的！"梁见到袁世凯，说明来意。袁世凯淡淡地说："晚了，解散命令已经发下去了。"

不日，军警便到各议员住处追缴证书徽章，不在家者，就到八大胡同去捉，至夜晚十二点，一共得到 350 多份证件，再算上以前自行脱党的 80 多人，计有 430 人。剩下的国会人数因不足半数而无法开会。许多议员得了些路费回家了，这标志着中国引进的西式民主政治夭折了。由于当时国会被袁世凯解散，《天坛宪法》草案未能通过法定程序成为正式宪法，"宪草"成为一纸空文。

# 案三　县官腐败激民变

## 筹军饷 搞“验契” 横征暴敛祸乐安

前面说到，1913 年 10 月，袁世凯武力胁迫选举，终于当上了正式大总统。

此时的袁总统再也用不着隐忍和伪装了，他下令解散中国国民党后，导致国会因人数不足而无法开会，他就干脆下令解散了国会。袁世凯又废止中华民国临时约法，推出新的《中华民国约法》，改内阁制为总统制。民国议会政治制度的失败揭开了军阀混战的序幕。

大总统袁世凯对一切政治问题都惯用武力解决，为了准备内战，他命令财政部为其筹措军饷。财政部则谋划出“验契”之法，在全国搜刮民脂民膏。旧契新验，增加契税，这也是基于新政权承认公民不动产时所收取的手续费。政令既出，各地遂先后推行。不料，此举在山东省乐安县竟引发了一起官逼民反、震惊朝野的杀官案来。

山东军务督理靳云鹏

乐安县位于山东省中部偏北，东营市南部，西面和博兴县毗邻，东北部濒临渤海。自汉代置县，始称广饶县。金熙宗天眷元年（1138 年）改为乐安县，隶属于青州府胶东道。千百年来，这里一直是地薄人穷。

山东军务督理靳云鹏加紧催办“验契”之

法，乐安县知事王文域积极响应。王文域原籍四川成都，因其祖父在山东做官，遂迁徙淄川落户。王文域于1911年任章丘县令，一年后，经山东民政长官周自齐（后任财政总长）的呈请举荐，调任乐安县知事。就在王文域离任履新之际，章丘县署一些人呈请清查民国以前旧账，查知县长王文域在章丘任职期间欠杂款银6116多两，有贪污之嫌。就在这时，王文域接到山东军务督理靳云鹏的验契指令，他积极响应，以冲淡贪污一事。

王文域"验契"规定：凡民间买卖田宅者，未经税契者，需遵照新章程完税，而"验契"时，不论已税未税，一律呈验。言明地价或房价在30元以上者收契税一块银元（当时系小麦150斤之价），另缴注册费1角；契价不足30元者，只收注册费1角；有田房而无文契者，由乡、庄具保，约同四邻，至县申明，补契呈验，如过期不验者，加倍惩罚。补契时凡一亩以上者，一律交纳银元1元，注册费1角，另写新契者照此办理。

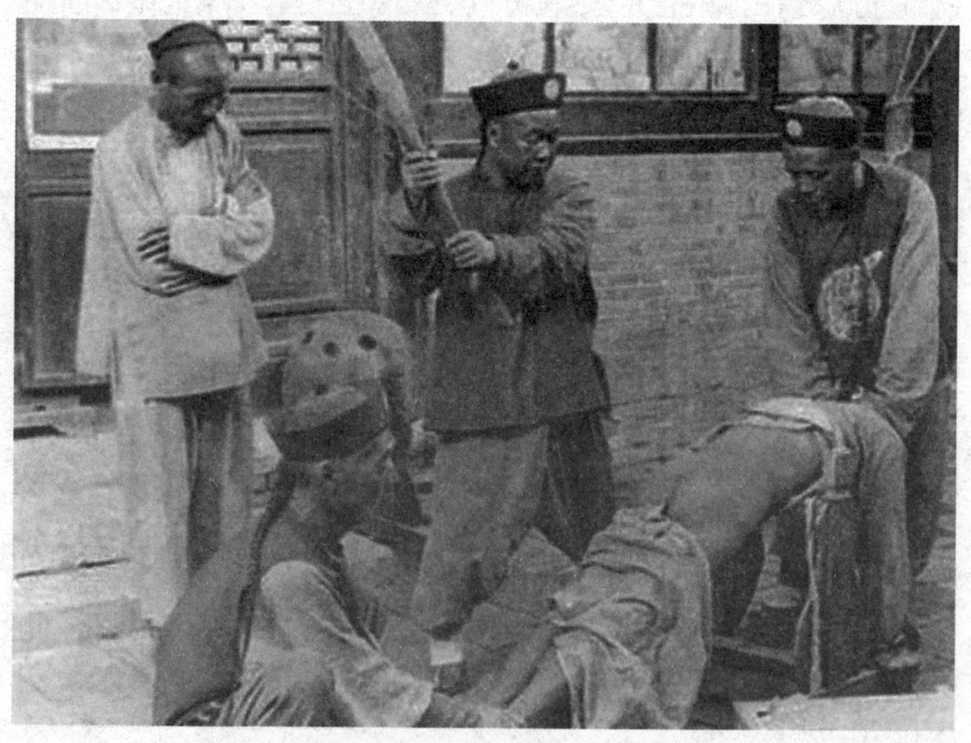

前清县衙门的酷刑"笞刑"民国时还在使用

王文琙将各乡村首事（乡长）与地保（村长）召集到县衙训话，他说：上奉有令，9月1日县内开始验契，验契限6个月完成。各村应尽速行动，不得有误。随后，王文琙率先命人在县衙门前扎起席棚，收税人员高座其中。乐安县南部百姓倾家荡产，排队验契。间有漏税或不呈验者，立马押至府前，施以笞刑，或用铁索捆在柱子上示众。农民不堪重负，除缴纳契费外，请首事、地保丈量土地时还要送礼，家家不堪“验契”之苦。百姓对于王文琙的“验契”深怀不满，背后送其绰号曰“王欠或”（音毁），方言“或”“毁”同音，“欠或”的意思是“欠打”。

至1913年底，全县呈验完税的只占60%。当王文琙将此数字解报省城后，竟赢得了“山东之冠”的美名，王文琙还得到了靳云鹏的嘉奖令，内称：“决定由解报之数目内，提取5%充赏，并拟擢升王文琙为道尹。”王文琙喜出望外，暗下决心，准备来年继续“催税”邀功，由乐南而乐北，不完不止。

乐北一带土地瘠薄，荒碱地成片，庄稼种植成活率很低。有歌谣道：“走了些宽敞道，喝了些骡马尿，遍地是六月雪，听了些鸭鹅叫。”足见盐碱贫瘠，百姓耕作之苦。鉴于此，土地多论块不论亩，小者三五亩，大者则十几亩或几十亩不等。买卖立契时，只写“荒地一片”，有的则根本没有地契。凡此种种，乐北碑寺口一带最多，呈验确有难处。

## 义民怒 奋揭竿 刀械齐下戕贪官

1914年2月23日，春寒料峭，北风劲吹，天空不时飘着雪花。乐安县知事王文琙闻报该地各乡呈验地契者寥寥，遂带领衙役亲赴各乡督催。当日行抵西北乡碑寺口时，在身为乡绅、首事的牛浩然家停了下来。牛浩然为人阴险狡猾，在县知事面前献媚取宠。

王文琙下令，限期到碑寺口验契。又派遣衙役孙祥率卫队数人先到东齐村催办。孙祥来到东齐村，找到地保齐光礼，劈头责问：“为什么迟迟不去呈验？”

齐光礼回话：“我村很穷，呈验确有难处！”

1914年乐安的老地契

孙祥闻听暴怒，上前打了齐光礼一个耳光。齐时年已 60 余岁，性格倔强，不甘受辱，上前与孙扭打起来，引来邻人数十人，个个怒目而视。孙见犯了众怒，不敢久留，带着随从悻悻而去。

孙祥去后，村里有个教书先生齐登先，只见他满脸愁苦，对大家说：“咱村摊上大事矣！打了公差，是谓‘殴差’，属犯法行为，王文域绝不肯善罢甘休，我们得赶紧赔礼道歉，或可免祸。”他的话立竿见影，就有齐来明、齐树明、齐敬君三位闾长并六名妇女前往碑寺口，向王文域认错。

王文域听了众人的赔礼后，说：“回去告诉大伙，明日速来呈验，不然定要严惩！”

于是，众人回村，向村民诉说经过，再不呈验必大祸临头！

官逼民反，历来如是。何况乐安县百姓素以“风气彪悍”著称，富有反抗精神。齐登先挺身而出说：“反正咱村闯了大祸，一不做，二不休，倒不如先下手为强！”众人个个称是。于是，迅即派人到附近各村去送“鸡毛信”，上书：“四方亲友得知：今夜晚快速赶到碑寺口杀官。千万千万，务必务必”。鸡毛信犹似令箭，见者即刻复制，传递不怠。至黄昏时分，传遍了崇二保的村村庄庄。

2 月 24 日系农历正月三十日，正值碑寺口集市，午后验契者络绎不绝，直到夜深 12 时许方停呈验，验票总计 700 余张，收京钱 1000 余串，但却没有东齐乡民的呈验。收税人等正思虑间，忽闻四野锣鼓齐鸣，又窥灯笼火把，人声鼎沸，人流蜂拥而至——东齐村及附近各村的民众都过来了，人们手持锄、镰、锨、镢、二齿子等农具当武器，在齐光礼、齐来明、齐树明、张景三、齐从五等人的带领下，三四百人将碑寺口团团包围。

牛浩然见这般情景，匆匆向住宿碑寺村的王文域禀报：“外面发生民变，请知事大人暂避，待本人前往劝说……”谁知牛浩然刚刚走至村口，即被乱棍暴打，呻吟着跑了回来。

王文域惊闻人声嘈杂，夺路而出，不料有人先行扳放土炮，王文域随即两腿受伤倒地，随从兵勇将他扶入院内。外面人声鼎沸，喊打声响彻夜空。王文域赶紧匿于张仲兴家。张仲兴将王文域藏在南屋东头的磨坊里。怒火中烧的乡民们，似潮水涌来，四处搜索，夺下兵勇枪支，将他们一一捆缚，并将院墙推倒，终于从张宅中搜出王文域及家丁赵顺、崔升等人。

齐来明指着王文域的鼻子大骂："王欠或（毁），今天就是你升天的日子，叫你到阎王爷那里验契去吧！"于是，众人刀械齐下，骄奢淫逸、作威作福的王文域立时被砸死。当场砸死的还有王文域的随从二人。这就是震惊朝野的杀官大案。当时的《东方杂志》对该案做了详细报道。

血案发生后，袁世凯得报，立即向山东督军靳云鹏发出指令："按名缉拿，务获严办，如有乱党主使煽惑，冀图起事，即行相机剿办。"

靳云鹏立即责令岱北道尹夏继泉和胶东道尹吴永，联合领兵前去镇压。夏继泉带领马队和三连步兵，连夜驰往乐安县，由吴永统一指挥。这群官兵，走街串巷，昼夜捉人，有50余人被抓捕，其中首犯14名要执行枪决。

1914年3月21日，朔风凛冽，雨雪霏霏。14名乡民视死如归，英勇就义于碑寺口。刽子手们将他们枭首示众，先在村内，后到乐安县城。

乐安县北部的乡民大多逃往博兴县、蒲台一带，各自拖儿带女，背井离乡，投亲靠友，暂避风头。部分青壮年则远走他乡流亡。数日之间，碑寺口、百户张、东齐、张柳店、陈家桥、陈家庄、邵家庄、邵家桥、陈官庄、斜里把、古河道、温家楼、坡南周等庄村，均已徙避一空，老幼妇孺不见一人。

面对这种状况，当局深恐长此流亡，会变为流寇，乃缮写布告张贴于博兴县与乐安县各村，大意是：胁从罔治，如能捆送正凶，讯明属实，则优予奖励。当此春耕之际，安分良民，务即回乡里，各营生业。倘仍避居境外，难免涉于嫌疑。

捕去的一部分人被释放回家。其他逃亡的乡民也陆陆续续回到家园。

7月10日，北洋政府袁世凯不得不发出电令："暂停验契。地方官吏考察验契弊端，以求改正。”

王文域因坚决贯彻执行“旧契新验”的敛财政策，无视民生凋敝、生计艰难，激起民变，被怒民所戕，实属罪有应得。

# 案四　北洋反腐第一案

## 大总统 要反腐 设立专属肃政厅

北洋政府最初几年里，民主共和愈来愈深入人心。政府实行行政、立法、司法三权分立，相互制衡的制度。各级议会和在野党对政府和官员的监督毫不容情；一些法官坚持司法独立，对于讼案慎重审理，下班后犹携案卷回家工作，可称得上“清慎勤”；当时的报纸，由于言论出版自由，不少报刊具有自己的独立品格，当腐败案件一旦发生，则敢于一一揭诸报端，成为众人声讨的对象。

北洋政府里有一些前清旧臣，腐化营私的积习还很严重。1913 年 1 月，北洋政府颁布《官吏服务令》，要求“凡官吏应竭尽忠勤，从法律命令所定以行职务”，规定：“官员依法服从命令，保守机密，遵守工作时间，保护公物，不得兼职，不得以权谋私和滥用职权；不得馈受财物、参加酬宴、为人请托及与有职务关系的人相互借贷”等等。

肃政史庄蕴宽

1914 年 3 月，袁世凯成立官员惩戒委员会，任命章宗祥为委员会委员长，同时公布《文官惩戒委员会编制令》。3月31日，又成立“平政院”，察理行政官吏之违法不正行为。平政院设肃政厅，专门掌理官吏纠弹和提起行政诉讼。肃政厅设都肃政史一名，另有肃政史16人，直接隶属于大总统。肃政厅的职能为：对国务卿和各部总长的违法行为进行纠弹；对官吏有下列各款情形之一者进行纠弹：一、违宪违法事件；二、行贿受贿事件；三、营私舞弊事件；四、溺职殃民事件。为此，还颁布了《纠弹法》和《纠弹事件审理执行令》。

许多肃政史亦以铁面御史自居，纷纷上章建言。其中平政院肃政厅都肃政史、约法会议议员庄蕴宽，先是规谏总统应节省糜费，受到“忠直尽职”的表彰。接着，庄蕴宽又大义灭亲举劾同族庄严先、庄巢云，受到世人赞扬。

肃政厅在整肃官纪方面做了大量工作，“自经成立，所上纠弹之案已不下数百余起，动辄牵连数十人，而其中居显要者颇众”。如因海军学生案曾涉及海军部总长，因各地方案件也有牵连至将军、巡按使者，使“身居显要者人人自危”。更显著的是，肃政厅督查各级官员贪腐上不遗余力，在北洋政府前期，就查办了四百多个省级官员，其中最有影响的是都肃政史夏寿康查办京兆尹王治馨的贪渎案。

## 京兆尹 受贿金 天靳其命有隐情

王治馨，1868年生，山东莱阳县人，清副贡。其早年做过袁世凯家的账房先生，在袁世凯担任山东巡抚时协助其镇压义和团运动，受到袁的重用，先后保举知州、道员。后又攀附上袁的亲信赵秉钧。赵秉钧是中国现代警察制度的创始人。1901年，按《辛丑条约》规定，天津城内不得驻扎中国军队。正在训练新军的袁世凯命令赵秉钧挑出三千名新军，在经过三个月的短期警察培训之后开进天津城。王治馨协助赵秉钧成立了天津巡警总局，负责巡警、消防、户籍、营缮、卫生等事务，开创清末地方警察机构的先河。王治馨随后又担任过京畿、奉天和东三省的警界高官和巡警总办。他在东三省办理公务时，被人举报其利用职权谋取私利，差点被袁世凯斩首，后经说情才免于一死。

国务总理赵秉钧

民国后，已在警界混了十余年的王治馨任北京外城警察总监，升任京兆府尹（相当北京市市长），管辖北京地区和附近24个县，在京城可是个大人物。那时候，京官普遍受贿，他们认为不能直接取诸民众，取诸地方和下级官员是理所当然的。王治馨本是个鲁莽贪婪之人，上任后居然收取了23个县官贿金，每人孝敬几千，其赃款达五万以上。其中一个县官之所以例外是因为后台太硬，王治馨也毫无办法。王治馨在这样短时间内收受如此巨大赃款，即使在前清亦是鲜有所闻。但他自认为有强大的警务司法背景，又是袁系北洋元老、总理赵秉钧的亲信，不会有什么事。

1914年秋季，时任北京肃政厅都肃政史的夏寿康，风闻王治馨的贪劣行径，异常气愤。他经过秘密调查，搜集证据，向袁世凯进呈弹劾京兆尹王治馨贪渎受贿的报告。

夏寿康，湖北武汉人，父子两代翰林。他曾入翰林院任编修、赴日本考察政治接受维新思想。辛亥武昌首义后,湖北都督府成立,出任政事部副部长、都督府顾问、民政长等职。1913年调入北京，旋即就任都肃政史职，袁世凯曾属意他大力整顿吏治。他秉性正直，清廉慎独，平素不喜交游，沉默寡言。

袁世凯见了夏的弹劾报告，立刻批复，命令逮捕王治馨并交由大理院审理。1914年6月27日，王治馨被逮捕，按当时制定的《官吏犯赃治罪条例》第二条规定：贪赃五百元或一千元以上，即处无期徒刑或死刑。袁世凯遂下令处死王治馨。

王治馨在官场多年，人际关系中也积善了不少人。如今遭致生死大祸，就有张勋、阮忠枢等 20 多人当面乞求袁世凯饶恕王治馨；有人呈文请求袁世凯“念旧部之谊，贷其一死”。但是，袁世凯对“乞恩之呈概不批答，乞恩之人概不接见”。赵秉钧的夫人曾上门为王治馨求情，袁世凯在批复死刑时，夫人正等在客厅。袁走出来告知她，“已经批办，无可挽回”。

王治馨被抓进看守所的当天，大理院就开庭审判他。王治馨还以为自己不过是走走形式，即便被判徒刑也能够尽快出狱，所以在宣判时也看不出王治馨的紧张和害怕。王是坐马车被押往法庭的，一入门，他就觉得不太对劲。被告席上还有两位贪渎官员，被判了 5 年和 12 年徒刑。法官宣判王治馨时，声音很低，不但旁听者无人听清，就连王治馨本人亦未听清。闭庭后，王问押解人：“到底我是判的九年，还是七年？”旁人不忍实告，说：“未听清。”

出庭后回到看守所，有人问他如何判决，王答“九年徒刑。”

1914年北京街头的市民和警察

判决呈文于当日下午 5 点送到总统府，晚 8 点钟就批下来“马上执行”，回函送到司法部，司法总长不敢耽搁，直接电话通知将王执行死刑。

1914 年 10 月 23 日夜晚，王治馨已入睡，法警将他从梦中拖出来，王才知道大祸临头。他被绑赴德胜门外刑场枪毙。

从总统批准到大理寺审判、宣判、枪毙执刑，仅用了三日，如此之迅速，前所未有。

王死后，袁世凯故意流着泪对左右说：“王某素为赵智庵赏识之人（赵秉钧，字智庵），且相知二十余年，不忍见其有此结局，惟案情重大，不得不以公义而灭私情。”并发给王的家属抚恤银一千两。并允许将年俸全数支付，表示不忘旧情。

翌日，袁世凯又申儆百官，不可不引为大戒，勿贪赃枉法。

王治馨是民国成立以来枪毙的第一个犯贪污罪的大员，他的死使京城内外北洋派无不悚然，而给外界的印象是，袁世凯力图整饬吏治，反腐败动了真格，杀一儆百。

对王治馨的贪渎案，司法总长张宗祥曾沉痛地说：“盖王治馨案之提交大理院也，完全破坏司法程序。以大理院号称终审机关，向依书面为之，从无开庭例子，独此案由行政首长一手指挥，司法部奉令为谨，为司法史开一最大恶例。”

王治馨案后，夏寿康被授少卿。夏一生不茹荤酒，为官清廉，从政 20 余年，亲朋故旧有求者，皆一概婉言拒绝。上未补一片瓦，下未添一寸土，除藏书、祖遗两间破屋及族人于祠产中拨赠之土地外，则别无他物。1923 年，夏寿康病逝北京。

# 案五　攀缘请托性贿赂

## 纵私欲 失大节 花案丑闻满京城

性贿赂，用现在的话说就是向他人索要或者接受他人性服务并为他人谋取利益的行为。中国历史上很早就有性贿赂的故事。《史记》记载，纣王抓了姬昌，姬昌手下一位大臣闳夭建议将莘氏美女献给商纣，纣王因此赦免了姬昌。这样的模式其实就是一种性贿赂。再如，吴、越两国交战，眼看越国面临灭亡，西施作为一件“性贿赂”的礼品被送到吴国，于是，吴王夫差饶恕了越国。

段芝贵

在一个官本位的社会里，官员和权力合二为一。为了谋求上位，一些官员经常向一些地位更高的官员赠送美女，甚至不惜牺牲自己的妻女。洪述祖为讨好袁世凯，将自己仅19岁的胞妹作为礼物赠给袁世凯当小老婆，从而为袁所重用。然而，洪述祖比起段芝贵的性贿赂手段来就显得很蹩脚了。段芝贵买下名伶杨翠喜，用她贿赂庆亲王奕劻的儿子、时任农工商部尚书的载振，一时间花案丑闻满京城，人们戏称段芝贵为“政坛第一皮条客”。

段芝贵，1870 年生于安徽合肥一个衙门差役家庭，其父段日升是合肥县衙门的一个差役。段芝贵小时候读过几年私塾，对官场上的那些腐败打小就耳濡目染，所以他颇有圆滑钻营、拍马屁的本领。依照朝廷规定，差役之子是不准参加科考的，段芝贵愤而辍学，经人引荐到当时的达官显贵李鸿章开的义和典当铺做了一名跑腿的学徒。李鸿章在天津创办了北洋武备学堂，段芝贵凭着自己的钻营和在私塾里学到的那点功课，被北洋武备学堂第一期录取了。毕业后，段芝贵先被李鸿章留在武备学堂担任教员，后又同李鸿章之子李经方一起赴日本士官学校深造。回国后，供职于朝廷军械局。

1895 年 12 月，袁世凯趁甲午战争后淮系军阀衰落之机，开始在天津小站组建自己的势力——新建陆军。善于投机钻营的段芝贵通过关系投靠到袁世凯的新建陆军，谋得一个督操营务处提调兼讲武堂教习的职位。段芝贵一心想往上爬，针对袁世凯的贪财好色，他买了一名美貌名妓送入袁世凯的怀抱。果然，不到半月，段芝贵就连升两级，提任督队稽查先锋官。尝到甜头的段芝贵，为此曾总结：这世间的男人，不管他的官位有多高，权力有多大，有几个能过得了美色与金钱关呢？

庆亲王奕劻之子载振

1907 年，庆亲王奕劻的儿子、时任农工商部尚书及御前大臣的载振，出使欧洲考察回国时路过天津。这位小王爷的父亲是慈禧面前的红人。作为东道主的直隶总督袁世凯岂能放过这个巴结朝廷的机会？袁即刻命段芝贵要好好“款待”。老于世故的段芝贵，对载振的酒色之好早有耳闻，遂邀来名伶杨翠喜前来唱戏助兴。

杨翠喜，1888年生于天津西郊杨柳青的一户农家。10岁那年，她父亲得了痨症去世。1900年，杨柳青一带先旱后涝，为了活命，母亲领着她打算出关去东北逃荒，刚走到百十里外的芦台，母亲突然下身浮肿，再难行走。万般无奈，狠心将女儿典押给当地一户杨姓人家。后来，杨翠喜辗转至天津，坠入乐籍，在戏班里学演花旦。几年后她已经出落得花朵一般，走起台步有弱柳迎风之姿，大受看客青睐。当时捧她最力者，一为盐商王益孙，一为段芝贵。

名伶杨翠喜

而今，杨翠喜在载振的洗尘宴上，演剧侑酒。她在台上表演，那妙舞翩翩之中，更显大雅不群，一双媚眼老是朝载振身上瞄，色授魂与。载振死盯着她秀骨天成之驱，心里奇痒难耐。末了，杨翠喜袅袅娜娜地穿着戏服当筵谢赏。佳丽当前，载振问长问短，而杨翠喜对这亲贵阔少也曲意献媚，做小鸟依人之态。当夜，翠喜在载振身边侍寝。一连几日，载振不忍舍弃，无奈公务在身，只好怏怏依依而去。

载振走后，段芝贵立即约来与杨翠喜私交甚密的盐商王益孙，央求王出面赎出杨翠喜。按当时官府规定，朝廷命官不准私蓄优妓，所以，段芝贵让王益孙非官方人士出面买出，再献给载振。王益孙满口答应。王与杨翠喜的领主陈国璧商议。陈国璧不愿杨翠喜离开，便以大洋3000块开价作为搪塞，岂料王益孙竟满口答应。待陈国璧得知王益孙系为段芝贵“倒口袋”时，更是后悔不迭，将翠喜藏匿在女佣家中。王益孙前来领人时，陈改口杨翠喜的身价非大洋 1.2 万块不可。几经讨价还价，终以大洋 8000 元成交。

杨翠喜被赎出后，段芝贵又破费银元 5000 块，为其购置珠翠头面和考究的服装，于次年 3 月，以为庆王奕劻祝寿之机，把杨翠喜秘密送到北京，献给了贝子载振。载振不胜欣喜。于是，便有上谕："钦命天津巡警道段芝贵恩赐布政使，署理黑龙江巡抚，着即前往任事。"你看看，这性贿赂立马就见了效。

段芝贵献妓求官之事被人泄露出去，于是"献妓门"丑闻在京城里传得沸沸扬扬。画家张瘦虎获悉段芝贵献美、载振卖官鬻爵内情，当即创作了一幅讽刺画，题名《升官图》。画面里端坐一缠足女郎，二郎腿一搭一跷；一官员跪倒在女人石榴裙下，作叩头谢恩状。明眼人一看便知画面上那位女人是谁，那身着清廷官服者自然就是段芝贵了。《升官图》在《京报》登载，由此段芝贵献美贿官之事更是轰动全城。

像载振这种事，虽属违禁，但在朝中并不鲜见，只是大家睁一只眼闭一只眼罢了。然而，庆亲王奕劻父子与袁世凯勾结，排除异己、争夺权势，早为朝中大臣所憎恶。徐世昌本看不起这草包，就授意他的得意门生张珍午和御史赵启霖狠狠地参他一折。于是，就有赵启霖首先发难，把《段芝贵夤缘亲贵，物议沸腾折》呈报朝廷，奏章中写道："上年贝子载振往东三省，道过天津，段芝贵复夤缘充当随员，所以逢迎载振者更无微不至，以一万二千金于天津大观园戏馆（天仙茶园）买歌妓杨翠喜，献之载振。其事为路人所知，复从天津商会王竹林处措十万金，以为庆王奕劻寿礼，人言籍籍，道路喧传。奕劻、载振等因之蒙蔽朝廷，段芝贵遂得署理黑龙江巡抚职。……此而变通贿赂，欺罔朝廷，明目张胆，无复顾忌，真所谓：是可忍，孰不可忍者矣！"

紧接着，邮传部尚书岑春煊单独进宫谒见慈禧，亦参奏段芝贵。至此，令朝野哗然的官场花案再度升级。

载振看看事情闹大了，赶紧遣亲信从通州乘船走水路，连夜将杨翠喜秘密送回天津。此时，袁世凯在天津的表弟张镇芳按袁的授意，将杨翠喜转赠盐商王益孙，以遮人耳目。王益孙分文不花白白得到这位令多少豪绅大吏垂涎的名优，自然喜欢。

慈禧太后为平息舆论，首先将段芝贵革职，然后诏命醇亲王载沣、大学士孙家鼐细查彻办。孙家鼐派出查办人员来到天津，传讯天津巡警探访队长、知府杨以德及王益孙等人。杨以德与段芝贵本是莫逆之交，王益孙等人也早被买通，这伙人串通一气，编造伪证，让办案人员回京复奏，说杨翠喜是王益孙所娶，适逢宴请载振，杨翠喜演戏，以致有此讹传。于是，慈禧下诏，赵启霖“查访不实，诬罔亲贵，革职。”

朝野闻讯，愤愤不平。不少报刊撰文声援，赵启霖革职出京时，送行者数百人。清廷迫于舆论压力，收回成命，赵启霖复其御史职。杨翠喜这颗“人肉炸弹”最后“炸”掉的是段芝贵自己——只当了18天的黑龙江巡抚便被撤职，而且白掉了十万金，反惹得朝野讥笑，冷落在津。

## 施故伎 趋炎势 丑行遗笑武汉地

段芝贵因“性贿赂花案”沉寂了好几年后，在“二次革命”中，因镇压江西讨袁军有功，被袁世凯任命为安徽宣抚使，授陆军上将衔，于1914年2月署湖北都督。就在这一年，袁世凯的长子袁克定因事来武汉，在怡园看戏时，看中了名噪南北的坤伶王克琴。段芝贵知道袁克定的心思后，故伎重演，欲把坤伶王克琴献给他。

段芝贵两次拜访“当红明星”王克琴，并花了8千银两为王购买家具和日用品，打算将她送给袁克定。王克琴惮于段的权势，表面上应付着。

王克琴听人说，袁克定倒也算是相貌堂堂，一表人才，一改他父亲那种身材五短的形象。几年前，袁克定在河南老家骑马的时候不慎摔伤了腿，因为医治不及时而落下跛脚。他今年36岁，其妻吴本娴是湖南巡抚吴大澄的女儿，吴本娴过门后，袁克定才知道吴氏耳朵聋，与她说话只能笔谈，因此不到一个月，袁克定又娶了一个叫马彩云的姨太太。袁看着马氏长的并不好看，去年又纳了一个唱戏的章真随为二姨太。这位二姨太是位文武须生，一发脾气就动武，袁克定很怕她，又很宠爱她。这位二姨太竟在津门家中与某西医大夫行为逾轨，袁克定闻知后大发雷霆，断然割爱，将她驱逐出家门。王克琴思来想去，觉得自己出身卑微，不可与这等人家有染，但她又不敢直接拒绝段芝贵的安排，她为此发愁起来。

王克琴生于旗籍世家，幼年父母双亡，跟着姨母长大。不幸家境中落，不得已进入梨园。她先是学唱京戏，后来也唱河北梆子，成了戏剧舞台上第一批女伶。她专工花旦，扮相艳丽大方，唱念做兼能。先后转演于津、京、沪、汉等地，许多皇室贵胄、文人墨客为之倾倒，写了很多诗词来赞美她，其中一首云："一朵牡丹犹比艳，两朝菊部少齐名。昨梦低头随七宝，榴裙颜色更鲜明。"

段芝贵收买王克琴的讯息传出后，被《大汉报》的经理胡石庵闻知，遂带上两个人前往怡园窥探虚实。当晚，怡园演出《梅龙镇》，王克琴扮演酒家少女李凤姐，里面有一句台词是"军爷有钱，买不得凤姐不卖之物。"王克琴说这句话时，斜看楼座上的袁克定、段芝贵，似嗔似娇。

第二天，《大汉报》刊发《落花有主》一文，讥讽段芝贵。段芝贵就此怀恨在心，决定伺机报复。后来，河南省宝丰县绿林头目白朗率领起义军进攻老河口，《大汉报》据实报道，并开辟"中原狼祸论"一栏。段芝贵指控《大汉报》私通白朗，编造"报馆通匪案"，以"泄漏军机，鼓吹乱党，扰乱治安，摇惑人心"的罪名，封禁报馆，并将胡石庵及编辑、理事、发行、访事等十多人逮捕入狱。

段芝贵的性贿赂闹得沸沸扬扬，他在湖北到处遭人诟病，名声狼藉。第二年即1915年，段芝贵调离湖北，胡石庵等人这才获得释放。

是年9月，段芝贵联合14省将军上书袁世凯"速正大位"，而且在武将中第一个在公文中公开称臣，为袁复辟帝制推波助澜。段因拥戴有功，被袁世凯封为一等公爵，继而又升任拱卫军总司令、陆军第一军军长。1916年，袁世凯死，段芝贵转而投靠皖系段祺瑞。1920年7月，直皖战争中，段芝贵兵败而逃，定居天津租界当了寓公，不再出山。

# 案六　财政总长受贿案

## 《公言报》爆猛料 总长受贿震朝野

1916年6月6日，袁世凯在举国一片声讨中病逝。当天下午，当时的北京政府国务院宣布，副总统黎元洪依法代行总统之职。段祺瑞非常不情愿地去黎府通知黎元洪继任大总统。二人相见只客气了两言便不再有话。黎木然坐于首座，段下座，僵持许久。段起身鞠躬告辞，黎忙答礼。段出门，黎茫然相送。到了门口，段才说："副总统人选你招呼吧！"

黎抢着问："那国务院的事呢？"

"有我。"段答。

袁世凯死后，国人最关注的就是恢复民国元年的旧约法。段祺瑞拥军权而自重，先是阻挠，后又被迫同意，于是赢得各省连电称颂，谓黎、段二人有再缔共和之功，遂纷纷取消独立，于是，南北又归统一，北京政府又有了代表全国的资格了。

大总统黎元洪

接着黎任命段祺瑞为国务总理兼陆军总长，负责组阁。段试图有所作为，组建了多党派参加的"联合内阁"，段内阁有国民党或亲国民党人物，如唐绍仪、陈锦涛、程璧光、张耀曾等人，其中陈锦涛在国会投票中，以较高票数通过。

1916 年 7 月的一天，国务院秘书长陈树铮来到总统府，给黎送来新任某省督军的任命书，要黎加盖公章。黎想看看内容，陈不耐烦地嚷道："段总理已经决定的事，你只管盖章就行了！"黎听了此话很是吃惊，张了张嘴，没说出话来，只得盖章。

总理段祺瑞

黎上任才数月，国务院的人就和他的总统府吵了好几次，甚至打起架来。府、院各方意气用事，携私逞强，政见对立。又因段总理主张绝德国邦交，黎不肯照允，致使府、院矛盾加深。

国民党人频频受到北洋派的攻击，段祺瑞对国民党及其相关人员也越发猜忌和排斥。北洋系统的地方实力派也频频向国民党发难，如督军团重要人物张勋、倪嗣冲、张作霖等十五人联合通电，请求北京政府罢免国民党派系的三位总长，即财政总长陈锦涛、司法总长张耀曾、农商总长谷钟秀。而财政部的陈锦涛是主要目标，因为欲保持以后政界上的运作，则不可不掌握财权。

陈锦涛，字澜生，1871 年生于广东南海，幼年就读于香港皇仁书院，毕业后留校任教，旋任天津北洋大学堂教习。1901 年赴美，先后入哥伦比亚大学和耶鲁大学学习，获博士学位。归国后考取法政进士，历任广东视学、统计局局长、币制改良委员会会长、大清银行副监督、度支部副大臣等职。1912 年 1 月，南京临时政府成立，陈锦涛出任政府财政总长，成为民国时期第一任财政总长。1916 年 6 月，段祺瑞出任国务总理，陈锦涛再任内阁财政总长，同时兼盐务署督办和外交总长。

财政总长陈锦涛

陈到财政部上任，不带自己的班底，显出大公无私的气派。他对那些不熟悉的部属稽察极严，惹得平时贪私习惯了的部属对他多有不满。

1917年4月4日，林白水主持的《公言报》率先揭露：北京政府财政部与商人组建的保利银公司合作，在受理商人张兴汉开办炼铜厂申请过程中，总长陈锦涛、次长殷汝骊等主要官员涉嫌收受张兴汉的商业贿赂……。

《公言报》是1916年9月才在北京创刊问世的，办报资金来自段祺瑞的心腹徐树铮。

报纸披露后，陈锦涛和段祺瑞内阁倍受社会舆论指责。4月14日，段曾劝陈辞职。陈锦涛在国务会议上自请查办，并辩称："受贿之事是财政次长殷汝骊所为，殷汝骊素念参事虞熙正与我密切，遂托虞代送贿银五万元，虞以此事外间万一知道则均不清洁，遂拒绝。虞劝我亦当举发，因纳其言举发云。"

殷汝骊，号柱公，浙江省平阳金乡镇人，殷汝耕之兄。曾东渡日本留学，毕业于早稻田大学经济科，加入同盟会。1911年回国，民国成立后当选为国会议员，1916年夏，段祺瑞组阁，殷汝骊任财政部次长。

三天后，即4月17日，所谓财政总长陈锦涛涉嫌受贿一案，国务总理段祺瑞不得不到国会接受议员的质询。在民初国会政治中，质询权是行使立法监督功能的重要方式，对于政府的施政方针、行政措施及其他事项，均可使用书面或口头方式，向行政机关主管提出质询，要求其书面或出席答复。众议员胡祖舜质问段祺瑞："现在报纸关注炼铜厂行贿事件，其中财政总长收受商人贿赂有无其事？"

段祺瑞回复："财政总长受贿问题，正在派人查办，此事被发觉是在上星期的国务会议上，财政总长在发言时曾检举财政次长殷汝骊在炼铜厂事件中受贿。

众议员吴荣萃质问："据报纸登载，财政总长举发时并呈出行贿证据，是一张标记有'锦生堂'字样的银票，是否确有其事？"

段祺瑞承认票子是有的，什么字号已经记不清楚了。段说："在国务会议上，财务总长曾经拿出商人张兴汉写的两三篇文字，仿佛是具结形式（即保证书），内容是担保财政总长对于此事并无受贿情节。"

吴荣萃闻言，对于具结一事提出质疑，认为如果财政总长没有问题，为何能够凭空让商人为其未受贿行为作保？

段祺瑞只得再次表示政府一定认真查办此事。

众议员张知竞说："此事财政总长既是举发者，又为什么要让商人具结证明他自己未曾受贿，可见财政总长对于此事也在嫌疑之中。"

众议员张伯烈在发言中声称："请总理注意，此事查明之后已属刑事上处分问题，现在对于此事有关系者应即秘为监视，切勿任其逃逸为要。"

段祺瑞表示，虽然财政总长举发次长受贿，但当时有人称其中还有其他情形，因此需要认真调查。

……

第二天，陈锦涛与殷汝骊一起被免职；京师地方检察厅逮捕了陈锦涛以及于本案相关人吴乃琛、虞熙正、陈廷铭等；重要嫌疑人殷汝骊，案发后逃逸。法庭赶印相片五千张，颁给各省通缉。陈锦涛成为民国建立以来内阁阁员因犯刑事案受到法院逮捕的第一人。

## 受贿案 诈财案 全是政治博弈案

在审讯陈锦涛等人的"贿案"过程中，又查出陈锦涛担任大清银行监督时非法批准并参与大清银行清理委员会的分红，材料中称之为"诈财案"。如此一来，陈锦涛又多了一案。这就又给段系政客增添了攻讦的口实。大总统黎元洪一气之下，下令免去段祺瑞国务总理职务。

此令一下，犹如一声霹雳响彻中原，段祺瑞的皖系军阀们，纷纷与中央翻脸。安徽省长倪嗣冲首先通电各省，宣布独立。他扣留津浦路上的火车，运兵赴津，威胁北京黎政府。随之，十数省督军异口同声，准备独立，扬言要"采取自由行动"。黎总统无论怎样苦口婆心地解释，都被那青面獠牙的督军所不容，这使黎总统寝食难安，愁急得泪都掉了下来。

段失之太刚，黎失之太柔；段强在武夫专制，黎弱在无兵仁厚；段一再进逼，黎一再退让。正因如此，黎元洪总统被人称为"黎菩萨"。

张勋复辟时的“辫子军”

6月2日，“陈案”在京师地方审判厅刑事二庭继续辩论。此次检察官提起公诉，做了完全“敌对”陈锦涛的陈述，举列陈锦涛等人犯罪的十六条“铁证”。

6月27日，京师地方审判厅作出一审判决：商人张兴汉，犯有贿赂罪，处五等有期徒刑八月。虞熙正，犯有贿赂罪，处四等有期徒刑一年六月。陈锦涛，处三等有期徒刑三年，褫夺官员资格终身，选举人资格终身。殷汝骊到案另结。

被告陈锦涛不服京师地方审判厅第一审判决，上告到京师高等审判厅。此时值张勋复辟，京津一带混乱。7月2日上午，张勋遣清室一帮旧臣入总统府劝黎总统奉还大政，黎不允。下午，张勋限令黎总统24小时内迁出公府。黎总统感到处境危险，在交换公府卫队时，扮作普通职员混出公府，潜往东交民巷日本使馆去了。这位才上任一年的大总统就这样下台了。不料，仅仅十天功夫，段祺瑞的五万讨逆军赶走了复辟祸首张勋，于7月14日凯旋还京，重新执掌中央政权，出任国务总理兼陆军总长，控制了北京政权。在南京的副总统冯国璋代理大总统职权。

10 月 29 日，京师高等审判厅对陈锦涛案作出二审判决，与地方审判厅第一审判决大同小异。陈锦涛旋即上告至大理院。12 月 28 日大理院作出“上告驳回”的终审判决，陈锦涛等人被认定有罪。“国家”只是段派的“国家”，独立的司法权成了“镜花水月”。

明眼人看得出，陈锦涛一案，经京师地方审判厅、京师高等审判厅和大理院三审，在主要当事人不在的情况下臆断被告有罪，实在是将司法实践与时局政治搅和在一起，法律成为披上司法程序的政治斗争的工具。

1918 年 2 月，署理司法总长的江庸以陈案中“无坚确之证据”为由，呈请大总统冯国璋特赦陈锦涛，获准。至此陈案终结。

## 武人凶 逼总统 下野慢了也不行

就在这一年的 6 月，因护法而引发的“南北战争”，以北洋军的失败而告一段落。北洋政府冯国璋总统、段祺瑞总理因此而双双下台。皖系大将徐树铮组织安福派和临时凑集的非法国会，选举年已 64 岁的徐世昌出山，当上了北京政府的第四任总统。

徐世昌这位前清老臣，宦海沉浮几十年，深谙为官之道。他老成持重，司事谨慎周到，而儒雅的外表下又有几分圆滑，故多为武人看重和爱戴。一些军阀大员每咨其大计，徐只片言作答，乃奉若准绳。这次皖系之所以让他出任大位，一方面是借重他的资望，一方面考虑到他一介翰林好操纵。

大总统徐世昌

徐一上台便扮演起了“和事佬”的角色。南方的护法政府声称：“北京非法伪国会选举伪总统，本政府概不承认”。不仅南方政府不承认他这个总统，就连直系的吴佩孚也不拿他当总统看，打电报时只称他为“东海先生”（东海是他的号）。

1919年底，直、皖两系矛盾加剧。段祺瑞的军师“小扇子”徐树铮，与日本密谋，出卖主权，激起国人反对。直系曹锟、吴佩孚，奉系张作霖，两派合力向老徐施压，要他免除徐树铮之职，让靳云鹏任内阁总理，且组成数省联盟，几欲兵戎相见。老徐只得从命。

徐树铮被免职，这可气恼了段祺瑞，其鼻子又一次被气歪，找到徐门上，责怪他不讲交情，年老昏聩，竟出非法举动。徐满脸赔笑说：“我这也是没有办法，无非掩人耳目，暂塞众谤，一俟非议稍平，立当另予位置。”段又道：“总统必欲宠信曹（琨）、吴（佩孚），尽管宠信好了，休要后悔！”说完，拂袖而去，连头也不回。

1920年7月，段祺瑞于团河成立定国军司令部，自任总司令，任徐树铮为参谋长，分兵三路攻打直系曹锟、吴佩孚，扬言五日之内攻下直系的老巢保定城。直系这边针锋相对，组织“讨逆军”，奔向京畿各战场，直皖战争爆发。

圆滑一世的徐世昌，一再调和化解两派矛盾，但无人理睬。

直皖之战只5天时间便有了结果：皖系军阀的定国军全线崩溃，战争以直系、奉系军阀的胜利而结束。

7月19日，段祺瑞发表通电，自请罢免官职，解除定国军名义。直系军阀的曹锟被徐世昌任命为直、鲁、豫三省巡阅使，吴佩孚为副使，直系军阀遂控制了北京政权。

转眼到了1922年1月，直系军阀与奉系军阀的矛盾日趋激化。4月，奉军开入山海关，第一次直奉战争爆发。直系曹锟、吴佩孚决定驱走总统徐世昌，请黎元洪出山就位大总统，以恢复国会、旧约为名来号召天下，于是加紧布置各方开始行动。

先有孙传芳劝退徐的通电，继有江苏督军齐燮元、冯玉祥、刘镇华等人劝退的电函。旧国会议员们此时也发宣言称：“自张勋非法解散国会，徐世昌之任大总统即系选自非法，当属无效，其窃位数年，不忠共和，理当全国共讨之。”

徐世昌面对外界舆论压力，坐立不安。这天，忽然，保定的曹锟派张恰国来到徐世昌面前。两人见面略谈数语，张就虎着脸质问："近日各方通电，徐先生都看到了吗？"张不称徐为总统而称先生。

徐世昌感到事情不妙，讷讷地答："都见到，都见到。"

张问："既见到，不知尊意如何？"不等徐答，又逼问道："先生打算何时让出公府呢？"

徐总统勉强一笑，说："我久想辞职，张先生知道，我也是不愿担此大任的。等我把一些事处理好再走如何？"徐显然想采取"拖"的办法。

张道："曹、吴两帅吩咐，你愈速愈好。徐先生倘迟疑不决，多延时日，恐有不利！"言毕，拂手而去。

徐虽气愤窝火，但也无计可施。那军阀一个个青面獠牙，尚有什么道理可讲！还是赶紧走了为上策。遂让好友、京畿卫戍司令王怀庆护送，从哪里来的再滚回哪里去。

徐世昌被威逼下台后，直系军阀们抬出了黎元洪复位。

# 案七　总统贿选遗丑闻

## 选总统 贿议员 军警监选站面前

曹锟贿选总统案，是民国史上一桩著名的丑闻。

1923年6月，直系军阀首领曹锟先逼走国务总理张绍曾，再逼走上台整整一年的总统黎元洪，他自己要当总统。

曹锟的亲信们加紧筹备选举总统事宜。“拥曹派”成立议员俱乐部，以众议院议长吴景濂、内务总长兼摄政国务总理高凌蔚为核心，掀开了贿选大幕。

高凌蔚为首的一帮人说，“当下总统非三爷莫属”，把曹锟捧得神志不清。高凌蔚，字泽畬，1868年生，天津人，1894年科举人，他是直系军阀曹锟的同乡和心腹。

三省巡阅使曹锟

总统选举按规定必须有参、众两院三分之二的议员出席才能召开。当时的国会议员共870名，那么至少应有580名参加才行。然而，为了抵制这次选举，在广州的孙中山大元帅府派人到北京活动，以每月发给300元薪金欢迎议员南下。吴景濂为了把出走的议员们拉回北京，于1923年6月23日秘密成立了一个大选筹备处，规定投曹锟一票价500元，总统选出后一日领款。议员们嫌少，可巧这时传来了曹三爷的艳闻，说他因前几年娶刘喜奎不成，今又新纳一位名伶金牡丹，花了三千元。猪仔议员们就说："我等身价犹不比一贱伶妓妾！老帅有钱讨女人，怎么没钱办选举？三万块一票是再也不能少了！"

有关曹锟与名伶刘喜奎之间的艳事，议员们个个都知道——

那是1921年阴历10月21日，曹锟过60大寿。此时，布贩出身、人称"曹三爷"的曹锟，势力遍布北方十数省，拥兵十几万，成了中国最大的直系军阀集团。民国时期，军、政长官历来就有借祝寿以敛财、属下们借上寿送礼以进阶的风气。身为三省巡阅使的曹三爷，此次寿域宏开，各路要员云集如市，男女名伶群居一堂。为办好堂会，请来了名冠当时的青衣花旦梅兰芳、老生余叔岩、武生杨小楼，还有名旦程艳秋、尚小云、白牡丹、小翠花、刘喜奎。可曹三爷独独喜欢那艳冠群芳的刘喜奎。待堂会戏唱罢，众伶告辞，而刘喜奎被曹三爷强留下来，几欲将她纳为小妾。

这刘喜奎在京津一带可谓无人不晓。她跟戏院老板签演出合同，不容讨价还价，直接开出每天包银两百的高价。刘喜奎身材窈窕，眉目如画，气质高雅，见之者惊为天人。她登场一声婉转娇啼，立刻倾倒一大片观众，她成了闻名遐迩的"梨园第一红"。有一个夜晚，刘喜奎在"广德楼"演《西厢记》，段祺瑞的侄子看得灵魂出窍。散戏后，刘喜奎正欲登车回家，他抢上前去一把抱住刘喜奎狂吻不放，吓得刘喜奎惊惧失色。众人将他捉住，扭送警局，他却哈哈大笑："我的心愿实现了！"警士见他是个"疯子"，罚洋50元，照腚踢了几脚，让他滚蛋。他却得意道："痛快！吻喜奎香面，只罚50元，值得！"

"梨园第一红"刘喜奎

曹三爷出身布贩，年轻时艰苦备尝，一旦得势，则尽量弥补那些曾经失落的愿望。天津的名伶美妓被曹三爷染指者不计其数，独未幽会过刘喜奎。所以曹三爷将喜奎羁留曹府，欢度春宵不遗余力。

曹三爷的正室郑太太查得曹三爷纳娇情形，颇为生气，趁曹三外出查看花园施工之际，把喜奎叫过来厉声质问。喜奎涕泣陈情，言已有丈夫，实为迫于曹爷身不由己，请太太放其回家。郑太太对众妾说："你们瞧瞧，这老东西，哼！我饶不了他！"众妾也很希望太太做主，速把喜奎撵走，故纷纷加油添醋。郑太太把小脚一跺，说："有事我担着！快叫两个仆役送喜奎还京！"喜奎磕头谢恩而去。郑太太是西大沽一位郑家姑娘，在曹锟贫穷时嫁给了他，可谓是患难夫妻，所以曹锟一向敬畏着她。当曹锟得知刘喜奎被太太赶走时，心有所失，长吁短叹了好几天，气得不与太太说话。

现在，议员们竟以此当作贿选讨价还价的口实。吴景濂着急起来，东奔西走，总算讲妥五千元一票。接下来筹款成了当务之急，曹锟乃令直隶省长王承斌，以筹饷为名，通令直隶所属170个县，每县筹措1万到3万不等。令下后，弄得民怨沸腾。众议院北京议员吕复，见百姓苦状，发函质疑曹锟。该函被记者登在了1923年9月7日的《民国日报》上：

仲珊使君台鉴：

近者吾省王省长，以筹措尊处军费为辞，通饬各县解款，由数十至数万元不等。群情惶骇，非议沸腾。即云军费，何不取诸国家度支？多年来拥兵之人，无不向中央索饷，截留国家税款。今又径向各县人民勒索，果用诸何途耶？听说省长此举，名为军费，实为您贿营大选。您自己想想，如果功德足以服人，则自有公道，在己当无须用心。但知纵容依附之徒，以贿行之，纵使有成，亦难为清正议员所许，况逐黎之事，当世已有纷议，以故议员纷纷他避，大选势成绝境。今乃为一人虚荣之故，殃及全省百姓，大位未跻，父母桑梓之邦已饱受荼毒。如果得其大欲，天下将无瞧类矣。望电嘱王省长，速罢此举，为乡人稍留生路是幸。众议员吕复叩。

曹锟看了此函，沉默不语，他的得力干将边守靖道："大帅别听他狗叫唤！我已筹到了一笔款子，南去的议员听说北京有五千元可拿，都纷纷回来了,我看没什么问题了。至于报界舆论当牺牲些钱,这样各报就不好说闲话了，我等也少去许多的烦恼！”曹锟应之。

1923 年 10 月 5 日，总统大选开始，京城各大街、商铺及顺治门内外均悬旗庆祝。十步一兵，五步一警，荷枪实弹，如临大敌。正服军警、私服暗探超过千人，把个众议院围得铁桶一般。就连会场旁听席中也备有侦探几十人，往来监视。女旁听席中亦布有女暗探。

下午，议员们鱼贯而入会场。参议院议长王家襄刚刚辞职，由众议院议长吴景濂一人主持，吴摇铃开会，并说明投票方法。于是散票、写票、投票、唱票，一切都办得像模像样，一切都在暗中监视下完成。曹锟亲自临场督选，当他走到北京议员国民党员吕复席前时，发现他竟未选自己，乃面带笑容附耳轻语："如何不选曹某？”吕复怒道："你要能做总统，天下人都能做总统了！”说罢，随手操起桌上的砚台掷在地上。

吴景濂最后宣布，曹锟以 480 票当选为中华民国第六任大总统。于是全场鼓掌，三呼万岁。曹锟用白花花的银子终于铺就了民国大总统的位子。

10 月 10 日这天，北京前门西站高扎五彩牌坊，站内各门均装饰一新，牌坊门上有书“五族共和”的，有写“普天同庆”的。卫戍司令部在车站门前搭设帐篷六所，以备接站要员休息。政府仪仗队、军乐队，整齐待命于站台边。附近交通阻绝，军警林立，拭目以待。

清晨，曹的花车已至西便门，缓缓驶进车站，各要员争相上车欢迎。此时军乐齐奏,兵士举枪敬礼。曹身穿蓝色军服,斜系红色大绶,胸前挂满勋章，走下火车，跨进汽车，车后是保定来的手枪队、马队，沿途黄土铺地，仿帝王之尊，浩浩荡荡由正阳门入府去了。

前门是老北京最传统与最繁华的商业街区，清末时清政府就在此修建了最早的马路，安了电灯，并制定了交通规则。1905 年，清政府仿效国外百货商场在前门修建了北京第一个百货公司——京师劝工陈列所，这里成了北京最早进入近代文明的地区。前门商业区相继仿造了很多西式百货商场，最有名的有宾晏楼、青云阁、首善第一楼等，卖的货物来自世界各地。新式百货

民国前期的前门

商场加上原来的众多老字号商店和餐饮，使前门成为当时京城最重要的商业与娱乐中心。

曹总统上任数月后，北京第一条有轨电车通车，起点就是前门，终点是西直门。当时的权贵阶层进京，从正阳门火车站下车，常常到东面的六国饭店吃西餐，之后再到前门购物，或是到西面的八大胡同嫖妓娱乐。前门地区同样也集中了众多社会下层老百姓，摩肩接踵的街巷可以看做是不同阶层的中国人生存状态的缩影。

曹锟入主北京后，国内报刊众口一词称曹“贿选”，并对“受贿”议员加以谴责。作为利害关系的一方，反对直系的国会议员情绪尤为亢奋，滇籍议员刘楚湘搜集各方揭露贿选的言论，编成《癸亥政变纪略》一书，详述贿选事实及各方函电等。书中附录的“众议员告发吴景濂等之原呈”，指责包办大选的吴景濂等触犯《刑律》，应以行贿受贿罪论处。

浙籍议员邵瑞彭将所得5000元支票摄作正、反两面照片刊登各报，并向京师地方检察厅告发。

12月17日，北京大学师生于建校25周年纪念日做民意测验，其中第一问为“你对于曹锟做总统有何感想？”在收回的801张问卷中，反对曹任总统者超过97%。

曹锟上任不久就尝到了历届总统都尝过的苦味：兵不能裁，饷无钱发，令不能行，每日里愁苦得很。还有直系诸将以功臣自居，要求论功行赏，曹只得穷于应付。这时，全国各地纷纷举行示威集会，要求“曹锟下台”，骂那些拿了银子的议员是“猪仔议员”，丢尽了须眉颜面，提出解散“猪仔国会”。身在广东的孙中山更是亲任大元帅下令讨伐曹锟，通缉贿选议员，并通告各国使馆否认曹锟为总统，……

曹锟急了，骂他的心腹道：“你们一定要捧我上台，却是让我这般地活受罪！

## 贿选案 遭指控 无法可依难定性

曹锟的一生是曲折而传奇的。1862 年 10 月曹锟出生在直隶天津一个贫穷的家庭，其父曹本生是一造船工。曹锟上有大哥、大姐，他排行老三，后来又有了四弟、五弟、六妹、七弟。曹锟长得高大魁梧，性格粗直，曾读过几年私塾，因家贫而辍学。他不愿去作船工，又不肯学农活，只喜爱舞枪弄棒。迫于生计，他不得不干起了贩布营生，每每赚得几个小钱则酒醉街头。遇有村姑均与之调笑，这时往往有狡童趁机窃其钱布，他亦不与计较，遂得“曹三傻子”的诨名。

一日，曹见众人围一卜者，他上前也要占一卦，卜者见他虎形之躯，言行憨直，恐有得罪，故意逢迎道：“汝相貌出众，将来能做县太爷。”观者听了无不窃笑。曹满脸通红，觉得受了戏弄，勃然一怒，打了卜者一个耳光，骂咧咧而去。

曹 20 岁时，贩布到保定，黄昏时，他被守城卒抢了布，还挨了打，他由此觉得扛枪吃粮比贩布威风。时值袁世凯小站招募新兵，他便撂下生意投了军。后来有幸被送入武备学堂，毕业后投在袁世凯麾下。他在驻防长春时，吴佩孚是他属下的管带，他提拔吴当了标统，二人从此有了深厚的友谊。1916 年，段祺瑞控制北京政府后，曹任直隶督军，驻守保定。1920 年任直鲁豫三省巡阅使，1923 年 10 月当上了贿选总统。

整整一年过去。1924 年 10 月 25 日，冯玉祥在第二次直奉战争中，暗中接受孙中山的主张和段祺瑞的游说，在战场上突然倒戈，挥师入京，发动政变，囚禁了总统曹锟，整个政变过程未费一枪一弹。次日凌晨，北京市民惊奇地发现满街皆是佩戴了“不扰民、真爱国”袖章的国民军士兵。

曹锟被软禁，吴佩孚南逃，直系势力瓦解。曹锟一切的荣华、荣耀顷刻间都烟消云散了。

很快，北京政府又换了新主子、老面孔的段祺瑞，段和张作霖联合执掌了北京政权。11 月 24 日，段祺瑞在北京铁狮子胡同陆军部旧址举行了中华民国临时执政就职典礼。

段祺瑞、司法总长章士钊签署命令，逮捕曹锟贿选时受贿的议员，检察机关搜集证据。

检察官奉命至相关银行检查账簿，共搜得支票收据 480 张，包括大有银行 5000 元支票存联 40 张，金额 20 万，出票人为“洁记”，系边洁卿所经手；直隶省银行 5000 元支票存联 180 张，金额 90 万，出票人为承先堂，系王承斌经手。检察机关搜出的支票收据达数百张，且系从出票银行搜到，作为法律证据的可信度更高。直系在大选前夕给议员发放数额如此高的支票，且须投票结束后兑现，表明曹锟“贿选”事实无疑。

然而，问题是国会议员历年都有欠薪问题，自 1913 年国会开会以来，议员薪俸从来没有如数如期发放过，这些支票是不是补发欠薪的钱？还有，按照《议院法》第 18 章有关规定，国会议员享有一定数量的薪俸和活动经费，名目为议员费及公费。其中议员费分岁费、旅费两项，岁费额度 5000 元；旅费依道路远近及交通情形而定，最多有数百元者，近处如直隶、河南、山西等，最少仅数十元。此外还有交际费，标准为议长每年5000元，副议长每年3000元，以下递减。以上这些费用事项，与“贿选”支票混在一起，致使贿选支票难以判定。

浙籍议员邵瑞彭曾将 5000 元支票作为曹锟“贿选”的“铁证”，提供给京师检察厅，要求侦查起诉，但未见检察厅方面有什么动作。

具有惩戒犯罪功能的法律主要为《议院法》和《中华民国暂行新刑律》，

该刑律涉及选举的部分有“妨害选举罪”和政府官员“渎职罪”两项，但用于审断曹锟贿选案，在选举前后的时间界定上谁也说不清楚。还有，段政府主张取消“法统”，即取缔国会，废除既有的法律统系。“法统“尚且在取消之列，又怎能从法律立场来判断曹锟是否贿选呢？且一旦取消“法统”，实际上已承认与直系所争乃政治问题，非法律问题，既然如此，如何能将“受贿”议员绳之以法？何况，段政府处置曹锟及”受贿“议员，势必将自己也牵扯进来，因而才会出现案件刚进入地检侦查阶段便戛然终止，既未提起公诉，也就无法开庭审判。选举贿赂案遂不了了之。

## 北伐军 倒北洋 国民政府站起来

曹锟被囚禁半年后，1925 年 4 月，冯玉祥的部将鹿钟麟把他释放了。

曹锟被释放后，吴佩孚从汉口来到保定会见过一次曹锟，两位直系首领相对无言，感慨万分，叹人间纷争的大起大落，慨人生沉浮难料！

曹锟回到天津曹宅英租界 19 号路。带着四个夫人及老小安心度日。曹锟在享尽了富贵荣华后,又回到了平常人的生活中,可谓“天地车轮极则复返”！

曹锟患有糖尿病，到天津后愈来愈重，最后住进了医院。他以为将不久于人世。孰料，病情奇迹般地好转起来。大难不死，使他倍加珍惜生命，而且他经过大风大浪、大起大落的洗礼，早已看破红尘，一切都不过是身外之物，只有身体才是自己的。他每天都早早起床，在院中练练自编的“虎拳”或气功。早饭后练练书法或作画。齐白石给他刻的印章“万代一如”，他视为珍宝。

晚年的曹锟

曹锟的性情更加温和，家中每天都有客人，从文人墨客到贩夫走卒，曹锟是来者不拒。他对家人、仆人一团和气。每到夏日的傍晚，他家院子里常有些穷邻居来闲聊。这些人中有拉洋车的，也有卖菜的，还有卖大碗茶的，大伙坐在小板凳上，没有尊卑贵贱之分，喝茶聊天。曹锟也同样光着膀子，手里摇把大蒲扇，悠闲而侃，谈笑声不断。有时见幼童戏耍，他则近前，跟着小孩一起嬉笑。曹锟已经完全回归到了平民的生活里，享受着一种清淡纯朴的自然之乐。铅华散去始归真。

1926年，“三·一八”惨案后，段祺瑞辞去中华民国临时执政

段祺瑞、张作霖联合执掌的北京政府，废法统，行独裁，很快遭到全国人民的反对。

1925 年 11 月下旬，冯玉祥国民军攻占北京、保定一带，奉系将领郭松龄倒戈。中共北方区委李大钊、赵世炎等人和国民党左派人士趁机发动一场暴力推翻段政府、建立国民政府的斗争。各学校和工厂的学生敢死队、工人保卫队及群众共 5 万多人齐集神武门前，举行示威大会。会后进行了大规模的游行，高呼着“打倒奉系军阀”、“打倒段祺瑞卖国政府”等口号，包围了执政府，并占领了警察总局和邮电局等要害部门，史称“首都革命”。

恰在这时，大沽口事件发生，激起北京各界五千多人在天安门游行请愿，军警开枪对群众血腥屠杀，其大逆之行激起全国人民的公愤。段祺瑞不得不通电引退，由张作霖任安国军总司令成立安国军政府，主持北洋政局，张作霖成了北洋政府最后一任元首。

北洋政府走马灯似的变换着主人，政局混乱不堪，民不聊生。

“打倒军阀！”、“打到列强！”成为全国人民的强烈呼声。1926 年 7 月 1 日，广东革命政府在广州誓师北伐，蒋介石就任国民革命军总司令，率十万大军出征。北伐的首个目标是湖南、湖北的吴佩孚，仅用了四个月的时间就消灭了吴佩孚。其他革命军在江西、江苏一带击败孙传芳及张宗昌。接着，北伐大军兵分三路，向河南、浙江、安徽进军，似铁流滚滚势不可挡。北伐！北伐！

横扫北洋军阀，势如破竹。山西军阀阎锡山易帜归顺国民政府，北洋军阀只剩下奉系张作霖了。

1927 年 4 月 18 日，蒋介石在南京成立国民政府。1928 年 2 月，蒋介石主持召开南京国民政府二届四中全会，会议推举谭延闿为国民政府主席，蒋介石为中央政治委员会主席和军事委员会主席，并达成蒋、冯、阎、桂四大军阀集团联手，举行二次北伐。

张作霖赶紧放弃北平，乘专车回沈阳，途中被日本人预设的炸弹炸死。

国民军进至北京，结束了北洋军阀的统治。

# 案八 “第一夫人”受贿案

## 掘皇陵 掠财宝 万恶之首孙殿英

1927年4月18日，国民政府定都南京，由此，南京作为特别市取代北京（次年6月20日把北京改称为北平），成为中国的政治中心。国民政府艰苦“建国”的前十年，即1927年至1937年间，是在战乱动荡中谋求一统中华的时期，这期间是民国历史上建设最快，经济最繁荣的十年，被很多在华的英美和各国侨民誉为“民国黄金十年”。

孙殿英（前骑马者）

然而，蒋介石的最大弱点在于他的独裁统治，而独裁会导致腐化的产生。尤其是他对其夫人宋美龄及其家族、亲属的贪腐行为采取宽容态度，更使贪腐之风自上而下，迅速扩散开来，且愈演愈烈，严重地影响了国民政府的现代政治制度建设。

宋美龄有确切贪腐事实的例证是孙殿英盗掘清皇陵案而引发的受贿。

那是1928年夏季，虽然说国民政府已经统一了全国，但只不过是文字上的说法而已。事实上，地方军阀们割据一方，拥有自己的武装军队，拥兵自重，独占一方，自成派系，并不完全受国民政府的管制。1927年秋天，国民革命军北伐军打败了奉军与直鲁联军，孙殿英率残部退往天津，后又退往蓟县、马兰峪一带。这时，何成浚奉蒋介石之命策动孙殿英投降。1928年5月，孙殿英同意蒋介石的收编，被委任为第六军团第十二军军长，从此，孙殿英打起了青天白日的旗号，成了国民革命军的一部分。不料，孙殿英竟然制造了一起令世人震惊的“盗掘清皇陵案”。

孙殿英，河南永城人，幼年丧父，10多岁即进入赌窟，以后闯荡江湖。他参加过“庙会道”，做过土匪，先投奔河南陆军丁香玲部，后投靠军阀张宗昌，任直鲁联军第十四军军长。被蒋介石收编后，因是杂牌军而被另眼相看，克扣孙部粮饷，致使其军心浮动，常有开小差的事情发生，上峰若再不拨粮款，甚至有哗变的危险。面对这一严峻局面，孙殿英苦苦思索着粮饷，蓦地，他的土匪恼子里冒出来一个罪恶的念头——“盗墓去！”孙殿英把几个师长叫来商量了一番，几个师长当然赞成。

清东陵曾经是一块与世隔绝、神圣不可侵犯的皇家禁地。自顺治皇帝开始，先后有5位皇帝葬在这片宛若虎踞龙盘、充满王气的地方。民国后，清室让位，东陵不仅设有护陵人员，机构仍然承袭清制，而且还有旗兵、绿营兵驻陵守护。随着世事的变迁，东陵渐渐脱离清室的掌握，护陵大臣名存实亡，不仅不能有效保护陵墓，反而串通他人倒卖财物，对东陵的破坏与日俱增。

看守陵寝的翼长阿和轩

1928年7月初，马兰峪各街道路口的墙壁上突然出现了孙殿英第十二军的布告，告示云：从即日起，本军在东陵进行军事演习，严禁黎

清皇家陵园定东陵

民百姓入内，演习区域的居民必须从速迁出，否则发生意外概不负责。老百姓看了布告，谁都不敢不搬出，连那些守护陵寝的旗丁，也一个不剩地迁出了陵区。孙殿英唯恐泄露机密，又在陵园四周设置警戒，不许任何外人入内。

7月4日，孙命令工兵营长颛孙子瑜负责掘墓行动，又派他的亲信谭温江和旅长韩大保去监视。颛孙子瑜带领一支部队奔向了葬有慈禧的定东陵，而另一支部队则奔向了乾隆裕陵。他们开始了盗掘皇陵地宫的罪恶行动。

西太后慈禧的定东陵兴建于清末，工程前后耗时14年，耗银无数。颛孙子瑜率工兵们开始掘慈禧墓，可找不到地宫墓道入口。听说有个姜石匠曾参加修筑陵墓，是幸存下来的唯一的造墓人。孙殿英于是派人把姜石匠找来，问他墓道入口。姜石匠不愿做这种丧天害理的事，一言不发。孙殿英火了："他奶奶的，不说是不？把他儿子抓来，老子非扒了他的皮不可！"这一招真灵，姜石匠就这一个独子，扑通一声跪了下来，说出了墓道的位置。

匪兵们沿墓道接连打开四道石门，进入停放慈禧灵柩的寝宫——这简直就是一座地下宫殿！匪兵们先把灵柩外的殉葬物品收起，然后劈开灵柩，见慈禧尸体并未完全腐坏，把尸体移置地下，把灵柩内和尸体上的珍贵物品搜罗一空。尸体被剥光，棺材被翻倒，财宝被洗劫。这时，孙殿英乘汽车从蓟县来到墓地，亲自清点过目宝物，满满装了五只大皮箱，又亲手将皮箱加封、盖章，由谭温江与他的内侄魏月恭监视着送往蓟县军部。

乾隆裕陵那边的掘墓工兵也挖开了乾隆之墓。乾隆是在清朝国势鼎盛时期下葬的，仅造墓款就耗银两百多万两，遍选天下精工美料，建筑艺术精湛华美。隧道墓室全用汉白玉砌成，也有石门四进，全是汉白玉雕制，其形制规格居清陵之冠。乾隆墓中的寝宫为八角形，有故宫里的中和殿那么大，上为圆顶，塑着九条金龙，闪闪发光。乾隆的棺椁用茵陈木制成。整个乾隆地宫宛如一座庄严肃穆而又美轮美奂的地下佛堂。殉葬器物大都是罕见的珍宝，最值钱的当属是乾隆在世时由东南亚各国进贡的金质佛像和宝玉佛珠，据说佛像的莲花座都是用各色钻石镶嵌而成，每座佛像都价值连城。

孙殿英得到这些宝物，喜出望外，为掩盖罪行，他立即把部队移驻延庆县去了。

## 贿赂天 贿赂地 军法会审成儿戏

孙殿英东陵盗墓之时，蒋介石、何应钦等国民党党政军要员正在离东陵仅 100 多公里的北平举行告祭孙中山、庆祝北伐胜利的活动，对孙殿英盗墓一无所知。直至一个月后，由于谭温江急于到北平销赃，与所委托供销珍宝的古董商同时被擒，盗墓之事才由此东窗事发。

最早披露孙殿英盗墓丑闻的是路透社，该社于 8 月 5 日以醒目标题刊出，之后全国各大报均于 8 月 6 日予以转载。

盗案披露后，全国哗然。许多民众团体纷纷电请国民政府究查主谋，严办盗陵人犯，从速收缴殉葬诸物，修葺陵寝。中华全国商会联合会指出，乾隆、慈禧陵寝工程坚固，断非少数人短时间所能掘破，吁请当局速收缴被盗国宝，严防流出海外。在全国声势浩大的声讨声中，国民政府摆出一副整饬军纪、维护公理、严惩主犯的架势。蒋介石宣称：“呈文具悉，通饬所属，一体严密缉拿，务获究办，毋稍宽纵。”

遵蒋介石手令，北平地方法院于 8 月 8 日派检验吏俞源前往东陵检验乾

1928年民国政府调查孙殿英盗皇陵案，成员刘人瑞等人在清东陵前留影

隆和慈禧棺木；阎锡山电河北省主席商震派兵保护东陵；警备司令张荫梧派兵保护西陵。商震又限令遵化县府严缉盗墓正犯，依法惩办。

8 月 10 日，以国民政府委员刘人瑞为首的调查人员，前往东陵开始调查。刘人瑞一行到东陵后，沿途见陵墓被盗的遗痕，他们在裕陵墓道捡到铁尖锄一把，这种尖锄系工程兵所特有，非农民之物。又在马兰峪街发现孙殿英贴于 6 月份的告示一张，旅长韩大保贴于 7 月 7 日的告示一张。刘人瑞了解附近居民陵户，皆谓听到两陵方向传来的爆炸声；不时有军人到街上购燃料，人人腿脚都沾有地宫灰泥；盗墓的 7 月 9 日、10 日两天，有人见到孙军长夜间乘汽车自马伸桥至马兰峪。

此时，孙殿英坐不住了，案子眼看就要查到自己头上。孙殿英的顶头上司徐源泉给孙指点迷津，说：你孙殿英这次办事太过莽撞，敢冒如此天下之大不韪，你们要设法疏通关系才是，听说你们这回掳获不少，舍不得孩子套不住狼啊！

孙殿英心领神会，匆忙从东陵赃物中挑选一批珍贵的，其中一柄九龙宝剑，剑面上嵌有九条金龙，剑柄上嵌有宝石，孙托戴笠送给了蒋介石；另一柄宝剑托戴笠送给了何应钦；乾隆颈项上的一串朝珠，有 108 颗，据说是代

表十八罗汉，是无价之宝，那最大的朱红色的两颗，孙在天津时送给了戴笠；慈禧的枕头是一个翡翠西瓜，孙托戴笠送给了宋子文；慈禧嘴里含的一颗夜明珠最为珍贵，开是两块，合拢是一个圆球，分开透明无光，合拢则透出一道绿色的寒光，孙将这件宝物也托戴笠送给了宋美龄；又将价值50万元的黄金送给了阎锡山。

掘人祖坟，破棺裸尸，掠取金宝，毒施人鬼，对中国人来说这是人间极恶。寓居天津张园的末代皇帝溥仪闻讯后痛心疾首，即在张园设灵祭奠，并电召北京皇室宗亲以及清室遗臣速来津商讨善后事宜。一连两天两夜召开"御前会议"，他们决定：一、向国民政府提出抗议，保护故宫和陵墓是清室逊位时与国民政府商订好的。二、要求严惩孙殿英，追回全部宝物。三、派员去南京找有力人物进行内部疏通，同时派宝瑞臣、耆寿民、陈诒重等人前往东陵勘查，办理一切善后事宜。

8月18日，宝瑞臣等70余人乘车驰赴东陵，首先对乾隆、慈禧二陵进行勘查，在这些清室遗臣们面前呈现的是一幅惨不忍睹的景况。清室遗臣们先复葬了慈禧遗骨，后复葬了乾隆遗骨。

说来也巧，当孙殿英的人在南京活动时，溥仪派出的人也到了南京。溥仪自恃有清室逊位时与国民政府订的协议，没有拿出他的那些宝物送礼，给赴京人员仅带了一般的金银之物去见河北人张继（中央监察委员）。张继答应对盗墓案提出弹劾，他与五位监察委员联名弹劾孙殿英治军不严，纵兵盗掘清陵，使国民政府丧失信誉，破坏古国珍物云云。

清室遗臣多次到平津卫戍司令部找阎锡山司令官，要求严惩盗陵凶犯。阎锡山不但不予理睬，还允许要犯谭温江保释出狱，其他盗陵人犯也多逃出北平。各界人士纷纷电请政府，要求从速秉公处理。北平总商会请求组织特别法庭审判此案。不得已，阎司令官电令卫戍司令部从速组织军事法庭，由河北省主席商震上将任审判长审理该案。

商震迫于舆论，责令陆军监狱马上将保释在外的谭温江重新收押，听候审判。与此同时，第六集团军总指挥徐源泉也将谭温江以前呈报所谓马兰峪剿匪所得的东陵珍宝加封保存，移送卫戍司令部，并向外界表示对部下决不宽贷。

商震表面声言“要查办”，但总是雷声大雨点小。因为他早已知道“最高当局”的意旨，而且他与谭温江原本相识，会审时不但不认真追究，竟对关在北平铁狮子胡同旧陆军部内的谭温江说：“请你委屈一时吧！”而案件主谋孙殿英没受任何处分，依然逍遥法外。

东陵盗案于1928年12月中旬由军事法庭开庭调查，此后即归于沉寂。直至次年4月20日方开庭预审，至6月8日终审，主犯谭温江拒不承认盗掘一事。6月15日，孙殿英被国民政府任命为新编独立第二旅旅长，并协同任应岐讨伐张宗昌。此案此后也就不了了之了。

有人说，军阀，土匪，就如同高桌子低板凳都是木头一样，兵匪一家亲，不分彼此，军法会审不过是逢场作戏罢了。

孙殿英东陵盗宝案之所以出现这种结局，不能不说与“第一夫人”受贿有关。孙殿英在顶头上司徐源泉的帮助下，打通了宋美龄的关节，送上一批稀世珍宝。阎锡山命令河北省主席商震严查此案，但案子没办下去，人们不难想象其中缘由。

后来，孙殿英对人说：“满清杀了我祖宗三代，我这是报仇、革命。孙中山的同盟会革了满清的命；冯焕章用枪杆子去逼宫；我孙殿英枪杆子没得几条，只有革死人的命。满清入关之时，大兴文字狱，网杀士人，象吕留良、戴名世这样的人都被开棺戮尸，我虽不才，亦知道佛经有言，以彼之道还施彼身。不管他人说什么盗墓不盗墓，我对得起大汉祖宗，对得起大汉同胞！”

1930年春，阎锡山、冯玉祥、李宗仁等联合发动反对蒋介石的“中原大战”。孙殿英看到反蒋势力强大，遂依附阎、冯。阎锡山竟然擅自把谭温江释放了，北平宪兵司令楚溪春还亲送谭到车站。孙殿英的部队进驻豫东、皖北，从阎、冯手里取得了第四方面军第五路总指挥兼安徽省主席的重要地位。

有一次，孙殿英去洛阳参加冯玉祥召集的军事会议，冯玉祥和他见面时说：“殿英老弟，你的革命精神我很佩服！咱们是好朋友，在反对满清这一点上，我干的是活的（指驱逐溥仪出宫），你干的是死的（指盗东陵）。”孙殿英闻言，不由得满脸通红。事后，孙殿英对人说：“冯总司令真伟大宽厚，他要是叫我卖命，孬种才会含糊！”

“第一夫人”受贿的事，当然不仅仅孙殿英一人。

1935年,宋美龄收受的天价海龙皮大衣,是“青海王”马步芳行贿送上的。马步芳原是冯玉祥的部下，中原大战时叛冯投蒋，被任命为第九师师长，后被扩编为新二军，但蒋介石只给番号，并不发饷，目的是为了控制地方势力的发展。为了向蒋介石索要军饷，马步芳组织了一个“要饷团”去南京，他们弄了一件海龙皮大衣，托人送到宋美龄手中。几天之后，军事委员会通知“要饷团”说：“奉委员长谕，明日上午10时，青海代表由朱培德厅长代见。”见面后，朱转达蒋意说:“年度预算已过，今年不可能照准，但你们远道而来，留京日久,可拨给临时费10万元。军饷的事已列入下年度军费预算。”“要饷团”圆满而归。

# 案九　卖官鬻爵三厅长

## 先买官 后卖官 民政厅长被罢官

民国时期的官场风气败坏是史上有名的。一位外国人乔治·索凯尔斯基1928年观察到："那些在革命前连一个小钱都没有的穷官吏，很快就成了富翁，他们在首都市区建起了漂亮的住宅，用轿车接送子女上学是司空见惯的事情。不少生活优裕的官僚嫌南京的娱乐生活死气沉沉，而定期到上海去享受舒适生活，他们在上海的租界里盖了房子，周末常常从星期五持续到下星期二。"

古往今来，贪官往往都会犯同样的错误，那就是买官卖官，贪污发财。国民政府初期，江苏省的民政厅长一职，五年之内就有三任厅长因卖官鬻爵，前赴后继，相继落马。第一个就是人称"小道士"的缪斌。

缪斌，字弼丞，1899生，江苏无锡人，其父缪建章是无锡城中南门内希夷道院的当家道长，缪道长有缪斌一个儿子，两个女儿。人们不禁要问，出家道士居住观中，不婚娶，奉斋戒，哪来的三个孩子？原来，道教分火居和出家两种道士，火居道士虽说要持戒奉斋，却允许娶亲蓄子，其子"嗣师"。缪建章道长属于"火居"道士，所以能娶亲生子。缪斌作为他惟一的儿子，常常被人称之为"小道士"。

缪斌1921年考入南洋公学（今上海交大）电气科，毕业后又进入黄埔军校，曾在北伐时担任过第一军副党代表，得到蒋介石的青睐。1927年4月，缪斌衣锦荣归探母，不大的缪宅顿时热闹起来，门前用胳膊粗的木栅栏搭起了左右两座"辕门"，持枪卫兵煞有介事地列队站岗。遗憾的是缪老道未能等到这一天，他前几年就死了。

南京国民政府成立后，缪斌任国民革命军总司令部经理处处长。虽然这个职务待遇优渥，但缪仍不安于位，到处钻营。缪打听到江苏省民政厅厅长茅祖权他调，其位置空缺。当时江苏省政府设于镇江，省主席是钮永建。缪斌于是去走第一夫人宋美龄的路子，究竟花费多少，外人不详。用今天的话说，就是“要想发财就得去做官，要想做官就需要先买官，就得舍得投资，不送不动，送少无用”，“理想是远的，政治是空的，只有权力是硬的，捞取利益是实的”。

大概第一夫人说了话，让缪斌任省政府委员兼民政厅厅长，但按例要经中央政治会议讨论通过方能任命。中央政治会议讨论时，中央监察委员会常委吴稚晖提出反对意见，他说：“缪斌品行不佳，年少任性，在总司令部经理处处长任内声名狼藉，不宜主持一省的地方行政，应该另行选派。”

听吴稚晖这样一说，到会者相顾愕然。对这位元老的话，不要说中央政治会议委员不敢反对，就是蒋介石也得听他三分，所以大家都不开口，只好暂时不讨论，留待下次表决。当时缪斌以中央候补委员名义列席，眼看到手的肥缺吹了，岂肯就此放手，他灵机一动，出去开了张面额 5000 元的支票，

民国30年代的江苏农村，农人在耕田

回来后偷偷把支票放在吴的大衣口袋里。会散后，吴稚晖发现了支票，心中有了数。

在第二次讨论缪斌任省民政厅厅长时，主持人连问两次："有人不同意吗？"吴稚晖在一个角落里打着瞌睡。无人反对，通过。

1928年11月，缪斌如愿以偿，走马上任江苏省民政厅厅长，掌管一省人事大权。这一年，缪斌29岁，其前途一片光明。

想当县长的大有人在，都纷纷去走缪厅长的门子。缪厅长一看，"生意"来了，怎么办？干脆定个价码，于是缪厅长根据各县的贫富差异，定下三类价格：苏州、无锡、常州是一等县，县长的定价是3000元；宜兴、金坛、溧阳、常熟、昆山等与苏北各县属于二等县，定价2000元；像扬州一类的小县是三等县，价在1000之数。然而，当时的江苏，民生艰难，苏北县志上记载了这样的民谣：

泥瓦匠，住草房；
纺织娘，没衣裳；
卖盐的老婆喝淡汤。
种米粮，吃米糠；
磨白面，吃瓜秧；
炒菜的，光闻香；
编席的，睡光炕；
卖油的娘子水梳妆。

可见江苏百姓的贫穷。

有了钱的缪厅长立刻汇巨款到无锡老家，在无锡城中扩宅造房。

不久，一幢美轮美奂的缪公馆落成了，这是中西合璧的园林式建筑，两丈多高的青砖围墙，拱形的铸铁镂花大门，门内是用生肖象形太湖石垒砌的"五松坛"。绕过五松坛，走过逶迤花径，即是红砖红顶、飞檐翘角的主楼，楼高两层，面阔五开间，楼下正中为三开间的西式大厅。内部装修十分讲究，精美的柚木门窗，柚木拼花地板，柚木雕花楼梯，还有在当时十分前卫的卫生间、抽水马桶……

缪斌举行了盛大的新宅落成仪式，接连几天，缪公馆门前车水马龙，花园里满园灯彩，并在南门城楼上大放焰火，在公馆门前的空场上放露天无声电影。

“母以子贵”。缪公馆里的缪老太太60大寿到了，祝寿的人络绎不绝。

不数月，缪老太太60大寿又到了。人问，不是刚刚祝过寿吗？缪公馆的人说，那次是60“借岁”，这次是60“虚岁”，还有一次60“足岁”呢！

街面上的邻居都知道，缪大厅长以做寿为借口，在宁、锡两地大肆索贿，也知道，缪氏母子除了真金白银和支票，其他概不“入眼”。索了多少无人说清，就连缪大厅长也没有个确数，但有一点街坊邻里是确定的，那就是缪厅长已经掉进“钱眼子”里了。

终于，缪斌卖官、索贿的风声传扬开来；缪斌的同列见他如此发财，不免眼红，就密报了蒋介石，说：“缪斌当官敛财，江苏民政厅长的卖官市场特别红火。”

蒋介石闻言恼火，责成监察院调查。结果，调查属实。缪因此被革职，奇怪的是并未受到法律惩办。撤了官的缪斌闲居在家，靠着卖官所得的大笔钱财舒舒服服地当起了寓公。

抗战爆发后，缪斌竟然当上了汪伪南京政府立法院副院长。抗战胜利后，缪斌被南京国民政府以汉奸罪逮捕，且成了第一个被枪决的大汉奸。这是后话。

## 官有等 阶有价 继任厅长把财刮

缪斌被革职后，1931年12月，省主席钮永建却升任内政部长去了。顾祝同受蒋介石委任，脱下军服，由国民政府警卫军军长调任为江苏省政府主席。顾祝同是江苏涟水人，国民党的一级陆军上将，蒋介石的亲信。

一向在军界摸爬滚打的顾祝同，初入地方官场，老乡、同学、与他关系不错的人都纷纷投奔而来。一个叫赵启騄的人，很快被顾祝同任命为江苏省民政厅厅长。

赵启騄，又名启陆，江苏丹徒人，生于1894年。保定陆军军官学校第6期步科毕业。1925年9月任国民革命军第1军3师少将参谋长。1926年，顾祝同任粤军第三师师长，委任赵为师参谋长，参加北伐。二人不仅是老乡、陆师学堂的同学，而且还是儿女亲家。赵启騄因此当上了江苏省政府委员兼民政厅长。

赵启騄上任后，自恃有顾省长这个大后台，也步缪斌的后尘，大肆卖官搜刮钱财。凡是有实权的肥缺，如县长、公安局长，统统按官阶论价，秘密出售。赵启騄把各地官位分成三类六等九级。苏南是一类地区，江北是二类地区，苏北淤黄河以北是三类地区。在各类地区中，又依各县的大小、土地的肥瘦、税收的多寡、水陆码头等情况，再划出等级，按级论价，一手交款，一手领"委任状"，交易地点在上海租界内。

官员进饭店吃喝可以签字"打白条"，赵启騄"卖官"也可以打"欠条"：如果是穷县，一时拿不足现钱来的，中间人或是买官者本人可以出张期票，说明先支付若干，到任后再支付若干。

到了1933年下半年，赵启騄卖官鬻爵、胡作非为的行为终于传到南京。蒋介石在不断接到密报的同时，又有宋子文、何应钦当面说顾祝同放纵下属，造成极坏的影响，必须从速处理。

一天，顾祝同接到一封密信，打开一看，是蒋介石手谕，要他立即赶赴南京。顾祝同心中一颤，立刻意识到，大概是赵启騄出事了！他立即找来秘书长茅迪功，说："你给我立即拟文，内容是赵启騄撤职查办，时间你记住，一定要写上昨天上午9时下达。"茅迪功拟好后交给顾祝同，顾在上面签署了意见，揣在兜里，然后，匆匆驱车直奔南京，来到蒋介石官邸。

蒋介石在官邸的小会客室召见顾祝同。顾小心翼翼，神态拘谨。蒋介石一如往日，要他坐下，说："墨三（顾祝同，字墨三），我怎么也没有想到，让你到江苏去做省主席，你却辜负了我！今天你得说清楚，你手下都用些什么人？"

顾祝同自然知道这些话的分量，他低着头。

蒋又问："赵启騄这个人，在上海法租界卖县长、公安局长！"

顾祝同心中一震，知道不好隐瞒，微微抬起头，回道："我正在查处，有的也是事实，但也有不少是传闻，查无实据。"

"嗯，你打算怎样处理？"

"撤职查办，毫不姑息！"他并没有说已经下了手谕。

"这就好！我听说他还抽大烟，有没有这事？"

顾祝同愧疚道："我有负校长的栽培，我有罪，这都是我对部下管教不严，用人不当。我有责任……"

蒋介石挥了一下手，示意他不要说了，道："好吧，我自有处置。"

听到这一番话，顾祝同心里一块石头落了地。

1933 年 10 月，国民党元老派向蒋介石进言，说："墨三（顾祝同字）只宜领兵不宜从政。"蒋介石顺势调顾祝同任"湘鄂赣粤闽五省剿匪军北路军总司令"，体面地下了台。

赵启騄丢掉民政厅厅长后，离职经商去了。

缪斌犯法被革职了事，赋闲在家；步其后尘的赵启騄仍然是革职了事。

## 辜厅长 养小妾 卖官敛财犯了法

顾祝同下台后，陈果夫接替他的江苏省主席之职。陈果夫手下的民政厅厅长由辜仁发继任。辜仁发与陈果夫并不是一个派系，辜的后台是杨永泰，而杨永泰又是蒋介石面前的红人。

辜仁发，湖北安陆县北乡莲花庵土寨村人，幼随叔父辜任卿读书，后毕业于武昌两湖师范附小、湖北陆军小学、武昌陆军第三中学。1908 年，18 岁的辜仁发东渡日本，入东京振武学校学习，国民党的许多高官，如张群，何应钦，阎锡山都是振武学校毕业的。1911 年，他在日本加入中国同盟会，投身反清革命活动。回国后参加了武昌首义后的汉阳、夏口保卫战、孙中山领导的讨袁战争、护法战争。随后当过阎锡山的炮兵团长，北伐第三集团军的参谋处长。中原大战时，阎锡山与冯玉祥等联合反蒋，辜离队去南京，深受蒋介石的礼遇。1931 年 6 月，辜仁发回安陆纳妾李淑芸，并偕妾去北京与原配合住。

1932 年，辜仁发由政学系的张群、杨永泰撮合去南京，任国民政府参军处参军，并参加“政学系”。10 月，调回湖北，出任第二区（蕲州）行政督察专员兼蕲春县县长。他为什么当如此小官？

原来，这一年，蕲春北部的农民运动风起云涌，打土豪、分田地如火如荼。4 月 8 日，蕲春县长王道忠率一千余人的兵丁进犯大同苏区，不料，清剿未果，反被苏区军民伏击，王道忠也当了俘虏。6 月，蕲春苏维埃政权成立。7 月上旬，卫立煌指挥四个师围攻蕲北皖西苏区，苏区军民惨遭杀害。“插秧时节分到手，稻谷青青未收获”的田地又复归地主土豪所有，新生的苏维埃政权被绞杀了。

湖北省政府主席张群觉察到，文人当县长容易被俘，就把自己在振武学校的同学、行伍出身的辜仁发派到蕲春当县长。辜仁发于 1932 年 10 月到任后，大力推进平民教育，一时间，全县办起 290 余所族学，形成了村村有学堂，处处闻书声的景象。又创办乡村简易师范，举办教师讲习班，赢得政声。他编的那本《农民识字课本》，其中有一篇趣味盎然的劝人养鸡的课文：“鸡生蛋，鸡生蛋，生得蛋来有钱赚；一鸡一天生一蛋，百鸡一年生一万。”

1933 年 10 月，由杨永泰力保，辜仁发上任江苏民政厅厅长的肥缺。

虽然辜仁发的前两任缪斌、赵启騄因卖官鬻爵而被撤职，但利之所趋，正像飞蛾扑火，不惜焚身，辜仁发同样是靠卖官鬻爵来发财。他一到职，就把他的亲信李文恭派到无锡县担任县公安局局长。

1934 年，辜仁发美貌动人的小妾李淑芸，让辜直接下令，委任刘卓民为无锡县公安局第二分局局长，辜照办。那么，刘卓民是什么人？这么有面子？原来，刘卓民的夫人李蓉贞与李淑芸关系密切，李蓉贞给她送了不少钱。

这二分局的辖区是无锡县的火车站、轮船码头、旅馆、游乐场及烟赌娼集中的马路区，是肥缺中的肥缺。刘卓民自恃有厅长太太李淑芸做后台，并不把公安总局长李文恭放在眼里，放手收受各种各样的“月规”（就是烟馆、赌场、妓院、歌舞厅等每月的进贡与专项的贿赂）。刘卓民甚至还接受巨额贿赂，私放鸦片烟人犯。因为他太贪，分给部下的又极少，以致内部起讧争吵起来。此事为当地《人报》的记者采访到，在报上揭露开来。

公安总局长李文恭立即抓住这次机会，报告民政厅，想整掉这位不听话而又骄横干云的分局长刘卓民。也巧，当时民政厅厅长辜仁发因公去了南昌，厅里有关人员本不满辜妾李淑芸的作为，鼓动副厅长趁机下令将刘卓民撤职，并派总局长李文恭去接收。

1934 年 3 月 15 日，无锡公安局总局长李文恭停了第二分局局长刘卓民的职，同时任命高崇山代理其职。高崇山奉命前往办理移交手续，刘卓民拒不移交，当天携印潜往省会所在地镇江，找靠山辜仁发诉说冤屈，商量对策。不料，辜仁发正巧被蒋介石召到庐山受训去了，刘撞了个空，悻悻而返。

第二天，刘卓民又多了条“携印私逃”的罪名，又因其夫人李蓉贞在机关大吵大闹，夫妻双双被县政府传讯收押。李蓉贞不服，质问县政府：“我家男人的官职是省政府民政厅派任的，你凭什么不让屁股坐热就要滚蛋呢？”

县政府扣留了李蓉贞，对她进行了三天讯问，晓之以理，动之以威。李蓉贞交代了给辜仁发小妾李淑芸送礼买官的事实。县政府马上将其移交司法处理。此事经新闻媒介披露，轰动了整个江苏省。

民政厅的官员觉得事情闹大了，匆匆电告正在庐山受训的辜仁发。辜读完电报，出了一身冷汗，他决定马上演一出“大义灭亲”的苦肉戏——撤职查办刘卓民！

刘卓民得到消息后，急忙找李淑芸求援，李淑芸抚慰刘说：“你不要怕，有我呢！厅长不过是说给舆论听的，你不要移交职务，待厅长回省，就可收回成命。”有了李淑芸这番话，刘卓民吃了定心丸，对前来接收的人员说：“我的局长之职是辜厅长直接派的，除了有厅长的手令，否则，我决不移交！”接收人员无奈，只好照此回局复命。

总局长李文恭闻报刘卓民不移交，非常气愤，派出一批人再次去接收。刘卓民避而不见，把印信及枪支都收藏起来。出来应付的是刘卓民的妻子李蓉贞，那女人撒起泼来，拍桌大骂：“厅长太太和我是小姊妹，她已答应，厅长回来就收回撤职命令，你们来耍什么横！”她说这番话时有许多记者在场。

第二天，李蓉贞的言行就见报了，引起社会一片谴责之声。上海各大报纸又加以转载，影响进一步扩大。第二分局所在地的无锡县县长严慎予坐不住了，他派警察大队长王威去协助原接收人员去接收，刘卓民依然不移交，其妻李蓉贞依然在局里吵骂，质问接收的人："你们说俺老刘整饬无方，总局李局长就整饬有方？哪一个分局整饬有方？不都是一样吗！"

严县长听了汇报，怒道："真没规矩！不像话，看来不动硬的她就不会懂事儿！"遂派出武装警察，威逼刘卓民交出印信与枪支。同时，严县长以"抗不移交、藏枪匿印，擅离职守及刘妻辱骂接收人员，妨碍公务"等由，把刘卓民解送法院。

此案在报纸的铺陈下，很快在南京、上海、镇江三大城市传开。江苏省政府主席陈果夫，发急电给南昌的辜仁发，云："外传李淑芸干涉行政，有玷官常，请贵家长严加管束，勿任其奔走各地。"辜仁发赶紧复电，道："内子瞒着自己犯下罪错，若不自遵国法，何以主民事，法不避亲，请自我始！您就放心好了！"辜仁发同时又发电给镇江民政厅，派办公室主任刘安熙带人去上海拘捕小妾李淑芸与岳母，押到镇江依法办理。

## 辜仁发 犯重婚 小妾怒爆案中案

上海法租界马浪路新民村 15 号是辜仁发金屋藏娇之所——李淑芸与她母亲住在这里。

"嘭嘭嘭"，有人敲门。李淑芸开门。来人自我介绍道："卑职是江苏民政厅办公室主任刘安熙。"他又介绍另一位，"这是江苏水上警察第一区区长徐朴诚。"略事寒暄，徐朴诚说请夫人到外面吃饭。

李淑芸心想，这二人大概有什么事来通关节，于是一口答应，带着母亲去赴宴。筵席上，一道道菜上来，徐朴诚频频劝酒，至为殷勤，但他始终没有表示有什么事要请托。约摸最后一道菜了，徐朴诚突然站起来，板起面孔，厉声道："辜太太，我奉辜厅长令拘捕你们，我是奉令行事，你怪不得我！"随即门外进来两人，把李淑芸母女铐起来，带走了。

刘安熙捕得李淑芸母女后，就电告省长陈果夫。陈果夫深感疑惑，辜仁发怎么能大义灭亲？既如此，他电令无锡县县长严慎予，要无锡法院派人到上海提人，回来审讯。

《人报》记者为探明真相，在无锡法院看守所里访问李淑芸。问："你是辜仁发的夫人吗？什么时候结的婚？"

答："我确实是辜仁发的夫人。我们是1931年6月22日，在湖北汉口圻春园结的婚。"

问："请说说结婚的经过。"

李淑芸道："这种炎凉世态，冷暖人情，真难想象！"她边说边流泪，"我以前在湖南湘潭教会学校读书。有一次看戏，和辜仁发认识。他从此接近我，后来他请现任无锡公安局局长李文恭的夫人金绣佛出来作媒，要和我结婚，我答应了。结婚那天，是汉口市长吴国桢太太给我打扮梳妆，婚礼十分隆重。军政部长何应钦是证婚人，李文恭夫妇是介绍人，婚礼那天最出力的人就是去上海捕我的民政厅办公室主任刘安熙。

问："据说辜仁发另有夫人，你不是他的正夫人吧？"

答："我嫁他之前立过条约，必须是正室我才嫁他，我们中间不能有第三者。他发誓赌咒说没有别的妻子，用人格担保，我才信了他。他后来升官到了镇江，我听说他在南京还有个公馆，顿起疑心，一打听，他在南京确实有前妻，名叫艾承枚，我要他登报声明与艾脱离夫妻关系。他苦苦哀求，要我暂时忍耐。没想到，这个坏了良心的，把我送到了这里！"

辜仁发以民政厅的名义，提供李淑芸在外招摇敛钱及身世的许多证据。其中说，"李淑芸身世卑污，在长沙时是二等班子的妓女，曾嫁过二人，育有子女，而今在外卖官纳贿，七百元一个优等县局长，五百元一个中等县局长"云云。辜仁发的"大义灭亲"博得了新闻舆论的赞扬。

不料，就在这时，事情有了转机：法庭按讯问被告的例行程序，先要求李淑芸自述，她竟侃侃而谈，道出了事关辜仁发重婚的隐私：我本湖南长沙人，今年23岁，1931年在汉口经人介绍与辜仁发相识，6月我们正式结婚。但是，辜仁发欺骗了我，他原来是有家室的，还生有子女，他说是离婚了，其实并未离婚，那个女人现在就住在南京。我要告他重婚，谁叫他这么无情，派警察来上海抓我，连我母亲也一起抓了……

重婚？民政厅长辜仁发重婚！想不到一桩卖官纳贿的案子再起波澜，竟然牵出来个案中案！

陈果夫派系的人物颇为兴奋，马上派人四出查访，结果与记者们一起找到了辜仁发的原配艾承枚，这一下可有好戏看了。他们挑唆艾承枚出面控告“那没有良心的东西”；记者则拿了艾承枚的照片与专访一起登载在报纸上。这么一来，人们明白了，辜仁发“大义灭亲”之举，治李淑芸一个卖官纳贿罪，原来是想借此机会解决他的重婚问题！

李淑兰特地延请上海著名律师章士钊撰写诉状，她如此一转身，便从卖官买爵案的被告变成了控告重婚案的原告。

有趣的是李淑芸正和刘卓民的妻子李蓉贞关在一起。李淑芸责怪李蓉贞说：“你们夫妻不该如此招摇惹事，如今连累我入狱。”

李蓉贞反唇相讥道：“这事不能全怪我们，即使我们老刘不犯事，辜厅长也已布置好同你离婚。不是我们牵累了你，而是太太失宠，连累下属吃官司！”

辜仁发则在镇江发表公开谈话称：“余与前妻性情不投，曾于民国19年（1930）凭亲族证明离婚有据，翌年始与李淑芸正式结婚。”又称，“李氏性情恶劣，当余在汉与她结婚时，因时间仓卒，对其性情未能洞察，但亦有所闻，冀于婚后加以感化，讵知江山好改，本性难移，诚为意想不到。”

李淑芸针对辜仁发的这番谈话，拿出在镇江时所截获的辜的原妻艾承枚与辜的通信，证明并未离婚。李淑芸的律师则说：“辜仁发既是政府高官，正式娶妻子时竟不问其来历？爱之欲其生，恶之欲其死，必欲置床头人于死地，可见这位政府大员的蛇蝎心肠了。”

无锡的《人报》颇有寻根究底的决心，又派出记者范力琪去南京访问艾承枚。范力琪先在京城警察厅的户籍册上查到了这么一段材料：“鼓楼三条巷十二号之三，户主辜仁发，四十三岁，湖北安陆县人。1934年1月30日进宅。妻艾承枚，四十二岁，湖北安陆县人，还有二子二女，雇男仆二人，汽车夫二人，女仆一人。”此材料已非常清楚说明了事实真相。

范力琪来到鼓楼三条巷访问艾承枚，艾绝口否认已经离婚，她说："宰仁发在外随意发表虚伪不实的话，混淆视听，必要时我也要控告他重婚。"

这时，宰仁发换了一个手段，派民政厅的视察员曾宾秋到无锡，在华盛顿饭店宴请无锡各报的负责人，请各报此后不要再发新闻，一定会重酬答谢。他还嘱咐曾宾秋：若软的不行，就动硬的。

不料，这事又被陈果夫派系的人探知，泄露给了新闻界。各报馆在派出记者赴宴的同时，也要求县政府与驻无锡的宪兵营予以保护。

曾宾秋如期办理了宴席。记者们按时前来赴宴，大家都已经知道了曾宾秋的计谋，边吃边骂，表示将重婚案追踪到底。

第二天，《大公报》发社论，题为《宰仁发不是中国人》；国民党的《中央日报》发社论，题为《宰仁发与礼义廉耻》；监察院已派出监察员调查此事，准备弹劾；江苏省府内部也准备有所动作。

宰仁发实在无法应付，向省政府提出辞呈。1934年3月29日，监察院正式对宰仁发提出弹劾。4月3日，陈果夫主持第646次江苏省政府会议，通过了决议："本府委员兼民政厅长宰仁发呈辞，转呈国民政府准予辞去本兼各职，由陈省主席暂行兼理。"

陈果夫在省府纪念周会上讲话时，以沉痛的口气说："诸位！省府于最近数星期中，发生了宰厅长的一件事，诚属不幸！宰厅长来苏数月，工作努力，竟因此去职，可惜！现中央已准他辞职，并且命我暂兼任，我以责任所在，也顾不得身体的衰弱，只得勉力暂时处理。我请没有结婚的青年注意，于择偶时尤须审慎，如果一时错误，娶妻不贤，日后她做了坏事，还要你自己负责，还是你自己受苦。"

与会者都听出了陈果夫话里有话的讽刺意味。

陈果夫最后说："近来常有人说起，江苏有某县长或某公安局长，本人尚不坏，而他的夫人在外有营私舞弊的嫌疑。这种事从社会上看来，负责的还是县长与公安局长，而不是他们的女人！……"

宰仁发下台后，无锡检察院以证据不足，决定对李淑芸的卖官案不予起诉。

辜仁发的重婚,在法律上是“告诉乃论”罪,他们经过调解,也自行解决了。辜仁发因此引咎辞职，回汉闲居。

刘卓民判刑 6 个月，其妻李蓉贞以妨害公务拘役 45 天。至此，一件卖官受贿案烟消云散。

# 案十　香巢偎红泄密案

## 公馆区 住高官 洋房汽车姨太太

在国民政府 30 年代制定的《首都计划》中，有在南京明故宫一带建设“中央政治区”、在新街口一带建“商业区”和“首都新式住宅区”的内容。

在新式住宅区中，最为有名的第一住宅区是由江苏路、北京西路、西康路和宁夏路围合而成的一个超级街区，取名“颐和公馆区”。该区居住的是达官显贵，包括旧官僚、新权贵、外国公使等。这些人在这里大兴土木，建造

1936年，“首都新式住宅区”里的一幢别墅

豪华住宅私邸。很快，一栋栋两层西式别墅建筑群拔地而起，楼房别致，风格各异，色彩鲜艳，老百姓称之为“民国官府区”。

这些房子的主人有行政院、交通部的官员和其他军政大员，房子门口挂着牌子，如门牌“颐和路19号”是国民党中央党部秘书、立法院立法委员杨公达1936年建的私宅；江苏路27号是曾任国民党陆军部次长、北平市市长的熊斌公馆；颐和路34号建于1936年10月，是国民政府行政院秘书长褚民谊（院长汪精卫）的私邸。汪精卫的主任秘书黄浚的私宅就在褚民谊家附近。马歇尔、孙科、宋子文、汪精卫、李宗仁、白崇禧、陈布雷、阎锡山、于佑任、汤恩伯……这些曾经在中国历史上叱咤一时的风云人物都曾经住在这里。这里还有加拿大、墨西哥、巴西、葡萄牙、印度、巴基斯坦、菲律宾等8处使（领）馆。整个颐和路片区独立住宅有近300幢。官员们大都有小妾，或者金屋藏娇。

南京作为国民政府首都，又紧邻十里洋场的上海，谁也不能否认南京是时尚之城，但与制造时尚的上海、广州相比，南京总是慢一个节拍。中央商场因为销售上海的时尚产品而成为南京名媛、太太小姐们购物的首选之地。时尚女子买口红都爱去太平路上的太平商场，专柜前人头攒动，琳琅满目的商品让追逐摩登的红男绿女心动不已，而“颐和公馆区”的太太小姐们就是时尚的引领者。

民国30年代中期，日本亡我之心已昭然若揭，但南京一些党政军官员的生活却愈来愈腐化。蒋介石斥责官员们“恣意游宴，崇尚浮华，一掷万金，视若尘土，而其私邸，壮丽无伦，陈设铺张，备极奢靡，甚有私藏日妓，纵欲闺房，鸩毒自坏，罔知其害……”真正像石瑛、张难先那样的廉官能有几人？

国民党元老戴季陶也通过各种手段捞取金钱、建立特殊生活方式。他曾说：“一些人说我们应该过一种非常简朴的生活，但我们追随总理革命，经历了许多艰难困苦，现在革命既已成功，我们有权利享受一点。”这种“享受一点”的权利让戴季陶在南京城拥有4处公馆，其中最著名的一处就有房屋6幢22间，总计建筑面积达860平方米。其实，首都新式住宅区每一处豪华漂亮的住宅背后，都隐藏着一段房子主人发迹和捞钱的历史。

一面是政府大员的贪污腐化，一面是日本暗地里加紧准备侵华。据20世纪 90 年代台湾国民党军方公布的秘密档案披露：20 世纪 30 年代初期至中期，仅南京地区就潜伏有日本军事间谍 30 多人，且多为女间谍，或者以妓院作掩护，或以失学女学生的身份充当舞女，或经营酒吧、饭店、理发，或进入汤山温泉招待所。

汤山位于南京以南 30 公里处，这里山峦起伏，景色宜人，而且山中温泉很多。据说汤山的温泉可以祛病健身,因此到这里建酒楼、开馆舍的人特别多。这里也是国民党国防部的招待所，许多秘密军政会议都在此进行。每逢周末、节假日，笙歌艳舞，花团锦簇，引得那些军政要员们趋之若鹜，他们不仅在这里休闲度假，也干些风流苟合之事。蒋介石、宋美龄也时不时地光临汤山温泉。

日本女间谍南造云子，化名“廖雅权”，以失学青年的身份作掩护，打入国民党政府国防部汤山温泉招待所当招待员。南造云子貌若天仙，能歌善舞，妖媚迷人，凭色相勾引了一批国民党高级军官，窃取了许多中方的重要军事情报。她的那双不安分的大眼睛时时窥视着一切,意图利用色相寻找“猎物”。考试院长戴季陶入住温泉招待所，南造云子给戴留下深刻印象，此后，戴成为招待所的常客。南造云子与戴的频频交往中开始暧昧起来，有时甚至还到戴院长的办公室或家里去。这些都瞒不过众人的眼睛，有人提醒戴院长：“这个女孩，恐怕别有所图。”

戴院长笑了笑说：“青春女孩吗，这很自然平常，你是多虑了。”

这事传到蒋介石耳朵里。蒋与戴季陶曾为国父孙中山的左臂右膀，两人关系非同一般。蒋介石觉得，即使女孩是间谍，戴院长也决不会受其利用的，这个觉悟他还是有的。

## 日侵华 大战激 国府军情频泄密

日本为了侵略中国，派出了大量特工和间谍，其中女间谍是一支不可小视的侵华力量。日本女间谍使用的武器不仅是手枪和匕首，而且更有绝代的容貌、身体和机敏多变的手腕，她们就像森林中的毒蛇，紧紧地缠绕在中国的政治、经济和军事命脉上，女间谍南造云子就是其中之一。

1937年，日本军国主义者发动了“七七事变”，开始全面侵华战争。一个月后，日军开始进攻上海。国民政府军事委员会委员长蒋介石面对日寇凶猛的攻势，亲自主持召开最高国防会议，出席会议的都是国民党的高级将领。一向消极抗日的汪精卫也被蒋介石拉来参加会议，坐在汪精卫旁边的是他的主任秘书黄浚。会议进行了激烈经讨论，一致认为，应当确保南京和上海这一重要地区，组织淞沪大会战，迎战日军。

京沪警备司令官张治中保证道：“我的所属王牌师第八十七、八十八师已整装待命，随时可以投入战斗。”他顿了顿，又补充说，“但就是担心日军舰队的支持，如果在日军水陆夹击下，胜负难料。希望先对长江里的日军舰队进行严密的封锁。”

空军指挥官周至柔道：“请委员长放心，空军第五大队已准备就绪，第二十四、二十五中队现在扬州机场；二十八中队调往句容，第一大队在河南周家口机场，随时奉命出发。”

于是会议决定，在日军发动上海战役前，实行“制敌机先”的策略，先行歼灭在上海的日本海军陆战队，拦截日军游弋在长江上的军舰与商船。而当务之急是封锁江阴要塞，切断其退路，歼灭它，就可确保南京、武汉等大城市的安全。最后，蒋介石签署命令：迅速加强江阴要塞岸上的炮火密度，破坏江阴一带长江水面的航路标志，在江面通道布置沉船使之堵塞，并布设密集水雷。

长江里的日本舰船紧急撤离

孰料，国民政府的此项计划刚要展开实施，日本人就已提前采取了行动：长江上的日本军舰以及长江沿线的日本侨民船只，开足马力驶往长江下游，冲向江阴要塞，几乎在一夜之间全逃到了安全地区。撤退的局面非常狼狈，有的日本侨民家庭正在吃早饭，撤走时饭还是热的，而且什么也没有带。一切现象表明，日本人一定是事先获得了情报。绝密计划的泄露使国民党军队在作战上陷于十分被动的局面。

“八一三淞沪会战”前线已是炮火连天，日军向中国驻军大举进攻，中国军队奋起抵抗。戴笠即于当天亲率特务处的高级干部余乐醒、谢力公、潘其武、毛人凤和大批特务骨干急赴上海，指挥上海的特工力量配合中国军队对日作战。他还成立了军委会参谋本部战地调查勘测组，指挥别动队和上海市警察总队，展开谍报工作。这时，一连串的怪事接连发生。

8 月 22 日，淞沪会战进入到白热化。宋美龄在其外籍顾问端纳的陪同下，由南京乘车去上海前线慰劳抗战官兵，行至苏州郊外时，突遭日本飞机扫射和炮击，汽车翻倒在一条水沟中。宋美龄摔断了几根肋骨，端纳受重伤，被送往苏州医院。

8 月 24 日，张治中由南翔司令部去河湾最前线的地区视察和指挥，他的汽车刚开出司令部，就飞来敌机数架，在汽车上空来往扫射轰炸。

淞沪前线战事吃紧，蒋介石决定亲自到上海前线视察，一方面是为了调兵遣将，另一方面是为了给前线的将士打气。在蒋介石提出自己要亲赴上海前线视察的动议后，与会人员开始都不太赞成，主要是担心安全问题，但蒋介石执意要去。为了确保行程的安全，与会人员最后建议蒋介石坐英国大使许阁森的车去上海，因为许大使的车上挂有英国国旗，相信日本此时还不敢惹英国。

8 月 25 日，蒋介石由第三战区副司令长官顾祝同等人陪同，乘车由南京到了南翔前线。当夜返回时，蒋介石想到苏州看望宋美龄，部下建议改乘火车。当火车快到苏州站时，突然遭到日机轰炸。幸亏蒋介石临时改变主意，并没有去苏州，这使他躲过了一劫。

8 月 26 日晚，蒋介石接到报告：英国大使许阁森的汽车在赴上海途中，遭日机轰炸被毁，大使被炸成重伤。蒋介石又感到了一种后怕。

这一件件出乎意料的事件明确地告诉人们，日机是在有确切情报的前提下、有预谋的轰炸行动，而南京国民政府内部肯定有日本间谍或者有汉奸在提供情报，如果不能迅速查获，以后就没有作战的秘密可言。

蒋介石紧急将在上海布置潜伏工作的戴笠召回，责成他务必与南京军警宪机关配合，迅速破案。蒋说："法国人曾经有两句讲日本人的话，一句说日本在外国的男人，没有一个不是侦探，还有一句说日本在外国的女子，没有一个不是妓女，这些妓女也统统是做侦探的。所以你特别要知道，日本人无论和我们讲什么好话，没有一个不是要吃我们的血，没有一个不是来侦探我们的事情，要来灭亡我们国家的！我们一定要格外当心，格外防备！"

戴笠急忙组织南京的特务和警察机关，成立专案组，命令属下必须迅速侦破泄密案。

## 女谍艳 香巢依 机要秘书自投敌

戴笠指挥他的特务处展开侦破泄密案的同时，南京警备司令部的反间谍小组"外事组"也加紧组织破案。外事组组长叫丁克勤，他是一个老牌的特工人员，由他具体协助戴笠破案。

主持情报部的毛人凤与戴笠是同乡且是小学同学。毛分析说："这个泄密案，我看绝对是南京政府内部人所为，而且是高级干部，不然怎么能知道这样绝密的事情。如果要查，最好的办法是排除法，有机会了解这个命令的人不超过百人，与其在这里胡乱猜疑，不如一个一个排除。"

大家觉得毛人凤这个主意虽然笨了一些，但有可操作性。

戴笠也认为这样的作战计划是国家最重大机密，能够知道的人就是有资格参加国防会议的人，肯定是这样的人所为，所以戴笠很认同毛人凤的意见。不仅如此，戴笠马上想到此法的另一妙处，那就是借此机会对南京的高级人员来个甄别，正好一箭双雕。他们首先从会议的决策到最后命令的下达捋了一遍，将其间各个环节进行怀疑性设想。因为涉嫌者太多，根本无法锁定重点嫌疑人，案件的侦破一时陷入了僵局。

这时，外事组的负责人丁克勤突然想起一件事，在一次宴会上，日本领事馆的领事须磨说：黄浚是他在日本早稻田大学的同学，希望丁克勤多多关照。这个须磨虽然表面上是个外交官，实际上却是个老牌的日本特务，他是日本在南京间谍网的总负责人。

黄浚于是进入了外事组的视线。他的档案资料显示，黄浚，字哲维，生于 1884 年，福建侯官人。早年在日本早稻田大学留学，是位“日本通”，回国后在北洋政府任职。北洋政府灭亡后，黄浚去了上海做教师，后来他利用国民政府主席林森的关系进入到国民政府工作。汪精卫担任行政院院长后，提拔黄浚为机要秘书，地位仅次于秘书长陈布雷。外事组决定对黄浚进行全天候跟踪监视。

戴笠的军统特工经过一番严密的侦查，也发现行政院机要秘书黄浚有重大嫌疑，因为黄浚的生活非常奢侈，而以他的薪水是绝对不够的。再说其子黄晟供职于外交部，生活奢侈，这些消费究竟从哪里来？

黄浚家里有一个女佣，是苏北人，贫苦出身，父母早亡，来到南京在黄公馆做丫头。她虽然没有文化，但是有爱国心。当军统特工希望她监视黄浚父子时，她表示愿意配合，从此，女佣每天都把黄浚的可疑行为上报军统特工。她的情报中还提到黄浚的汽车司机小王，平时并不戴礼帽，但有时出去却要戴礼帽，而那顶帽子里很可能就藏有玄机。

戴笠吩咐特工立刻对司机小王（王本庆）进行了跟踪监视。结果发现日本领事馆的工作人员小河次太郎和小王在国际咖啡馆秘密接触。这家咖啡馆进口处有一个衣帽架，小王到了咖啡馆后，很自然地把礼帽挂在衣帽勾上，然后就去喝咖啡。而小河进来以后，也同样把他的礼帽挂在这个衣帽架上。就这样，这礼帽在神不知鬼不觉中完成了交换。

1937 年 9 月 25 日，日本领事馆的小河次太郎再一次戴上了那顶帽子，骑着自行车出来了，在一个路口，特工们把小河次太郎抓捕。他的那顶黑色礼帽被打开了，发现了日本驻南京总领事须磨给黄浚的秘密指示，由此，黄浚的间谍身份被证实。特工们模仿须磨的笔迹写出了另一封密信，内容就是要黄浚在第二天晚上 11 点钟，在他家召集相关人员开会，日本总领事馆将派人来颁发奖金。特工把这份假情报放在国际咖啡馆，被黄浚的司机小王取走。

第二天晚 10 点，便衣特工们已经埋伏在黄浚公馆的四周。不一会，就有人一个接一个地来到黄浚家中。这时，只听一声令下，特工们撞开大门，蜂拥而入，将黄浚等人抓捕，拷起来，拥上车，带走了。

黄浚被捕后，戴笠将其交给外事组连夜审讯。黄浚对所有间谍罪行供认不讳，供出了他被一个日本女间谍一步步拖下水的经过——

黄浚和日本领事馆的总领事须磨因同学关系，私交很好。须磨把南造云子介绍给了黄浚，说，南造云子漂亮可爱，在南京温泉招待所里工作，举目无亲的，希望多多关照。黄浚是个好色之徒，他第一次在汤山温泉招待所见到南造云子,就被她的姿色迷住了。接下来,二人不断约会。一次周末舞会上，南造云子的美色使黄浚动情，二人很快成了情人。黄浚沉迷于她的温柔里不能自拔，一天不见就像丢了魂似的。南造云子看看火候到了，她说，国民党军队无法迟滞日军的进攻，中国的灭亡只是时间问题了。你已经为皇军做了很多事，你应当为投奔了光明而高兴。黄浚一脸茫然。她就直接告诉他，你已经成了一名在册的日本间谍，而且上峰对你的军事情报评价很高。事已至此，黄浚还有什么好说的，他最终堕落为一个内奸，一个日本人的情报间谍。

黄浚的儿子黄晟刚刚从日本留学回来，分配在国民政府外交部工作，黄浚也把儿子拉下水，继而把他几个知己朋友也收买进来，这样就形成了一个以黄浚为头子的间谍团伙。黄氏父子利用各种机会为南造云子收集情报，并扩大其间谍组织，国民政府军事委员会下属的参谋总部、军政部、海军部都先后有人被拉下水，国民党方面的一些重大机密接连被窃，交给南造云子，再转交日本领事馆的总领事须磨。

在掌握了确切证据后，戴笠和外事组立即开展抓捕行动，黄氏间谍组织中的人员全部逮捕归案。审讯中，南造云子交代了她的间谍身份及利用黄氏父子等人从事间谍活动，使那一连串惊险事件的谜底终于真相大白。

经军事法庭审判后，黄浚及其儿子黄晟分别以卖国罪被判处死刑，报呈蒋介石。蒋亲笔签署了对黄氏父子的死刑判决书。

南造云子被关在南京老虎桥中央监狱。国民党当局考虑到中日战争刚刚爆发，并不想和日本完全断绝关系，所以，把南造云子作为一个把柄，只是将其判了个无期徒刑关起来。至于日本领事馆的总领事须磨，不好现在就动他；小河次太郎被装进一只麻袋，扔进了长江里。

然而，出乎人们意外的是，两个月后，南造云子竟然越狱而逃。那是1937年11月，日军沿沪宁线一路前进，兵锋直指民国政府的首都南京，此时民国政府正忙于迁往陪都重庆，南京警备司令部也在进行撤离。在离开前，他们准备处决被关押在南京老虎桥监狱里的日本间谍，当特工们到达老虎桥监狱后，得知南造云子等7名日本间谍已经越狱逃跑。据说，南造云子越狱时仍然使用了美人计，以美色勾引一名狱卒，并许以各种好处。这个狱卒是个利欲熏心之徒，私自与日本特务机关取得了联系，得到了大笔金钱之后，他们里应外合，帮助南造云子逃出监狱，潜入上海租界，暂时隐蔽起来。

# 案十一　夤缘权贵性贿赂

## 七小姐 大美人 情恋帅哥遭反对

晚清小说中有个故事说，苟才的儿子死了，留下年轻美貌的儿媳妇。苟才打听到他的上司制台大人非常好色，就把儿媳妇送给制台做姨太太，为他铺平了升官的道路。民国官场也同样有类似的丑闻：盛家的媳妇自动献身于宋子文的外甥孔令侃，以谋取私利。这事儿应该从名媛盛爱颐与宋子文的一段恋情讲起。

民国时期的"名媛"，指的是那些官僚巨贾、大户世家、书香门第出身的接受过中西文化教育的象牙塔尖上的年轻女性，她们会讲英文，会跳舞弹钢琴，多才多艺。她们闲暇时还会开车、打网球、棒球。她们的父辈的朋友都是在野或下野的名流，她们的丈夫也几乎都是欧美日留学生。

中国商父盛宣怀

名媛盛爱颐可称得上名媛中的名媛了，因为她是晚清重臣盛宣怀的七女儿。

盛宣怀曾任清末直隶天津海关

道兼直隶天津海关监督、铁路公司督办。1902年，任正二品工部左侍郎、邮传部右侍郎。盛宣怀办洋务40年，一生亦官亦商，亦中亦洋，势倾朝野，富可敌国，被誉为“中国商父”。盛宣怀先后共有七房妻妾，有七个儿子八个女儿。儿女们与豪门联姻，互相依附，富上加贵，成为清末民初上海滩最大的豪门显贵。

七小姐盛爱颐

1916年4月，盛宣怀病逝于上海。家业由其遗孀、盛府的当家人庄德华夫人接管。庄夫人出生于常州大户人家，善于理财治家，精明过人。盛七小姐是庄夫人的亲生女儿。庄夫人本来生有两儿一女，儿子不幸夭折一个，剩下一个儿子盛恩颐就成了命根子。盛宣怀去世时盛七小姐才16岁，已经出落得亭亭玉立了，是上海滩有名的美人。盛七小姐朝夕陪伴在庄夫人身边，庄夫人外出应酬或是打牌，七小姐都随着去玩，故不到20岁就见多识广，伶牙俐齿，闻名上海滩。

宋子文

1918年，宋子文毕业于美国哥伦比亚大学回到上海。他想施展自己的抱负，有一番作为。恰好盛家的企业汉冶萍公司需要一个既懂英文又能策划全盘业务的秘书，宋子文的外祖母倪家和盛家是旧交，就通过这层关系，宋子文被介绍到盛家。这时掌管盛家产业的是四公子盛恩颐（号泽臣），见宋如获至宝，委以重任，让宋子文代他主持汉冶萍公司上海总办事处的全盘业务。

宋子文自幼受父母影响，在美学习多年养成严格遵守时间的良好习惯。上任以后，他每天上午准时到盛公馆向盛恩颐汇报请示工作，哪知这盛四爷是个瘾君子，以白天当夜晚，这时高卧未起，使宋子文空坐客厅等待。好容易盛四爷出来了，但他睡眼惺忪，呵欠连天，心不在焉。

盛七小姐性格开朗，举止大方，她看到宋子文经常在客厅等待兄长，过意不去，想出一个主意，请宋子文利用这些时间教她英文。他自然乐于接受。这样两人之间就天天接触，耳鬓厮磨，逐渐由文字之交发展成互相爱慕。此后不久，在许多社交场合就看到这一双俪影了，外人也把他们看作一对情侣。

宋老太太倪桂珍，听说儿子的心事后，就请出媒人到盛家去提亲。盛老太太是个妇道人家，一时拿不定主意，与亲戚们一商量，都认为宋家是吃教会饭的，根底不正，充其量不过是诵洋诗、唱洋歌、拉洋琴起家，门不当户不对。盛家也就动摇了，遂以“防闲”为名，不再让宋子文教七小姐英文，并禁止七小姐和宋子文见面和外出。最后盛恩颐干脆出面，把宋子文调到汉阳，让他任汉冶萍总公司会计处科长，来个釜底抽薪，这就造成了宋、盛两家之间的不愉快。

1917年宋子文全家在上海宝昌路491号宋宅客厅内合影留念

1923年初，宋子文在宋庆龄的引荐下，被孙中山起用。宋子文想让爱颐一同下广州，他揣着姐姐宋庆龄催他南下的电报，带着两张船票来到杭州，找到在钱塘江看潮的盛七小姐爱颐。宋子文深情地望着七小姐，哀求道："爱颐，你也知道我放不下你！革命一定会成功的，我们一起到广州闯天下吧！"

望着宋子文一脸的痴情和期盼，盛七小姐内心满是痛苦与纠结：她不舍得这个深爱自己的男人，可离开又会让深爱自己的母亲伤心。她思前想后，终于理智地掏出一把金叶子（当时上流社会送人的礼金）递给宋子文："还是你自己去吧，我会在这里一直等你回来！"

宋子文既失望又感动，说："我真心地感谢你，这金叶子就算是借给我的吧！"

1924年，宋子文任中央银行经理。他对这桩没有成功的婚姻一直耿耿于怀。

1927年12月1日，蒋介石和宋美龄结婚。这时蒋介石已集党政军大权于一身，宋子文自然也一荣俱荣，国民政府在南京成立后，宋子文任财政部部长。宋霭龄和丈夫孔祥熙，在宋美龄和蒋介石议婚时是极力赞成的，因此事后蒋介石非常感谢这位大姐和连襟孔祥熙，蒋介石让孔祥熙出任工商部长，后农业部与工商部合并，孔祥熙又担任实业部部长，以后又任财政部部长。就有不少趋炎附势的来依附孔祥熙，其中就有盛家人。

## 夤缘势 献妻色 声色货利大公子

孔祥熙权倾天下后，当年的盛五小姐趋炎附势，登门拜访宋霭龄，还带着七弟盛升颐夫妇。宋霭龄接待了他们，盛五小姐送了礼物。当年，盛五小姐与宋霭龄曾同在中西女校上学，是最要好的同学和朋友。盛五小姐试图来化解宋、盛两家之间的一段不愉快，那就是宋子文追求盛七小姐被拒的事。宋霭龄大度地说："过去的事，不提了，我小弟子文也不缺媳妇。"

从此，盛五小姐和盛升颐夫妇成了孔门常客。盛升颐夫妇也是基督徒，每个礼拜都参加孔宋在西摩路宋家老宅的私家礼拜，听牧师讲福音。

宋霭龄有四个儿女，1916 年生下第一个女儿孔令仪，接着又生三个孩子：大公子孔令侃、二女儿孔令俊和三子孔令杰。1936 年，孔令侃在圣约翰大学毕了业，孔祥熙把他安排到财政部做“特务秘书”，国民政府的官制上没有这特殊的头衔，这是孔祥熙特创的，向考试院申报时被铨叙部驳回。孔祥熙自己出面，找到戴季陶。戴只好卖面子，特地修改了公务员任用法，给孔有了个根据。孔令侃成为“特务秘书”后，没有一定的职权，爱管就管，事无大小，无不过问，实质上权大无比。

孔家有个习惯，每天晚上要搓麻，主要是宋蔼龄喜欢。常来的是孔家的几个好友如盛升颐夫妇、中央银行副总裁陈行夫妇和税务局长樊光夫妇等，其中当属盛升颐夫妇来得最勤。盛升颐的妻子虽是 30 大几的人了，但生得标致，皮肤极白，保养得极好，人称“白兰花”，而且她性格外向，极善辞令。只要她一来，满屋子就听她一个人在说话。

盛升颐看到孔令侃权势在手，就变着法子接近他，尽管盛升颐应该是孔令侃的大辈，但他居然甘愿自降一辈，和孔令侃结拜兄弟，这样盛升颐的太太就成了孔令侃的嫂子。孔令侃见嫂子美貌，惊为天人。嫂子对孔令侃关切备至，让孔令侃觉得还是结过婚的女人更有魅力。盛升颐“投之以木桃”，孔令侃自然“报之以琼瑶”，由此，国民政府财政部任命盛升颐为苏浙统税局局长。明眼人知道自然是孔令侃起了作用，而这其中也自然是“嫂子”的身体起了作用。

这时国民党政府决定成立中央信托局，由财政部领导，办理一切由国家指定或和国家有密切关系的信托业务，财政部一次投给其启动资金 100 万元。孔祥熙任中央信托局理事长，孔令侃也进入中央信托局工作。

1937 年“八一三”上海抗战后，日军占领上海，中央机关都撤到武汉去了。中央信托局由上海撤到武汉，再撤往香港。二十五岁的孔令侃被任命为常务理事，代行理事长职权。

孔令侃临去香港前一天，盛太太来访，只见她手里拿本《良友》，娉娉婷婷，婀娜多姿，丰韵饱满，来到孔公馆。门人对这位常客很熟，不用通报，任她径直向孔令侃的卧室走去。孔令侃一脸笑容，招呼她坐下。盛太太说：“您又

孔令侃和盛太太（中间二人）在马尼拉结婚前后时的合影

高升了，要到香港去，可别把我们忘了！”

“怎么会忘呢，我正要去告诉大哥呢！”

“我也这样想，大少爷不是那样的人。他的任职您考虑了吗？”

“这还用说吗？我是一定要把你们带去的。大哥的具体工作还要等到了香港再定。”最终，盛家嫂子衔命而来，满脸春色而去。

几天后，孔令侃与宋子文的弟弟宋子安一起来到香港，盛升颐和妻子随行。孔令侃在香港主持中央信托局的业务和人事大权，成了中央信托局的太上皇，大事小事都要管，而信托局局长叶琢堂成了名副其实的傀儡局长。1939 年，香港《大公报》曾发表过一篇讽刺小品文，标题是 :《爸爸在朝当宰相，人人称我小霸王》，就是对孔令侃的如实报道。

中央信托局驻港机构除了抢运已向国外订购的军火外，还有续订飞机、枪械子弹的任务，这无疑是可观的发财来源。于是孔令侃、宋子安、盛升颐三人商议筹组一家公司，专门承接这业务。

孔令侃每天在香港办公，住在九龙。中午在办公室用餐。随后盛升颐请他到自己家中用午餐，餐后就在盛府午睡。那盛太太使出全身解数来招待，不仅每天都是上好的菜肴，而且都亲自陪着吃饭，饭后又安置他在自己的卧室里午睡。盛升颐常常借故走开。不过孔令侃也没有亏负盛升颐，中央信托局的很多事让盛打理。

中央银行本来在上海有一个专用无线电台，上海失守后借着租界的掩护，专用电台仍然保留。为着掌握沪港两地的行情，同时与重庆联系，孔令侃在密室里装了一部短波发报机，这违反港英当局的规定，被英国情报人员当场抓获。港英当局的法庭作出判决，驱逐离港，限令两小时出境。孔令侃匆忙离港时，来不及带任何东西，只是带着那位盛太太一同去了菲律宾。盛升颐傻了眼，一筹莫展。

这事后来传到重庆，使孔祥熙夫妇说不出的尴尬。和大小姐孔令仪的婚事一样，既无从反对，又无法承认。

# 案十二　长沙抗战纵火案

## 张治中 主湖南 惩贪肃毒不手软

1937年，“卢沟桥事变”爆发37天后，日本侵略军又挑起了上海“八一三事变”，发动了大规模进攻。驻上海的中国军队第九集团军在张治中率领下英勇抵抗，至1937年11月5日，日军一部从杭州湾登陆，迂回合围中国守军，张治中被迫撤退。11月12日，上海市区陷落，历时3个月的淞沪会战结束。接着，日军迅速进攻国民政府首都南京，12月13日南京沦陷，日军进行了长达数月的南京大屠杀。张治中将军从淞沪战场下来后，就被国民政府调任湖南省政府主席。

张治中原名本尧，字文白，1890年生，安徽省巢县（今巢湖市）人。辛亥革命后在上海参加学生军。1916年毕业于保定陆军军官学校，此后，历任黄埔军校学生总队长、军官团团长，参加北伐。1928年后，历任国民政府中央军校教育长、国民政府第五军军长、第四路军总指挥、第九集团军总司令，参加淞沪会战。1937年11月20日，结束数十载的戎马生涯，就任湖南省政府主席。就职那天，他郑重地向三千万湖南人民立下誓言：“我站在现在的地位，一定要尽保障人民、保卫地方、保卫国家的责任。我如果有自私自利的心理，升官发财的念头，你们每一个人，任何一个湖南人民，都可以来攻击我。如果我不是为国家民族来奋斗牺牲，我就不配站在这一个地位，不配担当这个责任，我就对不起国家民族，对不起湖南人民！”他主政湖南的口号是“建设一个新时代的湖南”。

张治中看到，自全面抗战以来，国民党政府的政纪散乱，贪污受贿、腐败堕落等问题迅即暴露出来，直接导致了国民党政府战时行政效率疲软和国民党军队整体战斗力低下，招致了国内外舆论的一致批评和谴责。为此，张治中向蒋介石建言，“为尽快适应抗战非常时期的客观环境，保证抗战的顺利进行，应制定严峻的法规以惩治腐败问题”。

蒋介石对此表示同感。于是，从1938年2月开始，蒋介石在国民党历次代表大会及中央全会上信誓旦旦地提出“整饬官常，刷新吏治”、“肃官箴、儆官邪”，并通过了一系列澄清吏治的政治决议案，先后出台了《战时军律》、《惩治贪污暂行条例》、《整肃吏治令》、《惩治贪污条例》等一系列法令条文。同时，提高国民党政府监察机构的职能地位，强化其行政监察惩治功能，吸收各界社会名流，成立了具有法纪监督作用的国民参政会，以此试图监督国民政府存在的严重腐败问题。

国民政府确实惩治了一大批国民党内贪官污吏和违纪的军政官员，一度使吏治环境有所改观。然而，由于蒋介石推行一党专政和个人独裁统治，在反腐败问题上严重言行不一，以及四大家族等高层特权利益集团变本加厉的贪污，使政府根本无法在惩治腐败问题上有显著效果。

张治中看到当时的湖南官吏，“沉迷赌局，贻误要公，或甚流于贪渎”，提出了“廉正勤勇”四个字作为湖南的省训，整顿官风、严刹公务人员的赌风、树立廉洁政治。他颁布了《湖南省惩治文武公务人员贪污暂行条例》，严禁公务人员赌博，对因赌博而侵占国家巨款者，一概进行逮捕严办。

有位以“神仙”称号活跃于长沙上层社会的周仲评，人们称其为巨憝恶骗，败坏世道人心。张治中下令将其处以极刑，扫除了邪说异端、左道旁门在社会政治上的影响。

1938年3月18日，湖南省新华县税务局赋税主任车衡因侵占公款六千一百余元被处以死刑。同年6月，张治中在巡视湘西途中，发现办理征工事务的监工员唐立成受贿舞弊，即予枪决。7月，查明华容县卸任财政局长张作典在两年任期内侵占公款二万三千五百四十六元一角五分，又谷一百零五石六斗，尚有该县九期摊款存根抗不移交，数达十一万二千余元，还有无辜拘押人民的暴行等等。张治中下令："张作典实属罪无可逭（huàn），着即枪决，以昭炯戒"。

对于那些玩忽职守，犯渎职罪者，张治中也采取了果断措施，予以撤职查办。湖南省公路局长周凤九玩忽职守，致使路局管理腐败，纪律废弛，站员缺乏责任心，其本人对发生的惨案拒不上报。经查核，予以撤职查办。

张治中的严刑峻法，使社会风气逐渐好转，道德败坏与不勤于政务的官吏都大有所收敛。这对平抑民愤、建设新湖南起到了重要作用。

为了培养新干部，张治中设立了培养新县制干部的机构——地方行政干部学校，用来培养和提高干部的执政能力。经过一段时间的努力，湖南渐渐呈现出新气象。

## 焚城罪 谁承当 警备司令替罪羊

1938 年 10 月 25 日，武汉三镇陷落于日军之手，长沙暴露在日军面前，形势十分危急。11 月，日军向南扩张，企图越过洞庭湖侵占粤汉铁路线上的

被大火焚毁的长沙

重镇长沙。这时，谣言四起，人心惶惶，长沙的国民党的达官贵人带头向桂林、重庆等地逃避，老百姓闻到风声也纷纷扶老携幼外逃。寇锋未到，而阵脚大乱。

因为武汉、广州沦陷时没有按预定的计划加以彻底破坏，各种物质和设施被日军所利用，蒋介石因此特别强调“焦土抗战”的重要性，并制定了“火烧长沙”计划。11 月 12 日，张治中接到蒋介石来电："长沙张主席。密。长沙如失陷，务将全城焚毁，望事前妥密准备，勿误！中正文侍参。"

按照蒋介石的意思，不论粮食器材，凡不能带走的东西都用火烧掉。张治中接到命令后，当即召集长沙警备司令酆悌、省保安处长徐权，要他们立即拟出焚城计划，按密令行事。下午四点左右，酆悌、徐权送来了焚城计划：决定长沙警察局局长的文重孚为焚城总指挥，由 300 人组成 24 个纵火队具体执行焚城计划。张治中在核定计划时一再叮嘱："第一，必须在我军由汨罗江撤退后，等待命令开始实施；第二，举火前必须放空袭警报，待群众离家后方可执行。"

11 月 12 日晚，张治中处理完公务，带着一天的疲劳回到自己的公馆稍作休息。他刚一就寝，就被一阵紧张的敲门声惊醒，副官报告："城内已经起火！"张治中立即披衣起床，出门观看，发现市内有三四处都已起火，他大感震惊，怎么会提前起火？是谁胆敢擅自纵火？大约凌晨 4 时许，酆司令也来报告："各处起火，电话已断，文重孚局长找不到。"

而实际上，此时日军还远在长沙 200 多里外，况且，长沙周围驻扎着 10 多万国民党正规部队严防死守，要想突破防线并非易事。

没有哪一级长官下达毁城的文书或者命令，但大火却烧了起来！放火小组误以为焚城计划开始执行，遂分头行动，迅速执行放火，点燃学校、医院等单位，最后挨家挨户全城纵火。很快，长沙城陷入一片火海之中。

大火既起，不可逆转。大火就是日军到来的“信号”，老百姓慌不择路，争相出逃，拥挤践踏，死伤甚巨。大火一直烧了 3 天 3 夜。据粗略统计，烧毁房屋、商店 5 万余栋，烧死居民 2000 余人，财产损失不计其数，灾民无家可归。12 日的电报代码是“文”，大火又发生在夜里（即夕），所以称此次大火为“文夕大火”。

惨剧发生后，一时间国内舆论哗然，民愤沸腾，要求严惩放火凶手。大家都把矛头对准张治中。然而，这场大火究竟是谁下的纵火令？有各种不同的说法：有的说大火起因是因为纪念孙中山诞辰大会后的火炬游行，根本无人下令放火；有的说是南门外的伤兵医院失火，士兵误以为是放火信号；有人说是由警察局开始烧起来的；也有人说天心阁方向突然冒出火光。然而以上都没有确实证据。

12 月 18 日，蒋介石令组织高等军事法庭会审，严惩肇事者。

12 月 20 日，长沙纵火案经国民政府军事委员会高等军事法庭会审，判处长沙警备司令酆悌、保安处长徐权和湖南省会警察局长文重孚以死判，湖南省政府主席张治中革职留任，责成善后。

有一副对联在当时广为流传：治世无方，五大政策一把火；中心有愧，三条人命万家空。横批：张皇失措。若将横批和对联的第一个字连在一起，便是“张治中”三字，暗示他应对这场大火负责。张治中本人也在事后发表《告公民书》承认过失：“用人失察，疏于防范，遭此巨灾，深感内疚，罪戾实深。”这里，他将蒋介石应负的责任全部揽过来，但他没有承认是他下的放火令。

文重孚为放火总指挥，系长沙大火的主要肇祸者。文重孚，长沙府益阳人，黄埔军校三期毕业，时为湖南省会警察局长，大火前擅自撤销岗警，大火时又私自逃跑。

至于酆悌被判死刑，的确有些冤枉。据台湾方面近年来公布的档案材料透露，1938 年 12 月 12 日上午 9 时，时任湖南省政府主席的张治中接到蒋介石密电，令其派人将长沙城焚毁。张治中接到命令后，当即通知了酆悌，要他按密电令行事。而至于是什么人放了第一把火，就连酆悌本人也不清楚。

酆悌，湖南湘阴人，1903 年生，祖辈务农，父早亡。毕业于湖南省立第一中学，入湘阴绸布店当学徒，后任国民党广州分部录事。1924 年春由粤军总司令许崇智保荐投考黄埔军校第一期第二队学习，与陈赓、左权是同学。毕业后从事军队政治工作。他能说善写、精明强干，蒋介石曾单独召见过他，并将自己的签名戎装照片赠送给他。从此，酆悌一路顺风，先后任黄埔军校教导第一团排、连长、国民革命军第一军一师（师长是薛岳）代政治部主任、南京中央军校政治部少将副主任，兼国民党江苏省党部常委及组织部长等职。1931年冬，酆悌出席国民党四大，任国民军事教育处处长。1936年1月赴法国考察军事和警政，任驻法国大使馆陆军武官，授陆军少将。1937年6月回国，任军事委员会委员长侍从室第二组组长。1938年9月任湖南省政府委员兼长沙警备司令。

据最新史料透露，蒋介石对酆悌早就心怀不满，一年多前便有将他除掉之意。长沙纵火案的发生，正好给蒋介石提供了一个动手的借口。结果是酆悌等三人成了大火惨案的替罪羊，酆悌死得尤其冤枉。

## 积宿怨 寻报复 借口杀人是阴谋

那么，蒋介石究竟为何要杀掉酆悌？这话还要从“四一二”反革命政变说起。

1927年蒋介石发动了“四一二”政变。当时驻扎在上海的第一军一师和二师、第三十三军等部都参加了这一血腥大屠杀之中。此时，身为侍从室主任、第一师师政治部代主任的酆悌也在上海，他虽说忠于蒋校长，但却不理解蒋何以如此凶残地“清共反共”。

政变当中，中共领导人周恩来被第一师某团10余名士兵在一片棚户区内搜获，并押送到该团团部——宝兴里天主教堂审讯。团长鲍靖中亲自出面审问，当他来到关押周恩来的一间临时小屋，在周恩来的对面坐下来时，万分惊讶地发现，被捕获者竟是他在黄埔一期就读时所敬重的老师、黄埔军校赫赫有名的政治部主任周恩来！鲍靖中经过一番激烈的思想斗争，他不动声色地打发走看押的士兵，向周恩来说明自己的身份，并表明了愿意帮助周恩来脱险的意向。他让人找来一套军装，准备把周恩来扮成本团的士兵送走。

酆悌也获知周恩来被抓。在黄埔军校，周恩来做过他的老师，考虑再三，酆悌决定去设在宝兴里天主教堂的团部，劝说周恩来发表一个“脱离中共”的声明，以保全性命。当他匆匆赶到了戒备森严的教堂团部时，团长鲍靖中等几位军官见他到来，神色紧张。鲍靖中以为他们的计划已被酆悌觉察，惊恐不已。见此情形，酆悌心中也明白了几分，他装作什么也不知道，问了问团里分片“清共”的情况后就离开了。于是周恩来被秘密释放，脱离了险境。

酆悌纵容部下放走周恩来一事竟被人密告给了戴笠。戴笠向蒋介石禀报。蒋深感震动，他对酆悌的忠诚产生了严重怀疑，以为此人虽有才有识，但不可再重用。半个月后，酆悌被调离侍从室，改任军委会第六部总务厅长。酆悌以为这只是正常的工作调动而已，况且总务厅长还是个肥缺，但他不知道，戴笠手下的军统特务已对他开始进行秘密监视。

1928 年春，中统特工逮捕了华克之，秘密关押于南京陆军监狱。华克之，常用化名胡云卿，江苏宝应人，是中共秘密战线上的一位杰出人物，也是酆悌的好友。为营救华克之，酆悌不惜同 CC 系闹翻，利用自己的权力和关系，暗中将华克之保释出来，又将他介绍到总政治部副主任陈铭枢手下当了一名中尉录事。

1935 年 11 月 1 日，国民党在南京中央党部礼堂召开四届六中全会。汪精卫率中央委员们在礼堂大门口合影留念，突然有刺客举枪向汪精卫射击，汪精卫连中三弹倒地。刺客也被卫士开枪击倒在地，当晚便死在了医院。这是上海“斧头帮”首领王亚樵的手下策划的刺杀行动。刺客是孙凤鸣，华克之也是此次暗杀成员之一，他托人以“晨光通讯社”的名义为孙凤鸣申请了六中全会的记者出入证，他自己负责善后工作。

事发后，蒋介石非常气愤，把戴笠叫去大骂一顿，命他三天内查出线索。戴笠几经周折，终于抓到了那位办理记者证的张玉华，在特务们的严刑拷打下，张玉华供出了王亚樵、华克之等人，而且说出此次刺杀的对象主要是蒋介石。

“刺汪案”发生后，酆悌担心陈果夫等人会利用他当年保释过华克之一事向他发难。果然，蒋介石很快知道了酆悌与华克之有过来往，很恼火，召来酆悌，询问详情。酆悌知道躲不过去，就承认自己确实帮助过华克之，但动机是想争取他转变立场，为领袖效力。结果挨了蒋介石一顿痛骂，令其“闭门思过”一周，写检查书。

1936 年 1 月，酆悌调任驻德国大使馆陆军武官。半年后奉调回国，出任军委会侍从室政工组长。他与政学系的张群、杨永泰等人有过节，对其贪污腐化尤为不满，就想扳倒杨永泰等人。杨永泰时任湖北省主席兼保安司令，一年前曾策动武汉工商界人士联名举报武汉警备司令叶蓬的贪污问题，叶蓬遂被蒋介石免职。

酆悌找到叶蓬，提供给他一大笔钱，要他收买程亦鹏、李德荃这两位失意的鄂籍退伍军官，伺机对张群下手，并提供了两支手枪。不料，程、李两人尚未行事便被抓住受审，二人招供说，系受酆悌、叶蓬指使，准备刺杀张群。张群对酆悌耿耿于怀，在蒋介石面前告了他一状。蒋联想到酆悌当年纵容第一师几位黄埔军官放走了周恩来，保释过华克之，便不再把酆悌视为亲信，且有了杀掉他的念头。

蒋介石因“长沙大火案”，于 1938 年 12 月 17 日来长沙视察。第二天，蒋看到特别审判委员会的判决报告书上，判了酆悌 10 年徒刑，颇为不满。权力夹杂着私念，凌驾于法律之上，践踏司法，令人敢怒不敢言。于是，长沙警备司令酆悌、保安处长徐权、警察局长兼警备第二团团长文重孚成了死囚。

处决酆悌等三人的监斩官是陈诚的情报处长张振国将军。行刑前，张振国单独提审酆悌。酆悌坦言，大火已烧起时，他正在家里睡觉，深感惊疑：怎么这么快就在全城纵火了？他马上去找张治中，请示善后，但不得要领，而张治中也很快就匆匆撤离。也正因为如此，酆悌在接受特别审判委员会审判时似有难言之隐，一再长叹，但他没把责任推给张治中。在口供笔录中，他还写上“一切责任由我全负”。而在这之间，张治中曾单独见过他，谈了些什么话，张振国不得而知。张振国称，酆悌“不失为一位英雄好汉”。

長沙大火事件
政治消息
酆悌等三人處決
張治中革職留任
《中央日报》对长沙大火事件处理的报道

《中央日报》报道长沙大火责任处理，酆悌等三人被处决，张治中革职留任

酆悌被枪决时，士兵朝他脑部多开数枪，打得他面目全非，因为

开枪者痛恨酆悌纵火。

大火发生后，张治中含悲忍辱，处理完善后工作，怀着对长沙人民的无比负疚的心情，引咎辞职而去。

长沙大火案是国民党政府实行“焦土抗战”政策的一大败笔，非但没有伤及日军丝毫，反而使两千多民众因来不及脱身而葬身火海，数十万老百姓因家园被毁流离失所，一座繁华的文明古城惨遭涂炭，几成废墟。

# 案十三　惩办贪官武县长

## 宜昌县 办公祭 商人解囊呈义举

抗战期间，有国民党军二百余将官战死在战场上，其中以陈安宝、张自忠、郝梦龄三位军阶最高，张自忠的军阶是“集团军总司令”。张自忠将军是怎样殉国的呢？说来，那是非常壮烈的。

抗日名将张自忠向士兵训话

抗战爆发后，湖北宜昌初为大后方，但随着战局的恶化、国民政府西迁重庆，这里就成了拱卫陪都重庆的东大门。正因如此，侵华日军在1938年10月占领武汉后，就加紧了西犯重庆的部署，并于1940年5月发动了有名的“宜昌作战”，史称枣（阳）宜（昌）会战。

5月初，日寇分三路大举侵犯襄樊、宜昌。中国军队第33集团军总司令兼第五战区右翼兵团司令张自忠将军率部迎敌。我军前线部队伤亡惨重，危急时刻，张自忠将军亲临战场指挥部队与日寇展开激战。至5月13日，张自忠陷入日军包围，而且粮食弹药也接济不上。夜晚，他带领部队从被敌人包围的方家集冲了出来，于次日早晨占据罐子口的山口。他命令部队死守阵地。没有子弹了，用刺刀刺，用大刀砍，用石头砸，我方将士大部牺牲。5月16日下午2时，张自忠负伤，在血泊中继续指挥战斗，身边只剩下高级参谋张敬和副官马孝堂等8人。他掏出笔向战区司令部写下最后的报告，并留下遗言说："我力战而死，你们应当努力杀敌，不能辜负我的志向！"为了不让日军俘获，他举枪自戕。一代名将，壮烈殉国。

张自忠的灵柩于5月21日用汽车从钟祥县快活铺总司令部启程，运抵宜昌。

5月23日上午，长江岸边的湖北宜昌市笼罩在一片悲壮肃穆的气氛中。张自忠灵柩，由许多人抬着，自东山公园向江边缓缓行进。街道两旁，群众自发地焚起香烛，不少人痛哭失声。正在这时，空袭警报响了，日本侵略者的飞机飞临市区上空，低飞盘旋，但是，送灵的队伍依然在哀乐声中镇定地行进！

那时的宜昌县城，也是湖北省机关、党部的行署所在地，在武汉沦陷前的8月1日撤迁到这里。长江上游江防军司令部也设在这里。湖北省代主席严立三、驻宜江防军总司令郭忏、中央军事委员会战区军风纪巡视团委员王陆一、第二十六军军长萧之楚等军政大员及各界代表300余人，齐集宜昌市郊杨岔路迎灵。而具体操办迎灵事务的自然是宜昌县县长武长青了。武长青虽说官阶不大，但因战事之故，军政要员避据在此办公，作为地方官的武长青自是大露脸面，身价倍增。

武长青，孝感人，保定军官学校毕业。他是1939年4月到任的，是在日军势必入侵的临危之际，这既显示了上峰对他的器重，也表明他非平庸之辈。武长青派8名身着素服、腰缠白带的八大金刚抬着灵柩，在全体迎灵人员的护送下，缓步向东山公园进发，沿途许多群众加入到迎灵队伍。武长青把迎灵之事操办得有条有理。

第二天，在东山草堂举行隆重的公祭仪式，先后有数万军民前往东山草堂祭奠。

第三天凌晨，送灵柩登轮往重庆，沿途几华里的街道上，自发送灵的群众多达10万余人。据《宜昌市志·人物》(1999年版)载:“民国29年(1940)5月，张自忠将军的灵柩途经宜昌，公祭3天。何元干出资招待送柩的家属及随从，并承包全部旅栈费用”。何元干诚恳地说：“这是我爱国敬英雄，为公祭张将军表示的一点心意！”何元干慷慨解囊，事先征求过武县长的意见，武县长欣然赞许何的义举。何元干帮武县长挣了点脸面，殊料，武县长不久后就栽在了何元干的贿赂之下。

## 武县长 受贿赂 枪决示众七桥坎

送灵柩的事情刚办完才20天，1940年6月3日，蒋介石急令陈诚赶往前线，组建第五战区右翼兵团，顶上张自忠的位置，全权指挥宜昌保卫战。6月12日，我国中部腹地的宜昌城沦为日军之手。宜昌失守的原因与第五战区长官李宗仁在关键时刻判断失误、抽调江防军主力北上有直接关系。陈诚在战役中途临危上阵，以致代人受过，当他请求处分时，蒋介石劝慰说：“宜昌守不住，早已在我意料之中，你不必过疚。”蒋又说，“你去出任刚刚组建的第六战区司令长官，兼湖北省主席，值此存亡之秋，拱卫重庆的重任就靠你了。”

何元干

8月中旬，陈诚衔命赴任，驻地在恩施。他首先将五个集团军和战区直辖部队进行精心布置，使军事战略部署做到配置科学、合理。

鄂西地僻民穷，而且风气特别败坏，吸大烟、赌博、嫖娼盛行，匪徒猖獗。陈省长上任后，制定了一连串的行政法令、法规，亲自检查督促，务求贯彻施行。对于违法犯规者，无论平民百姓还是国民党官员都一视同仁，进行惩罚，毫不留情。在战区地方建设中，陈省长将鄂西的专员、县长中的无所作为者都一个个地撤了下来，换上有魄力、敢负责的人。接着实行所谓“二五减租”、“民生主义经济政策”等，很快就将第六战区所在地建设成为抗战较为坚实的前进基地，有效地拱卫了陪都重庆，赢得了战区建设典范的美名。

前面所说的那个商人何元干，就在这时候，竟然干出了一桩惊人的丑事来。

何元干，四川涪陵（今重庆市）人，早年在当地参加过响应辛亥革命的战斗。民国后，作过小学教员，当过警察巡长，还加入袍哥会，曾联络袍哥兄弟参加过刘伯承组织的川东讨袁（世凯）护国军，攻打丰都城。后弃武经商，为川东烟商当押运员，往返于四川、宜昌、沙市之间，逐渐由小本搭股到独立经营，成了富商。1928 年定居宜昌，经营“和记税号”与“和记货栈”，并当上宜昌商会特业公会理事长，控制了宜昌的鸦片行业，使宜昌成为了全国鸦片贸易的集散地。同时，他在宜昌建立了洪帮仁和社，为袍哥龙头大爷，

1930年代宜昌街景

其势力范围遍及川东沿江数县及宜沙一带。他既算得上名人，也称得上巨商。

抗战前夕，宜昌城仍有6家烟土店营业，政府继续征收特税和灯捐。1940年4月，蒋介石再次下令禁烟，对烟商限期停业，规定“逾期拿获者枪毙”，但下令50天后，日寇即占领了宜昌，县政府迁往太平溪。当时宜昌8家土膏商的总经理何元干，把城区的“大生公司”等8家烟土行的烟土全部运往三斗坪的高家冲储存。不料，此时被省长陈诚得报知晓，饬令武长青封库，不许擅动。何元干听说后，连忙从四川潜回三斗坪，为了免受经济损失，以巨款贿通县长武长青，请求允许他将烟土脱手售出。武长青受贿后，嘱其连夜处理，降价抛售。于是，被封的烟土一夜取空。

陈诚闻报县长武长青违反法规，包庇鸦片走私，遂电饬宜昌专署将武长青逮捕，押解恩施审判。又令人四处缉拿何元干。何闻风而逃，避难昆明去了。

经审判，武长青犯有“贪污受贿、破坏禁烟罪，判处死刑，立即执刑”。随即，将武长青枪毙在七桥坎，公开示众。

武长青曾是陈诚在保定陆校的同学，与陈关系甚好，但武长青案发生在大敌当前、民族危亡之时，陈诚不得不有此大义之举，杀一儆百。

武县长民族危机之中，连个“国家兴亡，匹夫有责”的传统观念也置之脑后，落得个“人为财死”的可悲下场。此事当年固是一大新闻，而对后世贪婪之徒也是足堪为鉴的。

# 案十四　好色贪财钱司令

## 大婆美 小婆媚 美媚两花是姊妹

为了“反腐”，国民政府蒋介石曾做过不少努力，但因内部缺乏共识和有效监督，官员照旧腐败。尤其是反腐中因人而异，法外施恩，使反腐往往成为空言。下面的案例就是一个例证。

淞沪警备司令钱大钧

蒋介石当年手下有所谓“八大金刚”，即何应钦、顾祝同、钱大钧,蒋鼎文、陈诚、陈继诚、刘峙、张治中八人，都是从黄埔军校教官起家的，是蒋介石的嫡系。作为“八大金刚”之一的钱大钧，在蒋介石心中是一个很特殊的人，特殊何在，请往下看。

钱大钧，字幕尹，生于1893年，江苏苏州人。幼入塾读书，14岁丧父，两年后丧母，可谓少失双亲，命运不济。1911年，钱大钧去上海参加学生军，投身于反对清革命。后参加了1913年孙中山发起的“二次革命”讨伐袁世凯，又赴日本陆军士官学校留学，习炮兵科。毕业回国后，官至粤军第 1 师参谋、黄埔军校中校战术教官。大家评论说，黄埔军校人员中，最为英俊的有三个人:政治部主任周恩来，校长蒋介石，军事教官钱大钧。钱为蒋介石效力不遗余力，是蒋的八大金刚之一，被蒋另眼看待。

年轻又英俊的将领钱大钧颇受姑娘的青睐，上门提亲者络绎不绝，可他一个也看不上。说也奇怪，钱大钧在一次舞会上，对一位名叫欧阳藻丽的小姐竟然一见钟情。欧阳小姐娇柔的眼神、粉嫩的脸颊、白藕般的手臂，再配上精致的白色蕾丝裙子、软底的小白鞋，宛如一位纯洁的小天使。她父亲是上海有名的民族资本家，在武汉设有办事处，她来武汉名义上是谈业务，实际是来散心的，不意被这位大兵的丘比特箭射中了。钱大钧拿出东征陈炯明的劲头对欧阳小姐发动猛攻，欧阳小姐招架不住，二人很快就堕入情网。看看火候到了，钱大钧于是派人上欧阳府上求婚。

欧阳藻丽（左）、欧阳生丽

欧阳藻丽小姐的父亲名叫欧阳耀如，江西吉安人，老同盟会员，参加过辛亥革命，江西独立时，被推举为江西省议员。欧阳耀如一直在上海从事银行业，家有一妻一妾，生有 6 个千金，欧阳藻丽是大小姐。欧阳耀如家教一向很严，不许女儿私定终身。现在听媒人说，小姐对这位钱军人很倾心，请老爷子就应允了吧！老爷子闻言大怒，自己的千金小姐怎能嫁与一“丘八”！他断然拒绝。

三小姐欧阳生丽非常同情姐姐的境遇，她说 :“时下，嫁给军官是姑娘们的荣耀，姊妹们都羡慕你呢！

那钱将军英俊潇洒，阿姊，你可不能错过了机会啊！”

大小姐欧阳藻丽愁苦道：“唉，父命难违，又有什么办法来！”

三小姐挺身而出，道:“什么‘父命难违’？我不怕！小妹护送你去武汉，直接去找姓钱的拜堂成亲，生米做成熟饭，我就不信老爷子能吃了你！”

于是，三小姐第二天买了车票，第三天夜里和阿姊失踪，二人从上海一路欢歌,来到了武汉的警备司令部。钱大钧则在兴奋之中马不停蹄,筹办婚礼，闪电似地与大小姐欧阳藻丽进了洞房。

老爷子听说后，连连叹气，可一点招数也没有！

1928 年，钱大钧被任命为淞沪警备司令兼上海市党部常委——他又官升了，可他夫人欧阳藻丽的病却重了。经上海多家大医院中西医进行治疗，欧阳夫人的病情不见好转，反而一天天危重起来。医院的病危通知书下了一次又一次。欧阳藻丽眼看自己病入膏肓，知道来日无多，想到自己的一双儿女都还很小，日后一定会受到后娘的虐待，她越想越放心不下，便把丈夫钱大钧叫到病榻前，交待后事：“大钧，我死后支持你再娶。”

钱大钧坐在她床前，道：“看你说的什么话，你会好起来的！”

“不过，不准你娶别人，只能娶我的妹妹欧阳生丽。”

钱大钧忽得站起身，惊讶道：“你说什么！”他几乎不相信自己的耳朵。

“这样，她既是姨妈，又是继娘，亲上加亲，一定会善待我的孩子。”

“那是，那肯定是的。”钱大钧口里说着，禁不住心花怒放起来，他对这位美丽的小姨子早已垂涎三尺。欧阳生丽这一年才 17 岁，面容姣好，身材修长，时尚靓丽，是一个雏菊般的女孩，她性格活泼开朗，又受过良好的教育，是一位才貌双全的南国美人。如今妻子立下这样的遗嘱，真是天赐尤物，正中他的下怀。他激动地声音都变了调。

随后，欧阳藻丽又向父母和妹妹欧阳生丽表达了此意愿。

父母见女儿病成这个样子，束手无策，对此也只好默许。

那欧阳生丽，她一向对姐夫很崇拜，虽说比她大 18 岁，但他尚在壮年，且相貌英武而儒雅，这对情窦初开的她颇具吸引力。尤其是姐夫那显赫的政治地位，高官厚禄，对她的诱惑更大，所以，她没有拒绝，爽快地答应了姐姐。

于是，为了关照身患重病的欧阳藻丽，姐夫小姨子两人常在一起。钱大钧对小姨子百般温存，以他成熟男人的魅力很快使欧阳生丽堕入爱河，只等姐姐眼睛一闭，自己就是名正言顺的钱司令夫人。

正在这时，意想不到的奇迹发生了：欧阳藻丽的病居然好了起来，而且恢复得光彩照人，美貌依旧。但此时，欧阳生丽与钱大钧已情深似海，早已有了夫妻之实，再也分不开了。欧阳藻丽此时想食言已经不可能了，生米已经做成熟饭。岳父欧阳耀如亦无可奈何。

1930 年春，钱大钧与欧阳生丽正式结婚。他床上便出现了两女同婿的奇观。平时，钱大钧及其两位夫人一起就餐，大夫人欧阳丽藻生性沉默，话不多，给人一种沉稳厚道的感觉；二夫人欧阳生丽性格开朗，比较活跃，打扮入时，平时陪钱大钧参与社交活动也较多。姊妹俩亲情融融，和睦相处，互相尊重体谅，从未因床笫之私有什么龃龉。人们茶余饭后之余，便一边羡慕钱大钧桃花运，一边笑话欧阳老先生阻婚不成，反把两个女儿都赔了进去。

1931 年 1 月，钱大钧调任中央军校武汉分校教育长兼八十九师师长。对钱大钧的重婚，军官分校就有人贴出打油诗，道：

湖上有园，园中有风景，
景色宜人喜洋洋。
一夫两妻同枕共床，
姐妹成双效鸳鸯。
高谈旧道德礼义廉耻，
历行新生活男盗女娼。

此事令钱大钧很尴尬。武汉军官分校经理处第三科科长钱仰周巴结钱大钧，便找教育处长赵锦雯要求追究此事，说：“教育长的家事，也要别人来管么？老百姓讨三妻四妾的多的是，教育长有两房家眷，这算什么稀奇？”赵锦雯旋即派人进行调查，但那个写诗的人杳如黄鹤，始终未查出。

## 钱大钧“钩大钱”三次撤职未法办

钱大钧算得上是一个文武兼备的人物。他在旧文学方面颇有基础，善写铁线文碑帖，字体清秀。他着意追求物质享受，在北京、上海、苏州、南京、保定等地都置有豪宅，正是由于他过于追求物质享受，屡犯蒋介石忌讳，所以在蒋手下的地位时有起落。

1931年1月，教导第三师100多名伤兵闹饷，武昌第一纱厂、震寰纱厂工人要求增加工资。钱大钧却蛮不讲理地说：“这是有共党支持的。”他派兵逮捕了一部分伤兵和工人，并秉承蒋介石的旨意，枪毙了多人。

是年7月，武汉发生洪灾。武汉志记载：“7月29日，丹水池铁路堤等堤坝溃口，洪水涌入，汉口、汉阳成泽国……”这时，省主席何成浚和市长何葆华等官员正在汉口花楼街和妓女、姘妇们嫖赌，玩兴正浓。属下急急忙忙来报告灾情，一位官员不耐烦地告诉来人：“慌什么，不是有铁路可以挡水吗？”说完继续他们的牌局。

军界的钱大钧不思抗洪、挽救群众的生命财产，却拿着蒋介石的手谕说：“防共比防水更重要。”以致造成数千人丧生，70万人流离失所……

1932年春，钱大钧调任国民党第十三军军长，麾下有汤恩伯的八十九师和孙元良的八十八师，驻防武汉。其时，蒋介石“围剿”红军的计划、方略、命令均出自钱大钧之手。不久，蒋介石又派钱大钧充任河北保定行营主任兼保定编练处处长，从军长一跃升为蒋介石的行营主任，指挥五个军的部队，与北平行辕主任何应钦并驾齐驱，可谓辉煌之至。

钱大钧贪图享乐，经常乘坐特备专车，偕其二夫人欧阳生丽来往于北京与保定之间。他以馈送河北有关将领为名，在行营开支特别费，仅此一项即贪污10余万元。杂牌队伍总指挥孙殿英到保定述职时，钱大钧也曾接受了孙馈送的名贵貂皮多张。其他各将领对钱大钧的“孝敬”更是不计其数。保定行营的一些人将“钱大钧”三字颠倒，讽之为“钩大钱”。

因为钱大钧太贪得无厌，就有人向蒋介告密状，罗列他贪腐的种种事实。蒋介石看后大怒，下令调查。经查属实，蒋介石欲将其撤职查办。后经何应钦说情,才免去查办。国民党当年反腐是对人不对事,只要有过硬的关系说情,往往就能法外开恩，使反腐成为空言。

1936年1月，蒋介石正式成立了军委会委员长侍从室，下设两个处，钱担任第一处主任兼侍卫长，同蒋介石的“文胆”陈布雷共同主持侍从室，地位凌驾于国民党政府各部门之上，名声显赫一时。其工作直接对蒋负责，负责全国的政治、军事、党务等各项工作。钱担自觉责任重大，在蒋身边处理文件，安排蒋的食宿、警卫，但他收受他人贿赂，接收宴请不断。蒋介石为了不让自己的亲信侍从在外面吃拿卡要，他密令钱大钧传达手令，“凡侍从人员，非经中正许可，不得对外应酬宴会，特务员、侍从官等如有嫖赌等不正行为，一经查明，概照军法行事。”

1937年7月7日“卢沟桥事变”后，日寇大举侵华。12月，蒋介石的国民政府迁都武汉。由于钱大钧嗜财如命，得罪了不少人，有人向蒋介石检举他的贪污行为。蒋一气之下将他调离了侍从室，并打算处分他。但经宋美龄斡旋后，钱大钧不但未受什么处分，反而又捞到了航空委员会参谋长、航委办公厅主任的肥缺。

1938年下半年，一天，蒋介石要调空军保卫重庆，可钱主任却报告说无机可派，蒋勃然大怒，问钱大钧，政府划拨的几千万购飞机专款哪里去了?钱大钧默不作声。蒋大怒，道:“国难当头，抗敌护国的钱也敢挪用，把他先拘押起来，交司法审判，该枪毙的枪毙！”

钱本以为这次他肯定是难逃一劫了，因为他心里明白，航委会购机专款其实是被宋美龄动用了，身居航委办公厅主任，自己不去替蒋夫人背黑锅谁去背?事情的真相说出来是死，不说也是死，所以他选择了“默不作声”。

熟料，过了些日子，购机专款之事竟无下文了，钱大钧还是他的航委办公厅主任。

1939年初，钱大钧经宋美龄批准分配一批航空特别费时，只分给了少数几个高级官员，有人将此事密报蒋介石。蒋介石以其屡戒屡犯，不知悔改，决定给予撤职查办的处分。被撤职后，他在成都铜梁县创办西泉中学，自任校长。

抗战胜利后，钱大钧出任上海市市长兼淞沪警备总司令。他在“接收”敌伪物资时大量贪占，搜刮民财，得款 42 亿元。有人告发钱大钧贪污巨大。蒋介石不得已，再次将其撤职，却不予查办。绝精世故的钱大钧被撤职后，带着他搜刮来的大量财物，暂息苏州故里过起了奢侈生活。

国民党军内贪腐问题严重。为刹住这股邪风，蒋介石曾采取过一些措施，也曾在高层会议上痛斥过军队的腐败问题，并设立专门的机构来遏制军队贪腐，但收效甚微。1948 年 1 月，蒋介石在一次演讲中，愤激地说：“……古今中外任何革命党都没有我们今天这样颓唐和腐败，也没有像我们今天这样的没有精神，没有纪律，更没有是非标准，这样的党早就应该被消灭被淘汰了！”

# 案十五 “腐化将军”蒋鼎文

## “飞将军” 效忠蒋 危难之时见衷肠

说完蒋介石“八大金刚”之一的钱大钧，再来说说另一位“八大金刚”蒋鼎文。他是一位作战勇猛、效忠的将军，却也是个腐化好色的主，堪称国民党将领的“腐化样版”。

蒋鼎文字铭三，1895 生于浙江省诸暨一个农民家庭。早年毕业于浙江陆军讲武学堂。1921 年，27 岁的蒋鼎文任孙中山大元帅府参谋部中校副官，旋升上校参谋、黄埔军校区队长、教导第1团营长。1925 年 3 月，东征军与陈炯明部激战于棉湖，蒋鼎文勇猛冲击，胸部中弹，被勤务兵从死尸中背出，得以活命。蒋介石得知后，犒赏 5000 元。北伐战争时，任第 1 军第 1 师师长。蒋介石的老家浙江奉化县离蒋鼎文的家乡诸暨县并不很远，有了老乡这层关系，二人后来以结拜兄弟相称，蒋中正与蒋鼎文两大家族，自此之后往来密切。

北伐时期的蒋鼎文

1928 年 1 月，蒋鼎文任第一军副军长兼第一师师长职，参加第二期北伐，率部沿津浦路北上，与军阀张宗昌作战，攻克济南。同年7月,国民革命军机构改组,蒋鼎文任第一集团军第九师师长,驻防海州。他常常把政务军务丢给别人，自己天天以“巡防”为名到处游山玩水猎色。

1929年春，一日，蒋鼎文前往普陀山游玩，遇到上海中西女塾学生蔡文媛随母到普陀进香。蔡衣饰打扮入时，体态袅娜，貌如天仙，蒋鼎文遂生占有之心。

蔡文媛出身豪门，入“中西女塾”上学。中西女塾是美国监理会于1892年创办的，是“专为中华有力之家而设”，在上海地区声名显赫，在全国也很有影响。中西女塾是培养名媛的学校，该校是“金枝玉叶”们的摇篮，上海社交界数得上名字的名媛几乎都毕业于这所贵族女校，其中包括“宋氏三姐妹”、“南唐北陆”之称的上海名媛唐瑛、陆小曼，还有与少帅张学良私奔的那位赵四小姐赵一荻。

蒋鼎文让属下朱平之去牵线，朱对蔡母说：“司令新丧太太，尚未续弦，且无子息，如果老太太肯将小姐联姻，将来前程远大。”蔡母觉得蒋鼎文有地位，门当户对，应允。于是蔡文媛成了蒋鼎文的夫人。所谓“司令新丧太太”不假，而“尚未续弦”却是骗人——太太死后，他已经娶了一位夫人，蔡文媛实际已经是第三夫人了。

1930年5月,中原大战爆发后,蒋鼎文部穿梭于陇海、津浦两线之间作战,行动迅捷，飘忽不定，被称为“飞将军”，颇受蒋介石赞赏。这一年，蒋鼎文与另外两个军长顾祝同、上官云相会师郑州，聚兴豪赌，蒋鼎文一夜输光了全师官兵3个月的薪饷。第二天，军需处长需要发饷，蒋鼎文两手空空，急得团团转，只好硬着头皮去见蒋介石。蒋大怒，立即命顾祝同归还饷款。但顾推说钱已作为犒赏发给官兵了。蒋无奈，只得给蒋鼎文一张5万元的支票，帮他渡过难关。

1932年1月，日军进攻上海，蒋鼎文率两部增援十九路军。此后，他曾两次参加对中共革命根据地的“围剿”，战功显赫，被授为陆军二级上将军衔，成为蒋的五虎上将之一。又任中国国民党第五届中央执行委员、国防会议委员。

1936年12月，蒋鼎文被蒋介石召至西安，委任他为西北“剿匪”军前敌总指挥。熟料，12月12日，突然爆发“西安事变”，蒋介石和国民党军政大员陈诚、蒋鼎文、卫立煌等10余人被西北军扣留，他们选定蒋鼎文回南京去传递消息。12月17日，张学良允许让蒋鼎文带着蒋介石给宋美龄和何应钦的信函，从西安飞往南京，传递信息。接着，蒋鼎文不惧险境，陪同宋子文、宋美龄赴西安谈判。当蒋鼎文即将离开南京时，其夫人蔡文媛在机场哭哭啼啼、不愿其夫再入“虎穴”，自投罗网。这时，宋美龄走过来，对蔡说：“你是一个国家大员的夫人，一切事情应以国家为重，不能凭夫妻感情来阻止丈夫为国效忠。”

当飞机飞抵西安时，张学良亲往机场迎接，张学良拍着蒋鼎文肩膀说：“铭三兄（蒋鼎文，字铭三），你是好汉，果然不怕死，又回来了。”蒋鼎文答道：“副司令您是大好汉，我是小好汉。”

蒋鼎文在西安事变中，为蒋介石的安全奔走于西安、南京之间，赴汤蹈火，在所不辞，表现了对蒋介石的一片丹心衷肠，得到蒋介石的信任和器重，蒋鼎文也居功自傲，到处演说，出尽风头，抬高了他在蒋介石嫡系将领中的地位。

## 贪财利 贪美色 欲心难厌如坑壑

1937年抗战爆发，蒋鼎文先后任第四集团军总司令、特派军事委员会委员长西安行营主任，负责黄河防务。1938年清明节，蒋鼎文致祭黄帝陵，原中共重要领导人张国焘借祭祀黄帝陵之际叛逃，投奔蒋鼎文。蒋鼎文将其护送到国民党临时首都武汉，使其为国民党效劳。同年6月，蒋鼎文任陕西省政府主席，兼中国国民党陕西省党部主任委员、陕西省保安司令。11月又兼任第三十四集团军总司令。

蒋鼎文主政西北期间，滥用职权大发国难财。他通过贪污受贿、投机经商所聚敛的私产，数额巨大，据蒋鼎文的私人账房陆怡霖说：“西北最大的资本家毛虞琴、古凤翔的财产，只不过蒋鼎文的零头数。”蒋鼎文成了有名的“腐化将军”。

蒋鼎文虽有两位夫人，还强占了西安京剧名角“粉牡丹”。

“粉牡丹”是邴少霞的艺名。邴少霞是北京市人，祖籍辽宁省沈阳市，原姓金，满族人。五六岁时，父母相继谢世，寄居外祖母家，随母改姓邴。幼年受二姨、三姨（均系京剧演员，工武生、武旦）的影响，笃爱戏曲，7岁时就师承京剧名家金俊楼、刘玉芳、艾云生习武生，受到严格的基础功训练。10岁后又改习青衣、花衫，武功文唱皆出众。此后，相继在石家庄、保定、太原、大连、济南、郑州、青岛等地巡回演出，尤以在北平第一大舞台、吉祥大舞台、长安舞台最为轰动，荣获“粉牡丹”桂冠，名声远扬。

日寇侵占北平后，“粉牡丹”应西安长安大舞台之邀，来陕挂牌主演，她的单、双剑套路娴熟，且杂以武术。她练就的三丈长彩绸，不用把柄，堪称绝活。身为国民党西北行营主任蒋鼎文没少看“粉牡丹”的戏，亦生出淫占之心，遂以“唱堂会”为名，把她请到家里。时年22岁的“粉牡丹”不甘蒙受屈辱，越窗而逃。其他演员却遭毒打，戏箱被砸，又以“通共”（因搜查出红色练功带）的罪名被扣押起来。“粉牡丹”吞金自杀，以示抗议，遂造成当时轰动西安的“粉牡丹吞金”事件。“粉牡丹”虽得救幸存，但从此愤然告别了舞台生涯。

蒋鼎文长期的淫乱，使他染上了严重的性病，由花柳病专家杨槐堂作为贴身医生，专给他治性病，杨槐堂也因此受宠，一直追随蒋鼎文做到军医处长，当时在军中成为笑柄。

1942年1月12日，蒋鼎文前往洛阳，任第一战区司令长官兼冀察战区总司令。同年6月，日军陆、空军协同进犯太行山，蒋鼎文指挥机动部队随时阻击、侧击、伏击，粉碎了日军的企图。次年4月，日军总司令冈村宁次亲至新高指挥，再度围攻太行山，蒋鼎文继续与敌周旋。

1944年4月，日本侵略军执行一号计划，开始实行贯通大陆作战，号称“世纪之大远征”，南渡黄河，进入河南。时任第一战区司令长官的蒋鼎文任总指挥，与副总指挥汤恩伯指挥所部与日军决战，研究了军事部署及各军军官眷属及行李迅速向后方撤退的计划。

蒋鼎文集中4个集团军和其他部队25万人马，迭次配备于约200公里的黄河南岸，广大后方几乎无机动兵力。更让人感到诧异的是，蒋鼎文竟然将自己的战区长官部置于黄河岸边的洛阳城，如果指挥部被敌人打掉，指挥系统陷入瘫痪。更要命的是，蒋介石打来的电话一个接一个，一会儿指示这样打，一会儿指示那样打。蒋介石在日记里写道："我感到蒋鼎文都不耐烦了。"为了打电话，蒋介石凌晨3点就起床，连宋美龄都觉得他太累，可蒋介石认为，这个电话不打不行，否则仗就打不好。

战役开始后，国民党军接连丢失开封至潼关间约400公里、新乡至信阳间约350公里的广大中原地区，总指挥部逃入深山。聚集在洛阳附近的河防各军群龙无首，乱作一团。蒋鼎文失地千里，38座城池被敌攻陷，损兵20多万。此次战役的大溃败，最主要的一条就是蒋鼎文耽于宴乐、指挥不当。

中原战败，全国震动，舆论哗然。蒋介石责令蒋鼎文辞职，撤了汤恩伯第一战区副司令长官和鲁苏豫皖四省边区总司令之职。1944年7月初，交割了司令长官职务的蒋鼎文回重庆，到军事参议院坐了冷板凳。蒋鼎文索性脱去陆军二级上将的戎装，去商界赚大钱去了。

# 案十六　军车跨境走私案

## 肃官箴 儆官邪 严刑峻法惩贪腐

1942年是抗战最艰苦的时期，日本对战时中国陪都重庆进行了残酷的战略轰炸。重庆的广播里宣传说："请记着，请你们每一个人，要永远地记着，在这些断垣残壁之中，有着我们无数同胞的生命财产，他们都是牺牲于敌人的暴行之下的！从这里，我们就可以知道，敌人不仅是要亡我们的国，并且要灭我们的种！可是，我们是炎黄的子孙，是永远不会屈服的，我们要抗战到底！我们要以眼还眼，以牙还牙！……"

重庆人民的生活愈来愈艰难了。职员月工资有1百元左右，下馆子一顿饭就十几块钱，所以生活很清苦，很富有的家庭才勉强能吃饱。药品贵而且奇缺，生了重病很难熬过去。

战争日趋激烈，国土相继沦陷，中华民族到了最危险的时候。前方士兵拼死打仗，而作为大后方的重庆，不少官员吃喝玩乐。尤其是从上海、南京来的政要们把奢华风气带到了大后方。老百姓讽刺他们说："前方吃紧，后方紧吃。"

马寅初教授愤然道："在这民族危亡的紧急关头，国民党高官乘机囤积居奇，大发国难财。现在前方抗战，千百万将士牺牲流血，亿万人民流离颠沛，无家可归，而后方达官贵人，不但于政府无所贡献，反而趁火打劫，大发横财，忍心害理，孰甚于此！"

国民政府迁都之初，上海、南京等地的娱乐界从业者纷纷来渝，开办商业性舞厅，发展迅速。知名歌舞厅有“扬子江”、“凯歌归”等十几家。入夜，霓虹灯与彩灯交相辉映，吸引着那些官僚政客，也吸引着追求时髦的本埠男女。当时就有“民谣”唱道：

戴表要戴英纳格，骑车要骑凤凰头（兰令牌自行车），
抽烟要抽大前门，跳舞要跳蹦蹦嚓（交谊舞）。

为稳定抗战大后方的经济形势，国民政府将四行二局（中央银行、中国银行、中国农民银行、中国交通银行、中央信托局和邮政储金汇业局）迁往陪都，使重庆的金融业空前发达。

打铜街被称为中国战时的“华尔街”，这里有聚兴诚、大中、中兴、美丰、平民等银行，洋气十足，尽显豪华奢侈。位于打铜街街头的“圆圆舞厅”最为有名，老板是戴笠。舞厅门里门外闪烁着绿色的霓虹灯，风情万种的专职舞女花枝招展，性感十足，其中以来自江浙的下江舞女最摩登、最走红。舞台两边是专职乐队，玩的是山城百姓难得一见的拉管、圆号、贝司等西洋乐器，市民称之为“洋琴鬼”。各路大员出入其间。“圆圆舞厅”是陪都夜生活的标志之一。

舞厅外的大街上衣裳褴褛的乞儿在七彩霓虹灯下乞讨；浓脂厚粉的野妓在舞厅附近拉客；银元贩子在低声叫卖……

蒋介石为协助宋美龄推广“新生活运动”，同时也为整肃士气，遏制腐败，主张禁舞。他说：“中国抗战军民处于艰难时期，要使全国国民的生活能够彻底军事化，养成这种临时可以与敌人拼命，为国牺牲的国民。所谓军事化，就是要整洁、简单、朴素，才能合乎礼义廉耻，适于现代生存，配做一个现代的国民。”于是重庆市政府颁布“禁舞令”：“一经查觉，无论任何阶级，一律拘拿解送行营，从严惩办不贷。”

然而，随着美、英对日宣战，蒋介石加入美、英同盟，担任中国战区最高统帅，得到了美国的物资和财政援助，大量美军来到山城。美军（或者称“盟军”）的到来，山城重庆一个显著的变化就是舞厅重新兴盛起来。重庆主城区仅民族路就有白宫、胜利大厦、扬子江舞厅、皇后舞厅、圆圆舞厅等10余家，

这些舞厅成了达官贵族和美国大兵的聚会场所。国民党军政要的腐败堕落等现象在这里得到充分的表现。

1942年7月，浙赣会战以顾祝同所主持的第三战区的溃败而告终。战役期间，军统局长戴笠曾密电蒋介石，报告三战区作战部队之军纪涣散情形："查此次参加浙东作战之部队，各级官长大都有家眷随身，各部队眷属均向江山浦城一带迁移，行李甚多，大都派兵护送，沿途拉夫，到处占住民房。查军队原有军盐配给，今则所过地方，则强要地方供给食盐，而以所领军盐高价出售。因是各县乡镇保长均有无法供应之痛苦。"战事结束后，戴笠又致电蒋介石，称："此次三战区战事之失败，完全因生活优裕，官兵均无斗志也。前线退下之士兵，则到处搜劫；高级军官甚至有派副官赴上海接舞女来玩者。"

大敌当前，战火纷飞，蒋介石对军中弊端痛恨至极，但却一时不好下手惩处。

为了维护国民政府形象，为了保证抗战，蒋介石提出"整饬官常，刷新吏治"、"肃官箴、儆官邪，严办贪官污吏"，并通过了一系列澄清吏治的政治决议案，以严刑峻法和军法审判两手，从重、从严惩办贪官污吏。

7月，长沙警备司令部特务组长孔松涛等6人贪污，均予枪决。

8月，贵州师管区司令胡启儒浮报名额，扣饷不发，擅权杀人，行使贿赂，被判死刑。

9月，成都航空站站长马祯祥代商人运货，有舞弊嫌疑。军法执行总监部签请监禁马祯祥一年，蒋介石批示，改为监禁十年。

10月，桂林办公厅科长黄勋、荣誉军人管理处副处长秦开明，假借职权，营私舞弊，蒋介石批交讯办。法院判秦无期徒刑，黄有期徒刑十年。蒋介石亲批，一律枪决。接着，就有运输统制局昆明检查站站长朱孝仪，倒卖查扣的鸦片及货物，潜逃被捕，处死。军法执行总监部办公厅特检股股长俞浩兴假借职务便利，取得中国工业服务社顾问名义，月支顾问费300元；钟元昭夫妇受贿900元，均令处死。

蒋介石试图用严刑峻法，借以遏制弥漫于国民党官场的严重贪污腐化行为，一时震动大后方。而12月林世良因走私案被枪决，更是震惊全国。

## 二小姐 大脾气 偏偏爱上林小子

那么，林世良走私案何以在当时引起巨大反响？这是因为林世良是中央信托局运输处长，是孔祥熙的红人，还是孔祥熙的二小姐的恋人。

中央信托局是1935年由国民政府训令中央银行增设的一个国家级金融机构，这个机构的理事长由中央银行总裁孔祥熙兼任，下设有购料、储蓄、信托、保险、会计五个处，还设有出纳、人事两科及一个文书室。1938年，中央信托局西迁重庆，适时设立了易货处，办理外贸及进口业务。1939年辟办兵工储料生意。为了自办运输，1942年又新设了一个运输处，其处长位置尚是空缺。

战时重庆中心区大街

当时，孔祥熙一家人正为孔二小姐的婚姻大事伤透脑筋。为给孔二小姐找男友，孔家及亲友费尽了口舌，连蒋介石、宋美龄也出面牵线搭桥，但始终都未能使二小姐满意。恰巧，孔祥熙下属有个林世良，孔二小姐偏偏对他很欣赏，因此，孔祥熙任林世良为中央信托局运输处长，掌握着数百辆大卡车的调配。

林世良，1907 生，福建人，家境富裕，苏州东吴大学毕业，因英语流利，到南京供职于励志社，该社专为接待中外高官贵宾而设。林在这里结识了孔祥熙，孔引荐他进了中央银行，累升至央行总务处长。林世良风度翩翩，学着孔祥熙的样子留起了小胡子。林常到孔府为孔家效劳，孔夫人宋霭龄外出时叫林随侍身边，林自然对孔二小姐百般殷勤。二小姐在不知觉中，像中了邪似得喜欢上了姓林的这小子。周围的人觉得林很有成为“附马”的可能，对他另眼相看。孔祥熙、宋霭龄看见女儿自己选中意中人,也放下一桩大心事。

孔二小姐名叫孔令伟，后改叫孔令俊。她上有一个姐姐叫孔令仪，孔令仪温静贤淑，与二小姐豪放侠气的性格相去甚远，不像一个娘生的。二小姐一生下来就敦敦实实，活泼好动，哭声响亮。小学时，二小姐喜欢和男孩子玩，撒野顽皮。13 岁时她就学会了驾车、打枪。二小姐在豪门里长大，不知不觉中养成了一种凌人的霸气。她做事不拘常俗，率性而为，时有惊人之举。她脾气大得惊人，稍不如意，就抬手打人，常有人吃过她的耳光。因其诸项个性特点，故享大名于时。

孔二小姐一向都是男装打扮：梳大背头，西装革履，拿折扇，抽雪茄，外人对她有时雌雄莫辨。她喜欢的也都是男人喜欢的，比如车，比如枪。孔二小姐个性强，父母管不了她；哥哥孔令侃宠着她；大小姐怕她依着她；她的姨母宋美龄钟爱她，常常夸赞：“令俊女生男相，很像我。”

有一次，二小姐跟宋美龄出行，原定乘坐第二辆汽车，孔二小姐执意乘坐第五辆，宋美龄摇摇头依了她。结果第二辆车在途中受到敌机扫射，宋美龄幸免于难。宋氏姊妹中只有孔祥熙的妻子宋霭龄生儿育女，因此孔二小姐就成了宋氏姐妹的“掌上明珠”，宋美龄更加疼爱她，宠着她，不是母女胜似母女。

二小姐不怕事儿，敢于替财政厅长、行政院长的父亲批阅公文，这已为不少人所知晓。不仅如此，就算是蒋介石的公文、信函她亦照看不惮。有一天，参谋总长何应钦起草了一份关于军事编制装备的报告前去送交蒋介石审批，碰巧蒋不在家，可孔二小姐在家，正在宋美龄卧室玩。何应钦把文件放在蒋的办公桌上，看了孔二小姐一眼，犹豫了一下，转身走了。二小姐想看看那文件是个什么东西，看完觉得也没什么大不了的，就随手丢在了一旁。几天后何应钦打电话问蒋介石，蒋说他根本没看到这份文件。何应钦慌了神，这才想起那天送文件时二小姐在场，就打电话询问她这份文件的下落。孔二小姐说："让我想想，哦，是有这么个文件，那天我看完后随手丢在卧室，后来就忘了，嘻嘻……"

孔二小姐还直接插手中央银行、中央信托局的事，令孔祥熙颇感头疼，虽然训斥过她几次，但终无效果，索性由着她去。

当时，国民党政府在与盟国合作开辟第二战场，打通了沟通滇缅的国际公路。于是，林世良除运输军用外品种外，也偷运些贵重西药、金饰玉石，还夹带私运一些骆驼牌香烟及名酒，或者上等衣料，女性服装，甚至鞋袜、香水、皮包、口红等。于是，许多国内看不到的洋货，孔二小姐应有尽有。

林世良财源广进，生活也开始腐化起来，他和一些军政大员一样尽情享乐。那时候，为适应美英盟军朋友的娱乐需要，有众多职业舞女陪舞。场内附设西餐馆和酒吧，吃喝俱全，想挣外钞的舞女浓妆艳抹，笑语盈盈。酒吧供应威士忌、"万宝路"、"骆驼"、"云斯顿"等进口烟酒，只收美金、英镑。舞厅仿照欧美样式设计，舞池下沉，正面及两侧均为火车座似的包厢，灯光幽暗，适宜情侣交谈。跳完舞就可吃饭，吃过饭又可跳舞。有一次，二小姐去"皇后"舞厅跳舞深夜未归，急得孔府上下团团转。正焦急难安时，二小姐在林世良陪送下安然返回。

## 美援车 运私货 嗜欲熏心终至祸

俗话说：运气来了，门板也挡不住。林世良挂上孔二小姐颇感得意。就在林世良与二小姐打得火热之时，又传来美国救济总署支援中国数百辆"道

当年由美国装船运到缅甸腊戍的道奇汽车

奇”卡车的喜讯。

此时正值日军大举进攻缅甸，英军溃走印度。日军攻占缅甸首都仰光后，与中国远征军激战。国外支援中国抗战的战略物质先海运抵缅甸港口，再由铁路经曼德勒至腊戍，从腊戍经滇缅公路运送至我国的大后方。我军积存于腊戍的抗战物资，包括汽油、军械、五金、橡胶、医药品等必须日夜抢运，而运输只有滇缅线这条唯一通道。

蒋介石把这批美援“道奇”汽车交由行政院统一分配使用，主要用于运送积存于腊戍的抗战物资。面对这么大一批道奇车，交通部、经济部、主管军事后勤运输的联勤总部、军统局、中统局等单位，都伸长了脖子想从中分到一些。岂料，孔祥熙大笔一挥，将几百辆道奇车全批给了中央信托局。孔祥熙把接车之事交给了林世良办理，林世良亲往腊戍督运，这就惹得军统局局长戴笠怒气冲天。其时，戴笠掌管全国水陆空交通稽查，并有交通巡察总队武装，戴笠兼任缉私署署长。他早就闻知林世良的走私行为，于是下令：密切注视这批车的行踪。

1942 年 8 月初，中信局运输处一帮人很顺利地接过第一批新车 150 辆，根据美国救济总署的规定，这些车要尽量装运后方急需的医药用品、食品罐头、御寒衣物和部分军用物资。然而，一心想讨好孔二小姐的林世良，自恃有孔家作后盾，故伎重演，拿出一半车辆装运后方急需的军用物资，用余下车辆装运可获暴利的走私货物，挟在车队其中，瞒天过海，以公徇私。林世良万万没有想到，所有行动都在军统人员监视之中，一场杀身之祸已向他袭来。

据说坊间流传，那段时间里，林世良忽然开始迷信起来，跑去看相。当身着高档西装，嘴唇上蓄有小胡子的林世良出现在相士面前时，相士说：贵人天庭饱满，必位居高官，交友广阔，必财源滚滚，不过，切要小心！35岁时有一险关，弄不好有杀身之祸。是年，林正好35岁。

果然不出所料，戴笠接到林世良走私牟利的情报后，立即下令军统局昆明站，待林世良抵昆后立即将他拘捕，连同车队及货物一并解渝。

林世良的走私车辆很快被押解到重庆，重庆各报社立即披露于众。

消息传到孔二小姐耳里，她赶紧跑去见宋美龄，请她出面说情，放了林世良。

戴笠命令部下，把林世良十辆装私货的汽车全部开到蒋介石经过的公路边一字排开，把车上装载的胭脂口红、化妆用品、法国香水、英国香烟、高级洋酒、上等衣料等走私货摆在显眼处。当蒋介石的座车一到，恭侯多时的戴笠一个立正报告道："报告委座，中央信托局接收大批美国汽车，在仰光拒运军用物资，尽装些走私货，现已人赃俱获，请委座过目。"

蒋介石瞄了几眼路边的走私车辆，问道："主犯是谁？"

戴笠答道："信托局运输处处长林世良。"

蒋显然非常气愤，说："立即送军法处讯办！"

戴笠得令，动作迅速，派人将林移送军法总监部候审。

逮捕林世良的消息不胫而走，舆论一片哗然，各种社论、短评伴着愤怒的言论见诸报端。有报纸写道："林案宣露以来，引起一般社会注意，林某年来在滇缅路办理运输事宜，当缅局吃紧之际，政府集中力量抢运公物，限制商货通行，其以卡车35辆假借公家之名包庇商货，计值3000余万元，人车俱获，将林拘渝讯办，……"

有的舆论也认为贪官污吏古今中外无时不有，问题只看法律是否有灵，发生贪污案件并不足为国家之羞，如有贪污官吏宽纵不惩，才是政府之耻。

有的报纸提到："在文明国家就遵法明纪，使奸宄无所逃遁，在陋野国家就毁法乱纪，百鬼昼行，此观测一个国家的兴衰之野……"

还有说："当前最易犯的一种姑息心理，就是唯恐暴露弱点，更怕揭开黑暗，就会掩蔽无限罪恶，滋生大量黑暗。"

舆论强烈抨击，那话里有话，暗把矛头指向孔家豪门，形成一股"惩林批孔"浪潮。

审理林世良案时，军法总监部何成浚确实受到一些干扰。据说"有老友来访，闲谈中似不经意提及林案，意为宜尽早结案，勿去追所谓后台及左右牵连"。据何成浚当天日记记载：1942年12月5日，时为行政院副院长的孔祥熙邀何成浚往孔宅午餐，同餐有徐堪、杨啸天、陈希曾诸人。餐毕，"孔先生对林世良舞弊案谈叙其情形甚详，并力为许性初解释（许性初为中央信托局信托部经理，与林同案在押）。约往午餐之用意，似即在此"。

几天后，陆续传出林世良可免死刑、只判无期的消息。戴笠闻知，遂与毛人凤商议。毛说："一不做二不休，反正孔家不得罪也得罪了。"

戴问："那该如何办为好？"

毛随手把《商务日报》交给戴笠。当时的《商务日报》，在商言商，对"四大家族"一向抨击最力，此次林世良事件，更是集中火力猛攻。该报在社论中说："舆论沸腾，民意强烈，不杀贪官，如何安邦？"戴笠看了看报纸，意会。

第二天，戴笠带着报纸和对案情审判报告去见蒋介石。蒋看了一会儿报纸，表情严肃起来。戴笠坐在一旁不敢再说话。蒋突然问："云南怒江前线的战况怎么样了？军中官兵士气如何？"

调查各战区部队的切实情形，是戴笠职责中的重要组成部分，所以蒋这样问他。

戴笠长叹了一口气，道："军统工作人员对云南怒江前线部队的调查情况令人堪忧，今年2月间，何总长由印度过昆明召集在滇中央各军师长会议时，各师长提出报告，皆称各该师现有战斗士兵八九千人。八十七师师长张绍勋为人爽直，席间照实报告该师仅有战斗士兵五千人，并以战线过长，请求补充。何总长以各师皆有八九千人，该师独仅有五千人，缺额过大，加以责备。实则各师士兵缺额均甚巨大，军官以此吃空饷严重。”

蒋介石用心地听着，表情变得严肃起来。

顿了顿，戴笠接着说，“又查怒江前线各驻军官兵，现多勾结商人，走私运货。目前敌人缺乏食盐，商人将食盐由下关、保山等地运至前线后，则勾结当地驻军官兵，送过怒江，换得棉纱布疋而回，交易地点有五六处之多，但敌人狡猾异常，月前曾有我方军官五、六人因贩卖食盐，私渡怒江，被敌发觉虏去。今年五月间，怒江西面马面关之失，亦因敌人利用走私道路，化装商人,乘隙侵入。官兵走私运货,每予敌人以可乘之机。上述情形深可忧虑。”

蒋介石痛心道：“各师官长为吃空饷，竟坐视部队半数战力缺损而拒绝补充，其腐化堕落，殊堪发指！”但怒江前线关乎抗战大后方之安危，又能对这些人怎么样呢！

戴笠走后，蒋电话召何成浚速到官邸一谈。何即趋官邸谒见。蒋询问办理林世良案情形甚悉，何一一面报。最后，委座谕道：“可依法裁处，勿顾及其他！”

该案侦讯查明:林世良于仰光战事吃紧时期，擅用职权，与大成企业公司、利通商行经理章德武勾结，私以中央信托局名义，代该商行私运商品。中央信托局信托部经理许性初虽有嫌疑，但未直接经手，其允办押汇之款亦未交付分文，许性初受同僚林世良蒙蔽。

军法执行总监部审慎权衡，签报判处林世良无期徒刑，许性初两年徒刑缓刑三年，呈军委核示。

12 月 21 日深夜，蒋介石批令称:林世良应判枪决，许性初亦应加重刑期。

12 月 22 日，军法执行总监部判决林世良死刑，许性初 5 年徒刑，并于当天 16 时予林犯执行枪决。

此案轰动一时。杀的是林世良，打击的是孔祥熙，孔被免职。宋子文顶替了孔祥熙行政院副院长的席位。

林世良案发正是抗战处于艰难时期，蒋介石以严刑峻法和军法审判两手，从重、从严惩办贪官污吏。他不顾姻亲、行政院副院长孔祥熙的说情和反对，毅然判处孔的两个亲信一个死刑，一个五年徒刑，且不许缓刑，试图由此祛除贪污，修明政治。但是，严刑峻法只能震慑一时，不能解决根本问题。

# 案十七 民立贪官“遗臭碑”

## 许县长 贪污狂 上任半年被撤职

自古所立之碑，或记述功业，或赞誉美名，然而云南省路南县却有一块“遗臭碑”，上刻县长许良安贪腐事实，给他留下了千古骂名。如此之碑，在碑林中也可称独树一帜了。

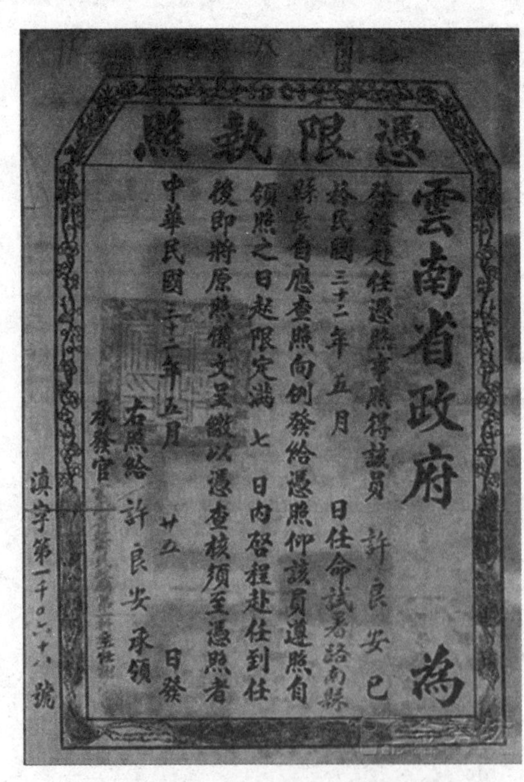

憑限款照

雲南省政府 為

發給赴任憑照事照得該員 許良安已
於民國三十二年五月 日任命試署路南縣
縣長自應查照向例發給憑照仰該員遵照自
領照之日起限定滿七日內啓程赴任到任
後即將原照備文呈繳以憑查核須至憑照者

右照給 許良安 承領

中華民國三十二年五月 廿五 日發

承發官

滇字第一千○六十八號

路南县县长许良安的任命状

许良安，出生年月不详，约为1908年前后，云南省宁洱县通陵乡（今墨江县通关镇）人，毕业于云南东陆大学（即今云南大学）政治经济系，第三届行政人员高等检定考试全部第一。曾任滇黔绥靖公署干部训练总队少校训育主任、云南省战时工作视导团第三队副队长、云南省地方行政干部训练团政治教官。1943年5月，35岁的许良安被云南省政府任命为“试署路南县县长”，6月1日，许良安春风得意，到县府大堂接印视事。

1942年，中国远征军十万人

齐集云南，将沿滇缅公路进入缅甸对日作战，抵御日军对滇西的进攻。路南县城的魁阁周围也搭起了援战的美军帐篷，为的是县里征收赋税以供军需，赋税占农民年收入的一大半，农民担负之重为前所未有。

倭寇入侵，大敌当前，我中华民族到了生死存亡时刻，人民处于水深火热之中，而接任路南县县长的许良安，刚一上任就巧取豪夺。他竟然弃民族大义于不顾，鲸吞抗战田赋，巧立名目违规征收酒税，甚至以下乡巡查为名，向全县十三乡征收旅费，而民众稍有反抗，即用手中的武装警察予以镇压。

1943 年春夏季以来，久旱无雨，离县城仅五里的大乐台和东海子两村民众，因干旱无法插秧，不得已将普家坝加高用以蓄水灌田。许良安到普家坝“踏勘”时发现此事，不问情由，立命挖坝五尺，由此与群众发生纠纷。次日，许良安派政警抓走了八名群众。乡民经多方邀恳，保释出四人，另外四人则受酷刑拷打且加镣。乡民求乞之下，许县长索贿五万元方准保释。事主交钱后，许县长却又出尔反尔，拒不放人，民众无奈。

对许良安的贪腐行为，群众编了许多民谣和顺口溜，如板桥镇编唱：“板

1943年，路南县县民生活场景

桥、板桥，二十里之遥，刮尽地皮，鬼哭狼嚎”。

当时，昆明抗日民主运动如火如荼，路南县民主人士积极响应昆明民主运动号召，发动许多民众举行反抗许良安暴政的示威游行。路南县中学师生出于爱国热情，积极响应，宣传抗日，反对专制，游行请愿，张贴墙报，得到广大民众的热烈拥护。

路南中学里大部分是云南大学附中的师生。1938 年 9 月，为避免日本飞机的轰炸，云大附中于从昆明疏散到路南，和路南中学合署办学。云大附中也把“积极的、奋发的、民主的、现实的附中精神”带到了路南，使原本封闭的社会风气逐渐开化。

岂料恶吏许良安，竟于 11 月 23 日出动军警，撕毁抗日墙报，抓捕进步师生。教师刘桂武、张孝昌（共产党员）被抓走，路中的师生结队尾随许良安，索要被抓教师。师生们一路走一路喊：“路南县人民团结起来，打倒贪官许良安”。群众闻讯赶来声援，人数瞬时增至近千人。许良安置群众呼声于不顾，将教师抓进县衙后，在县衙门口加岗加哨，派兵把守，并指使政警队长许恒安打伤学生 11 人。学生和群众被许的野蛮行动激怒了，拼死冲进县衙门，夺下许恒安手中的武器，并痛殴许恒安。许良安见势不妙，借着夜色偷偷躲进防空洞。随后被群众揪出，并从其宿舍内查到了他的鸦片烟具和赌具。当夜，学生和上千群众在县府内举行公审大会，控诉许良安纵容烟赌、贪赃枉法、贩卖壮丁、摧残教师、破坏教育等罪行。

随后，在路中校长杨一波的主持下，派人到四乡宣传，拟状赴昆明省府控告。

路南县 19 个法团以许县长贪脏枉法、纵匪殃民、摧残教育等情呈文到厅。

全县从机关、议会、党部到 13 乡镇，从社会团体、中小学校到普通老百姓，都加入了“倒许”的行列。

许良安上任不到半年时间，就以贪污、乱收费、乱罚款等手段将“国币”150 余万元装进自己的腰包。这个数目，约为当时县财政收入的一半。当时云南的物价是：猪肉每市斤约 85 元，牛肉每市斤 50 元。

1943 年度，云南省对各县县长工作成绩记分表上，对许良安的评价是：

“路南县县长许良安，到任日期：民国三十二年六月一日。工作实况：1.许县长到任半年毫无建树，贪婪事迹则不少；2.讼案约十余件，罚款自行处理，囚犯口粮不维，多受饥饿，有借端（勒）索犯人情事；3.该县长无鸦片嗜好，地方舆论不恰；4.未行合署办公，亦不按时到退；5.该县十九个法团以该许县长贪脏枉法、纵匪殃民、摧残教育等情呈到厅。年终考核分数50分。”

1943年12月24日，省政府主席龙云签发第888次会议决议：“路南县长许良安办事不力，撤省。遗缺以谭熙春署理”。12月31日，云南省民政厅正式下发对许良安的免职令，此时距其任职刚满半年。

## 遗臭碑 堪毖后 流芳遗臭各自由

1944年1月10日，中国有史以来的第一块“遗臭碑”立起来了。碑青石为质，高1. 71米，宽0. 63米，正中楷书大字如拳，题曰“路南县贪官许良安遗臭碑”，两旁寸楷工书“遗臭碑简记”，落款为“中华民国三十三年一月十日路南县各机关暨全体民众立”。碑立地点在县文化馆内。

“遗臭碑”

“遗臭碑”由石林名儒李权之先生撰文。碑文写道：

> 古无有为贪官立碑者，有之，自路南始。夫流芳遗臭，皆有人为，分道扬镳，亦各有别。其人而为流芳也，则碑从而芳之；其人而为遗臭也，则碑从而臭之，其碑同其所以利民害民者则各异。路南县长许良安者，实我邑空前绝后之贪官，去不有迹，何以惩前，臭既永遗，允堪毖后。该贪官自到任后巧取豪夺，恣意挟持，窒息民生，

籍端敲磕，到县甫及半载，搜括已达数百万金。下乡流连二月，受害尽遍十三乡镇，除旅费供张极端摊派外，共虎狼爪牙李国钧、许恒安、驱膻鹰犬满云程、魏光祖、逐臭蚊蝇潘小巫等，复为之推波助浪，聚敛苛罚。如违收酒税、勒索旅费、鲸吞田赋碾余，种种贪脏枉法事实，指不胜屈。复于去岁十一月二十三日，亲率武装政警蹂躏县中，诬捕教员。学生以士可杀不可辱，情深师长，同至县府请愿，竟被杀伤至十余人之多。其摧残教育、杀害青年，实属丧心病狂，不复知世间有羞耻事。殊知，物极必反，不平则鸣。吾乡民风古朴，夙安耕作，从未有控官之恶习。兹迫贪官淫威之下，忍无可忍，不得已而激成全县一致之控告。其脏证查有实据者，已达四十八件之多。兹幸上峰洞悉民隐，委员到县祥查，该贪官所括脏款确实无虚，特予以撤换。然其在县一切卑污阴险劣迹，实有足以遗臭万年者，若不为之刊碑勒石使垂永久，何以抒众愤而戒后人也。爰为之记。

民国40年代路南县儿童

贪污事实纪要：鲸吞田赋碾余国币二十六万三千六百七十元；违征酒税苛罚酒户共计国币二十六万六千八百元；下乡巡视苛索旅费勒令供张共计国币三十六万元；借名察仓苛索旅费及免盘仓库共计国币九万余千元；征兵旅费踏看费以及借端苛罚共计国币三十六万元。以上五柱共计国币壹佰伍拾余万元，均系有凭有据，其他硬敲恶榨者尚未列入，其数尤多焉。

老百姓从来对官员的腐败贪婪极为不齿，“遗臭碑”是他们怒气和怨恨的发泄，他们把贪污县长良安钉在了历史的耻辱碑上，让贪官本人遗臭万年，让人觉得那么痛快、解气。又可作为一个标本，用以警示后人。

路南县立下遗臭碑的同日，新任县长谭熙春到任。

许良安在与谭熙春交接手续时，因所收田粮交代不清，被留县盘查。

许良安曾分别于1944年1月23日、29日和3月22日三次致信省民政厅长，哀求准予离县。3月31日夜，坐立不安的许良安带胞弟和随行一人从县政府后面翻墙而逃。

次日一早，谭熙春接报后安排人员分四路追赶。有追赶者来报：“得遇木匠一人，口称与许县长途遇山路中，见其身着军服，随从二人，步行向澄江道而去。”

谭熙春赶紧函告省政府，说许良安有“三大要件”交代未清，要求省政府令许良安回县办理交代手续。随后云南省民政厅回复称，许良安“交代大体完竣，准予离县”。至此，许良安再无消息，他除了被免职外，未受到任何处分。据云南省档案馆资料显示，许良安在1946年起供职于云南省政府会计处。

1949年，许良安任宁洱县田粮处副处长，下乡督征时被解放军俘获。据其老家知情人说，许良安被俘后进了学习班，之后被遣返回家。到了50年代初，由于许良安的贪腐行为，被新中国人民政府判处无期徒刑。70年代初，60多岁的许良安被特赦，回老家通关镇住了半年，之后就不知去向。

许良安不知去向，但他的“遗臭碑”却永远留在那里不会消失，至今还立在县文化馆武庙后墙下，一直在默默诉说着许良安任路南县长时贪赃枉法的种种劣迹，而且将永远诉说下去。

政声人去后，民意闲谈中。许良安风光而来，狼狈而去，铁证如山的遗臭碑已成为其一生无法抹去的耻辱。当官为什么，要在身后留下什么，流芳还是遗臭，全由自己了。

# 案十八　后方兵役腐败案

## 保甲恶 抓壮丁 兵役腐败苦民生

抗日战争中，中国军队以血肉之躯对抗日本最现代化的武器、最精良的部队，无数爱国青年自愿徒步跋涉千里，来到前线参加抗战。然而，当时中国社会还很落后，国民大多数是农民，是文盲，贫穷落后，一般乡民在传统观念“好男不当兵”的支配下，逃避兵役，这些现象与知识青年的爱国行为同时存在。

八年抗战，国统区到底有多少人被征召入伍呢？据抗战时期曾任国民党四川省达梁师管区司令官周开勋先生回忆：“1943 年夏天，国民政府兵役署长程泽润在给何应钦的报告中称：自 1939 年实行新兵役法起，到 1943 年 5 月止，全国（东北不在内）所征的壮丁将近 1200 万人。”有关兵役工作由军政部兵役署负责，何应钦当时是军政部部长。

新兵役法规定义务兵役制，即按照保甲制度调查户籍、人口，然后对将年满 18 岁至 45 岁的兵役适龄男子登记于册，每年由保长采用抽签的办法决定谁去当兵。抽签的基本原则是“三丁抽一、五丁抽二、独子免征”。但男子是否适龄、健康与否、是否独子、抽签后谁去当兵等等，几乎都由乡长、保长和军队征兵官员说了算。只要交钱即可免除兵役，由此滋生出国军征兵过程中腐败透顶的局面。

由于国民党上下腐败，各地的兵役办得一团糟。上下贪污，贿赂公行，兵役制度难以执行，各地只得靠抓壮丁以补兵源。为了防止壮丁逃跑，晚上睡觉也要强迫壮丁脱下裤子上交，第二天早上才发下。

军统局局长戴笠曾致电蒋介石，谈及地方征兵之残酷犹如抓捕罪犯。戴笠说:“生今午道经上饶，见警察由各乡征来壮丁，均用绳索捆绑，连贯两行。经调查，江西各县征集壮丁均如此办理也。似此征募，不仅不能为抗敌之用，反而影响政治实大。”

蒋介石针对兵役和军需方面的种种腐败行为，于1940年6月9日颁布《妨碍兵役治罪条例》，着力惩治腐败，严厉打击兵役违法官员。然而，兵役腐败有增无减。就拿大后方的四川来说，乡、保、甲长在调查适龄壮丁时，因为接受了有钱人家的贿赂，不把其子弟列入名册；一般农民得花钱去贿赂乡、保、甲长，否则他们就故意把不应列人征兵名册的人也列进去，以后每通过一关就有一次敲诈。

每年应征新兵名额分配既定之后，接着进行及龄壮丁的抽签征集，中签的壮丁，就是这一年度应当入伍的新兵。抽签名义上公开进行，中签的壮丁也出榜公布，但实际上是否中签完全为县、区、乡、保长把持操纵。只要肯出钱贿赂，中签可以变成不中签；没有钱贿赂，独子也会成为中签壮丁。富

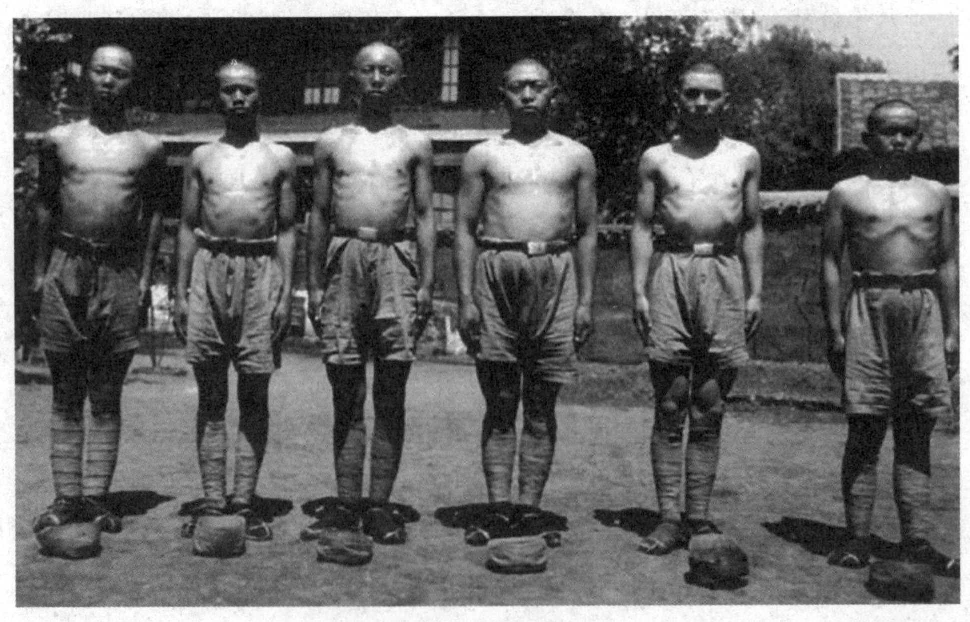

抗战时，国军入伍士兵

裕子弟不想当兵,须行贿5万至50万法币(1944年,一两黄金约值法币5万元),还得准备再出一笔钱买壮丁去顶替自己应征人伍。

壮丁们为逃避入伍而东躲西藏，乡保长们就带着武装去“抓壮丁”，或诱捕，或夜间围捕，什么勾当都能想出来，而且抓的人数往往要超过配额数三四倍。壮丁抓来后就关进屋子里，连冻带饿，让家属们出钱来赎。最后剩下的壮丁，用绳缚绑，由警务员拿枪押到县政府，警务员在中途可受贿释放或抓路人代替。

壮丁被送到县里就失去了自由。他们整天待在兵房里，警卫森严，不许与外界接触，白天大小便由持枪的军士跟随。因此，有人说“生了儿子是老蒋的，有了银子是保长的”。

不只是基层政权在征兵中腐败不堪，国军征兵官员也擅自增加征兵名额，再行放走，从而索钱或向政府报功。壮丁到了部队后，等待开赴前方，壮丁家属急如星火地想把自己的子弟弄回来，就设法与接兵人员疏通，找兵贩子去换人顶替,5至10块银元换一个是当时的普遍行情。就有人专门以自身来“卖壮丁”做生意，也就是替别人当壮丁，顶替一次可得到五六十石大米。大米拿到手，他就替人入伍，到了补充连队后，有机会就开小差逃回家，接着又去顶替。

接送兵员的军官还擅自派出巡逻队，命令他们绑架路上行人，不管是挑夫、厨师、还是茶房、店小，财货衣物一概没收，人则充当新兵。军官训斥壮丁道：“跟着我走，你们都是荣耀的，而且也不用进工厂干活，吃那种只见水不见米的稀饭，那民谣是怎么唱的，都唱唱！”于是，壮丁们一起道：“进了工厂门，稀饭一大盆，两边起波浪，中间淹死人。进了大厂房，无脸见爹娘，吃的砂砂饭，睡的末脚脚的床。”随后，就有壮丁的家人拿钱来赎人。这绑架来的肉票可以卖五万至十万法币，相当于买五袋白米或是三只猪的价格。

壮丁自被征集后便开始了屈辱的生活。在辗转送接途中被绳捆索绑着，互相串连，由带枪的士兵前后左右监押着，如同解送囚犯一样。如发现新兵潜逃，抓回来用绳索捆住双手，吊在梁上，连番鞭打，追问其逃跑原因。有的受刑不过，自缢身死。

接送兵员的军官人在途中办货物做生意，这些壮丁便成了他们的义务脚夫。新兵在长途跋涉中，吃不饱，穿不暖，又无医药，受着饥寒和疾病的折磨。

据兵役署视察室统计，1942年2月至1944年2月两年中，全国就有2000多件兵役违法事件。

## 虐壮丁 打新兵 兵役署长蒙冤情

国民党政府财政部有自设的“税警团”，这种部队不受军政部管辖，官兵的薪水、服装等由财政部解决，其兵员补充也是独立行事。税警团强拉壮丁、扣留行人，用以补充新兵的情况是很常见的事。

1944年10月，财政部税警团一个连队经过重庆时，临时驻扎在市区内一处大院子里。这个连的“新兵”大多是从川东沿途各县强拉和乱抓来的，其中有农民、行商小贩，有的已是中老年人。他们一路上受尽了打骂虐待，

1943年，重庆，被用锁链锁着的国军新丁

被罚站、罚跪是常事，有时甚至被捆起来抽打。

一天，这个大院里，几个新兵又被辱打，其凄惨的哭叫声传于院外。正巧，戴安国路过此处，就停下来向院里看，见一位军官正在打骂士兵；一帮士兵则跪在地上，其中还有年约半百的老年人，情状悲惨。他驱车到南岸向蒋纬国谈了此事。戴安国是戴季陶（国民政府考试院院长）的儿子，拜蒋介石为“义父”，因此他与蒋纬国象弟兄一般亲近。蒋纬国将此事禀告父亲蒋介石。蒋非常生气，随即与纬国驱车前往，一看究竟。蒋氏父子从南岸进入市区，很快便到达那个驻扎新兵的大院门口，他们一进门就看到院内乱七八糟的，一帮新兵跪在院子里。军官见蒋到来，吓得立在那里不知所措。蒋见状后连声怒问：“谁在负责？谁在负责！”见没人敢应答，蒋厉声道：“去叫兵役署长来！”

兵役署长是程泽润。程泽润，字沛民，1894年生于四川隆昌龙市镇，出身贫寒。四川陆军小学堂学习，毕业后分发四川靖国军赖心辉部任事。1917年，程被保送到北京陆军大学学习，毕业后回赖部供职。1923年，赖心辉任四川省长，程泽润任赖部军官教育团教育长、师长。1927年，程投靠蒋介石，在

美国记者福尔曼拍摄的国军某部新兵野外训练

军政部何应钦手下任军务司中将司长，兼广州行辕后勤部参谋长。1934 年 4 月，受蒋任命为川康军事“剿匪”中央特派员，为蒋介石的势力入川康做疏导。1937 年，程泽润调任军政部兵役署任中将署长，主管全国征兵工作，还兼任中央训练团兵役干部训练班主任。

程泽润当兵役署长后，有个在南京的四川人何毅吾，想在程署长下求一官半职，将上海舞女余惠秀介绍给程署长。余是苏州人，17 岁，身材苗条，风姿绰约，程署长一见倾心。在上海租金屋藏之，每周六必由南京乘特快赴沪与余度周末，被其发妻陶氏发现。程署长工于心计，使了个调虎离山计，拿 3000 元与陶氏，叫她回隆昌老家买田。陶不知是计，行至宜昌时，程竟然在南京登报与陶离婚，与余惠芳正式结婚。余为程连生两个儿子，程对余言听计从。在兵役署，部下们都知署长惧内，凡求升官发财的人，都纷纷走程公馆的内线。至于那个献美有功的何毅吾，亦得了个伤兵管理处处长的美差。

国民政府迁都重庆后，余惠芳成了陪都的交际太太。因程泽润是何应钦的红人，余又拜认何应钦的老婆王文湘为干妈，经常出入何公馆。有何应钦这个靠山，余惠芳敛财更是肆无忌惮。她伙同兵役署经理处长代九如，在重庆小龙坎开办印刷厂，向各机关招揽生意，大发横财。她还伙同亲信朱崇仁在江北办一中学，程泽润任校董事长。余惠芳借口抗战期间，学生要练枪习武，向各师管区募集学校基金，并由各师管区捐赠步枪若干支。凡出了钱和枪的司令都给一个挂名校董。学生操练自然用不完那么多枪，余惠芳于是把枪卖成了钱，揣进了自己的腰包。

在国民党达官贵人聚集的重庆，派系倾轧，各派都想抓住对方把柄进行攻击。程泽润放任余惠芳如此贪占，早为他人所忌恨。余惠芳把索贿所得物品放在兵役署消费合作社售卖，被无孔不入的军统特务摄了照片，密报了蒋介石。蒋大为震怒，将这些照片和密报文件给何应钦看，并说：“你平时说程署长如何忠勤尽职，你看一看这些，怎么处理？”何一看事实俱在，无可辩护，只好说：“这都是我平时失查，姑念他追随委座多年，抗战创办兵役不无微劳，可否将他另调他职？并加以警告，以观后效。”

话题回到眼前，蒋介石派人来传程泽润，碰巧这天是 6 月 20 日，是程泽润的 50 寿辰，亲朋好友，贺客盈门，有来自各省的军管区司令、师管区司令、部局领导以及地方官绅等，一共开了几十桌酒席，济济一堂。正当席间觥筹交错、频频碰杯之时，突然，副官进来报告："委员长召见程署长，请速往。"

程不知为何事相召，虽然庆寿亦不敢稍有怠慢，便赶紧戎装齐整驱车前往。程泽润怀着惴惴不安的心情来到大院时，见蒋气呼呼地站在那里，程上前立正敬礼、问好。

蒋沉着脸，对程看了一眼，劈面就骂："娘希匹，这就是你办的兵役！部队这样虐待新兵，你们兵役署要负责！"

程赶紧作解释："报告委座，这些兵是财政部税警团办的，他们补充兵员都是自己搞，不属兵役署管辖。"

蒋一听非常生气，斥道："强辩，强辩！兵役署不管征兵，谁管！"边说边举起手杖打程。

这一来把程泽润打懵了，财政部的税警部队也确实不归他管辖。他今天过 50 大寿，竟受此屈辱，因而有些气恼，竟脱口而出："委员长，你不能随便打人啊！我身为国家中将，如果犯法，有国法处理！"

蒋听了程反驳，也愣了一下，程敢如此说话，出乎他意料之外，他说："好，不打你，这个部队搞得这个样子，你就站在这里好好看看！"说完，正要离开时，钱大钧（当时任军政部政务次长，侍从室主任，他听说蒋视察驻军，也驱车来到这里）赶忙向蒋请示："他（指程泽润）老站在这里也不是办法，不如让他去军法部（"军法执行总监部"的简称）报到，等待处理。"蒋看着钱大钧说："嗯，好吧。"说着，转身驱车而去。

蒋前脚刚一离开，何应钦部长的车到了。他问了一下情况，然后安慰程说："你先去军法部，我去向委员长说说。"程只好带着懊恼的心情去两路口大田湾军法部报到，听候处理。

## 众将领 齐求情 法不容情有隐情

蒋介石回到官邸后，即对军法总监何成濬下一手令："前兵役署长程泽润，办理兵役，贪污舞弊，虐待壮丁，多有死亡，着即详查具报，依法严惩，不得稍有宽纵，以维役政。”何成濬与程平时交情很好，认为程这点小事算不了什么，将程安置在优待室，允许接见家属，会亲友。程也知道各方正在营救他，只要何应钦部长说句话，也就不会有什么事了。

然而，程泽润不曾想到，何应钦器重程泽润，陈诚却不满意了。何应钦与陈诚结怨深久，何多次在公开场合大骂陈诚是个饭桶！后来，为争夺军政部长，陈诚败下阵来，陈诚对何的红人程泽润也大为不满。程在军法部收押后，陈诚授意戴笠，罗列程五大罪状：程与川康将领邓锡候、刘文辉有电话往来，有“反蒋”嫌疑；与冯玉祥多次在兵役署密谈，有通共泄密迹象；借出差贵阳、衡阳之便，冒领特殊补助贪污；利用职权擅调军工修建私宅，贪污军用木材；招募新兵时卖壮丁吃空贪缺。陈诚持罪状见蒋介石，蒋拍案暴怒，嘱将材料交军法总监查办。

兵役署长被扣，一时惊动朝野。

军法部上将总监鹿钟麟认为，程主管兵役业务，对“税警团”这种部队虐待新兵之事也有一定责任，但无须用军法处理。不过，程顶撞蒋倒是件麻烦事，他想只有等蒋消气以后，再为程缓颊说情。冯玉祥出面找老蒋，老蒋“罔顾左右而言他”；白崇禧、程潜等高官前去见蒋，替程说情，老蒋根本不理睬；何应钦出面说情亦不管用。

此时的老蒋一心要借程泽润的人头，以平“役政腐败”之民愤。此外，还有一些更微妙的事情在起作用：蒋没有忘记，1935年对川军施行分化瓦解之术，程泽润不为所动。蒋在峨眉山办军官训练团，拉拢川军将领，企图发动兵变，推翻刘湘。而程泽润献计献策，以军官调换之计，帮助刘湘瓦解了蒋的阴谋诡计。1938年春，刘湘病死武汉，川军群龙无首，蒋介石的心腹大将陈诚想留程泽润在麾下共事，意欲通过程网罗川军将领为其效力，但程泽润对陈诚的亲昵并不卖账，转而投在了军政部长何应钦麾下做了军政部兵役署长。蒋介石对程泽润的怨恨至今萦绕心头，挥之不去。

不久，军事委员会参谋总长兼军政部部长的何应钦调任陆军总司令，实际上是遭蒋排挤离开重庆。何到贵阳后，立即打电报给蒋介石，请调程泽润出任陆总中将参谋长，蒋不同意。程仍被囚禁于军法部。

军法部很据讯问程泽润的情况，提出处理意见："程所犯之罪，尚未构成处决条件,请予从宽处理。"此意见的签呈由军法总监鹿钟麟送给蒋。然而，奇怪的是，蒋竟然发下手谕，要军法部"立即处决"。军法部接到蒋的批示后，感到很为难，认为处决程有些过分，但又不敢违抗蒋的命令。没办法，军法部决定让程回家几天，与夫人和女儿团聚，而不向程说出即将行刑之事。

程回到家中，与爱妻和女儿见面时热泪盈眶，悲喜交集。程对女儿非常钟爱，视为掌上名珠。程与家人团聚约 10 天左右，就又回到军法部去了。程哪里知道，他这一去就是与家人的永别!

军法总监鹿钟麟实不忍向程宣告判决书，但蒋的批示催逼甚紧。鹿是冯玉祥的旧部，在当时国民党政府中是一位做事稳重，为人正直善良的长者，但他对程案无能为力。程妻余惠芳终于知道了内情，赶紧四处托请，她托白崇禧、钱大钧向蒋说情，白、钱婉言拒之。程妻又乞冯玉祥向蒋求宽，冯去求情，遭蒋申斥。程妻去求助邓锡候、刘文辉，邓、刘急电与蒋，蒋见电文，大骂:"程泽润魔力不小！"即手令"枪毙程泽润"！陈诚接手令说:"杀必从快，迟则生变！"

1945 年 7 月 5 日，程泽润被押往重庆城郊桂花园刑场。在行刑之前监刑官问程有什么话要交待家属,可以代为转达。这位身着将服、手持"总裁手谕"，带兵行刑的中将军官，名叫何成浚，是国民党军法执行总监部的最高长官。

程问何成浚：我为什么要受处决，犯了什么法，根据哪条法律?

何听了一愣，只好说："程署长，这是委员长的手谕，你看看，要我们立即执行！"遂把蒋的手谕给程看。程看到上面罪状为："程泽润，军政部兵役署长兼兵役干训班主任，办理兵役舞弊多端，于去年六七月间利用职权，调用工兵建筑私宅，省工图利，经蒋委员长查悉，交军法总监部，审明属实，判处死刑，褫夺公权终身，于本月六日上午执行枪决。"

看完手谕，程泽润绝望了，他知道蒋既然这样做，再说也无用，但他内心仍是不服的。戎马数十年，竟然落得如此下场，这是他最痛心的。他不想再说什么了，等待着行刑。监刑官一再催问交待的话，他才提出：不要打烂头部，要求保住整尸。

程泽润是抗战时期继韩复榘以及酆悌之后又一名被处决的高级将领。程泽润从 6 月 20 日被扣，到 7 月 5 日被处决，其中只有 15 日时间。

三日后，国民党《中央日报》报道云 :“前兵役署长程泽润，舞弊多端，并利用职权调派工兵建筑私宅，于上午九时执行枪决，以严肃法纪。”

# 案十九　美券公债舞弊案

## 公债券 吞私囊 无耻之尤乱金融

国民党官场中人大都知道，民国四大家族之一的孔氏家族，通常情况下是宋霭龄在幕后操纵，孔祥熙在前台表演。二人妇唱夫随，时常薅国家的“羊毛”。

孔祥熙 1880 年生，字庸之，山西省太谷县人，银行家，富商。历任国民党政府实业部长、财政部长、行政院长、中央银行总裁和中国银行总裁等职。孔祥熙长期主理国民政府财政，主要政绩有改革中国币制，建设中国银行体系，加大国家对资本市场的控制等。

孔祥熙的夫人宋霭龄是宋氏三姐妹中的大姐。她 1904 年到美国留学于威斯里安女子学院，毕业回国后，任孙中山的英文秘书。1913 年爱上孔祥熙，1914 年与孔祥熙在日本横滨结婚。婚后辞去秘书职务，推荐二妹庆龄接替。1915 年 10 月，宋庆龄与孙中山在日本东京举行婚礼。1927 年，三妹宋美龄与蒋介石在上海结婚。如此一来，孔祥熙与宋子文、孙中山、蒋介石成为姻亲关系。

1942 年，抗日战争进入第 5 个年头。国民政府为解决庞大的财政需要，决定用美国对华 5 亿贷款中的 1 亿元作为基金，在西南、西北地区发行“同盟胜利美金公债”，每元折合国币 20 元。人民以国币购买，待抗战胜利后兑还美元。当时政府宣传称：“公债以美元为基金，本固息厚，稳如泰山，国人踊跃认购，功在国家，利在自己。”

“同盟胜利美金公债”简称“美券”，具体由国民政府财政部交中央银行国库局分发各地银行销售。具体程序是：蒋介石以全国节约建国储蓄劝储委员会主席名义，致函各省分会主任委员（省主席兼）、副主任委员（财政厅长兼），转令各市县劝储支会正副主委，按规定指标向各阶层摊派，照比率折缴国币，上解省劝储分会，向中央银行分行兑换美金公债券。

在那个动乱的战争年月里，虽说有美金作底，但各地人民均采取多购不如少购，少购不如不购的消极态度，发行情况并不算好。至1943年秋末，全国实际售出约4300万美元，还不到预定计划的一半。已购之人也不很相信将来会兑还美金，因此大多数人在购得后即转手求脱。在黑市上，美券一元仅值国币17～18元。但是，其后由于通货膨胀，国币贬值，美券的价值逐渐提升，由美券一元可值国币30元发展至可值273元。

身为行政院副院长、财政部部长和中央银行总裁的孔祥熙看不下去了，于1943年10月9日致函蒋介石，以“顾全政府之信誉，如不筹维办法，将来再请援助恐有妨碍”为由，申请于10月15日结束美金公债的发售。他向蒋表示，“当督促行局主管人员妥为办理，以期早日完成”。蒋同意。于是，财政部密函国库局，命令立即停止销售美券，各地尚未售出的美券，全数由中央银行业务局购进，上缴国库。

按道理，美金公债在销售一段时期后停止销售，并无不可。但是，当时的国库局局长吕咸却从中看到机会，企图乘机舞弊，损公肥己，遂于1944年1月命债券科科长熊国清代拟了一个签呈，称：“查该项美券销售余额，为数不贷，拟请特准所属职员，按照官价购进，以符合国家吸收游资原旨，并以调剂同人战时生活。”这份签呈写得冠冕堂皇，似乎既符合国家发行公债的目的，又照顾到国库局员工的利益。但是，当时美券一元的最高市价已经飞涨到国币250元，而国库局的同仁却仍以20元的低价购得，尚未售出的美券5千余万元，其市价将达125亿国币。按照吕咸的办法，这一笔天文数字的巨款就可以成为国库局少数“同仁”的囊中财富。

对于这样一个损公肥私的签呈，身为中央银行总裁的孔祥熙居然批了一个“可”字，并且加盖了“中央银行总裁”的官章。吕咸取得合法手续后，于 1944 年 2 月首先孝敬孔祥熙“美券”350 万元。其后，吕咸以票换票、买空卖空，贪污美券近 800 万元。两项合计，共 1150 余万元，折合国币约 26.47 亿元。

1945 年春，国库局的几个知情人开始向重庆国民政府秘密检举。蒋介石知悉后，责成财政部政务次长俞鸿钧彻底追究。4 月 3 日，蒋又拟处理中央银行美金公债案彻查计划，督促俞鸿钧办案。

俞鸿钧，1898 年生于广东新会。毕业于上海圣约翰大学。1937 年任上海市长。1941 年 6 月任财政部政务次长，步入财界。同年，兼任中央信托局局长。俞鸿钧虽然和孔家渊源甚深，但是查究美金公债案出于蒋介石的“钦命”，自然不敢怠慢，于 4 月 8 日向蒋介石提交了一份查账报告，内容是：“美金公债自停止出售以后，所剩五千万左右也几乎售完。买主用的都是一些堂名、别名，地址含糊不清，有的甚至是南京、上海等沦陷区的地址。”

蒋介石看了报告，断定其账目造假，性质严重。当晚，约陈布雷等人谈话，指示他加强查账力量。陈布雷当时担任军事委员会侍从室第二处主任，是蒋介石的亲信。然而，孔祥熙此时不在国内，他 1944 年 6 月被派赴美国出席国际货币基金世界银行会议，因患有膀胱结石病，会后即留在美国治病。孔祥熙不在国内，案子不好办理。

1945 年 4 月 10 日，蒋介石致电在纽约的孔祥熙，指出在停售美金公债后，仍有 1100 万余债券在继续交易，应饬令该行经管人员负责，全数追缴归还国库，不得贻误，并将追缴之确数呈报。第二天，孔祥熙复电称：“此事当时经过实情为何，弟不详悉，已将钧电转主管局长迅剋遵办，并严令责成负责，追缴齐全。俟弟病稍愈，即当回国亲自处理。”

孔祥熙不回国，谁也查不清该案。在“美券”公债案中，有 1660 余万美金公债的差额下落不明。

## 参政员 主正义 联名弹劾孔祥熙

1945 年 7 月 7 日，国民参政会第四届大会在重庆开会。参政员陈赓雅兼主任干事，也是云南省美金公债推销工作的负责人，他接到了检举“美券”舞弊的材料，写成提案。提案揭发道：国库局局长吕咸“利用职权，公然将该项未售出之债票，一方逢迎上司，一方自图私利，以致不可究诘，构成侵蚀公款美金 1150 余万元巨额的舞弊嫌疑。该项债票市价因之狂涨，由二十元递涨至数百元，刺激物价，扰乱金融，莫此为甚。”该案共提出三笔可疑账款，其中最重要的一笔就是：吕咸“借推销公债之名，签呈中央银行当局，怂恿购买美债余额 3504260 美元”。这里所说的“中央银行当局”，指的就是孔祥熙。

陈赓雅提出，“如果舞弊属实，国库损失之巨，与官吏胆大妄为，可云罕见”，要求国民参政会送请政府“迅予彻查明确，依法惩处”。

国民参政会的第二天，即 7 月 8 日，孔祥熙回到重庆。

7 月 10 日，司法行政部部长谢冠生到参政会报告。此前，参政员傅斯年也多次听到该局美金公债的舞弊情况，即在谢冠生报告后提出口头质询。他说：“中央银行国库局同仁分购成都没卖完的两百多万美金公债，因为分赃不均，便向主管当局告发，已经在查了。这比黄金透漏消息还要严重，因为国库局事先呈请该行核准了‘可’字。”

傅斯年的发言引起大会震动，被称为当天七个口头询问中最响的一炮。

会后，陈赓雅向傅出示所拟提案，既有数字，又有证据。傅立即签名联署。这一提案也得到其他几位参政员的支持，签名者共 9 人。

王世杰时任参政会主席团主席，他得知陈赓雅等人的提案情况后，便出面做工作，称：“此案提出，恐被人借为口实，攻击政府，影响抗战前途，使仇者快意，亲者痛心。同时，案情性质尚属嫌疑，若政府调查事实有所出入，恐怕对于提案人、联署人以及大会的信誉都会有损的。为此，拟请自动撤销，另行设法处理。”

陈赓雅答：“证据确凿，请不必代为顾虑！”

接着，陈布雷出来说情，他对陈赓雅说：“这提案资料的搜集很有价值，不过，有个投鼠忌器问题，就怕一经大会讨论，公诸社会，恐使英、美、苏等友邦更认为我们真是一个贪污舞弊的国家，对抗战不继续予以支持，那么，影响之大将不堪设想。我建议将议案改为书面检举，由参政会主席团负责人亲交蒋介石，认真查办。”

陈赓雅知道，美国曾严厉指责中国在抗战期间的各种经济失策与贪腐现象，陈布雷的说法不是没有道理，便同意了。该项提案因此未提交大会讨论。

第二天，即7月11日，陈布雷跑到蒋介石那里，说，已有人在参政会提出美金公债舞弊案。蒋于是立即召见孔祥熙，将此案调查经过、事实、人证、物证一一告诉他，嘱其好自为之。蒋之所以这样做，目的还是想保护孔祥熙。不料，孔却不肯全部承认，甚至否认舞弊，赌咒发誓。蒋颇为生气，道：“你不配做一名基督徒！既如此，那就任由参政会要求彻查！”面对这位与自己多年共事的老姻亲，蒋介石拉下脸来。

孔见蒋生气，又自知此事之证据与事实俱在，决难逃避责任，这才默认。

蒋介石见孔祥熙不再强辩，态度又转为温和，嘱其设法自全，将主动权交给孔，要他自己寻找解脱办法。孔祥熙承认证据，并愿追缴其无收据之美金公债，全归国库。

不料，性情刚烈、嫉恶如仇的傅斯年，于7月15日又草拟了一份提案，这份提案已经超出美金公债这一个案子，而是要求对孔祥熙所掌握的财政金融系统进行一次总清算。此提案一出，联署者达21人。该案称：中央银行实为一切银行之银行，关系国家之命脉，其组织直隶国府，不属于财政部或行政院。历年以来，以主持者特具权势，道路虽啧啧烦言，政府并无人查问……其中层层黑幕，正不知几许。建议由政府派定大员，会同专家、监察院委员、参政会公推的代表，彻查其积年账目与事项，有涉及犯罪嫌疑者，一律移送法院，……

参政员傅斯年

孔祥熙害怕了，他紧急布置国库局采取应付措施。据传，当夜，孔祥熙审问吕咸，盛怒之下打了吕咸两记耳光。其后，就组织18个人连夜造账，对付审查。

7 月 20 日下午,举行国民参政会闭幕式。傅斯年“唱了最精彩的压轴戏”。他向会议主席团提交了一份书面报告，交由副秘书长雷震在会上宣读，内容有三点：1. 国库局舞弊证据已有一部分蒐集在手，已以之呈交主席团。2. 请法院提出公诉，傅自愿为证人，并已得提供证据之友人之同意，愿同为证人。3. 傅愿负法律责任，如无其事，亦愿受反坐之罪。

傅斯年的书面报告使全场激动、兴奋。傅的好友罗家伦为傅捏了一把汗，会后问他说话何以如此肯定。傅称：“我若没有根据，哪能说这话！”

在国民党内诸如傅斯年等人的强大压力和大量的证据面前，7 月 24 日，蒋介石发布命令，准予孔祥熙辞去中央银行总裁一职。同日，又手谕孔祥熙：“该行经办人员办事颟顸，本应严惩，姑念抗战以来努力金融，苦心维持，不无微劳足录，兹将其经办不合手续之款如数缴还国库，特予从宽议处；准将国库局局长吕咸、业务局局长郭锦坤免职，以示惩戒为要。”蒋介石这样做是想大事化小，旨在为以后的进一步调查定下息事宁人的基调。

俞鸿钧接任中央银行总裁，同时宋子文则接任孔的“四联总处”副主席。至此，孔祥熙在国民党党政系统中的重要职务几乎全部失去。

1945 年 7 月 31 日，参政会秘书处正式将陈赓雅等人的提案签呈蒋介石，同时密送国民政府，指派人员查明办理。司法界对此案也关注起来：重庆地方法院向中央银行发函询问；最高法院总检察署发公函向傅斯年要材料，以凭参考；检察长郑烈在报上发表通告，号召各界揭发腐败、贪污分子。

蒋介石再次接到了国民参政会转呈的陈赓雅等人提案后，思虑再三，觉得彻底查清又能如何！他约请谢冠生（司法部长）、俞鸿钧及陈其采会商办法，实际上是给他们定下了该案的处理基调。

8 月 26 日,陈、俞二人向蒋书面报告,将此案的性质轻描淡写地定性为“未按通常手续办理，容有未合，亦有未妥，而且，债票已经追缴，吕咸、郭锦坤亦已免职”云云。蒋接到报告后，未有新的指示。至此，轰动一时的美券舞弊案件就此画上休止符。

马寅初教授愤怒地说，“中国的大贪污者，其误国之罪远在奸商、汉奸之上，吾人以数百万同胞的死伤，数百亿财产之损失，希翼获得胜利，以求民族之复兴，决不愿以如是巨大之牺牲来交换几个大财神！贪图暴利者的不义之财不啻以国家受罪为代价，以民族受苦为条件而获得的，若不予以惩罚，公理何在？”

# 案二十　战后反腐第一案

## 日投降 庆胜利 “胜利接收”捞横肥

1945年8月，日本投降，中国人民历经八年抗战终于取得了胜利，举国欢腾。

日本战败，遗下大量物质，国民政府面对这笔巨额财富，制定了《行政院各部会署局派遣收复区接收人员办法》。9月5日，陆军总司令部也成立了接收计划委员会，何应钦为主任委员。行政院院长宋子文10月报请蒋介石批准，除有关军事系统的接收仍由陆军总司令部主持外，一切“逆产”的接收与处理权统归行政院。宋子文成立“行政院收复区全国性事业接收委员会”，由行政院副院长翁文灏主持，负责一切属于行政院职权范围的接收和处理工作。

何应钦、宋子文构成了军、政两大接受系列，他们之间对于敌伪资产的争夺随之激烈起来。

面对全国各收复区不下4万亿元的日伪产业，这是千载难逢的捞肥发横财的机遇，“河里漂来的不如地里滚来的，地里滚来的不如天上掉下来的”，敌伪产就是天上掉下来的财富。于是，大批接收大员们，或作为“特派员”，或作为“接收委员”，奔赴各大城市，接管敌伪政权全部公、私财产。他们对工厂、公司、办事处、仓库、住宅等进行查封，清点财产数额、归属、来源，该没收的没收，该归还原主的归还原主，老百姓称其为“胜利接收”。

什么东西都没有个确数，不拿白不拿，不捞白不捞，接收大员们见到什么都像饿疯的野狗猛扑过去，就连敌伪人员遗下的小妾、姨太太也揽入怀中，变成“地下夫人”。有权不用，过期作废，个个都像红了眼的抢匪，千方百计将日伪资产收入私人腰包。于是大官大捞，小官小捞，形成无官不捞的局面。于是，京、沪、平、汉等各大城市忽地出现了这样那样的接收机构175个，接收大员成了炙手可热的风云人物。

接收大员们称大吃大喝为“胜利筵席”，所得资产称之为“胜利财”。什么行政院的文件规定，什么国家、人民利益，这对接收大员们来说，那只是一纸具文而已。他们白天忙于抢占洋房、汽车、商店等敌伪资产，化公为私；晚上则纵情于享乐色情之中。不论是南京，还是上海，抑或是京津，每到夜幕降临，酒吧舞厅妓院灯红酒绿，门前排了一字长蛇阵的各式各样的小汽车，出入者不是这个“长”，就是那个“员”，这些人派头大得惊人，一掷千金，在所不惜——钱来得容易，花起来也不心痛。这就喜坏了“小姐”们，她们何曾见过如此大方之家！焉有不“献身”之理。

军界的接收大员比政界的大员更潇洒，因为他们手里有枪，晚上出入歌舞厅，忙于从这个美貌女子处跑到另一个妙龄女郎处。这些女子有的是敌伪机关的女秘书，有的是敌伪人员的娇妻美妾，把她们金屋藏娇，哪个敢说个“不”字？有的一个大员占有五六个，还时不时去妓院寻刺激。

老百姓气得直骂，讥讽这般人是“五子登科”：条子（指金条）、房子、女子、车子、票子全捞，当时的《大公报》、《申报》对此均有揭露。

南京的日伪官员多如牛毛，他们都成了肥得流油的“大肉墩”。接收大员们来了，急急忙忙去抢占公馆，征调汽车，封存物资等等。莫干山路、山西路、中央路、斗鸡闸一带众多的豪华公馆别墅，一时间数都数不过来。最阔绰的被何应钦、萧毅肃等总部高级将领霸占，其下属亦各得其所。各色高档家什尽其享用，用不完的就变卖为金钱。汤恩伯手下有一个叫贺鸿棠者，在接收中捞到大批金条，他以此为资本在南京太平商场开设庚源地下钱庄，专门以高利贷吸收官僚和军棍的黄金存款，生意极盛，黄金存款疾增到万条以上。军界接收大员们变卖敌产的有之，倒腾黄金的有之，强占人妻的有之，一时间全没了秩序。有的甚至给汉奸定下价码：小汉奸出法币30万元，巨奸大恶拿出大堆的金块，即可免罪赎身。

国民党“接收大员”个个都千方百计将日伪资产收入私人腰包。而平津、上海成了两个“重灾区”。

## 大上海 大劫收 抢占偷漏民怨起

胜利大接收的“重灾区”之一上海。

时任上海市市长吴国桢回忆，不仅仅是敌伪财产，连中国人的私产也被接收大员霸占。“海军查封了上海的一个仓库，并宣布其中的所有货物均属敌产，尽管那里面可能有很多商品是属于中国人私有的。在这些人得以申请发还他们的财产前，海军已经将其启封，并在黑市上抛售取利了，根本不管这些财产是敌产还是私产。”

上海集中了东南地区半数以上的敌伪产业。上海成立了“敌伪机关及资产接收委员会”。1945年10月又成立了“不动产处置委员会”和“敌伪侵占平民工商企业处置委员会”。以后相关机构越来越多，如第三集团军、海军总司令部、国防部、经济部、粮食部、上海市政府等都有自己的“办事处”负责接收工作。还有地方势力、地痞流氓，像蝗灾一样铺天盖地涌向上海各地，大量的现金、物资、汽车、住宅、机器被一批批来路不明的人劫掠走。

各机构代表不同集团的利益，各有各的后台，根本无法统一。一些部门将敌产贴上封条，另一些部门来后撕下原封条，换上自己的封条。有时竟然架起机枪，武装相向。往往是多家争抢同一处物质，互不相让。汤恩伯的第三方面军与淞沪警备司令部争夺一处日军俱乐部展开枪战，死伤多人。宣铁吾的上海市警察局也与毛森的军统特务多次火并。为争夺伪考试院长陈群在宝应路的大公馆，忠义救国军先遣总队与第三战区某战地宣导组大打出手，后发现陈群在宝乐安路和蒲石路另有两处小公馆，双方才坐下来嚼舌头分赃。

在许多地方甚至谁只要有一两杆枪，就可以军管之名横行，以搜捕卖国投敌分子为幌子，抢占房产、强行抓人、接收各种财富。

上海百姓把“接收大员”称作“劫收大员”，取了个绰号叫“重庆人”，讽刺“重庆人”是“三洋开泰”（即捧西洋、爱东洋、要现洋）。

时任上海市长的吴国桢

接收大员们在接收中的种种怪相不可胜数。其一是抢，即接收之初公开抢占敌伪房产和金银珠宝等财产，仅上海一地的8500多幢敌伪房产中，被抢占了5000多幢。其二是占，即以单位名义占有，再化公为私，如敌伪的房屋，几乎全由各单位以各种名义占据，其后发展为只要是敌伪财产，贴上封条就可据为已有。其三是偷，或是监守自盗，如封存时有价值不菲的贵重物品，最后清点时已所余无几。其四是漏，即日本人为了讨接收人员欢心，故意在移交清册中漏列若干财产，使之不经任何手续即落入接收人员私囊，而移交物资经层层转手，加造清册，又有不少被截留。

有的人有房屋16所，瓦房100间，黄金95条，法币现款6535万元，家具850件，古玩、名画价值法币1224万元，大多数落入了接收官员的私囊。其实，不少敌、伪、逆产被接收大员贪污、中饱私囊，或受贿后有意放走。大汉奸陈群畏罪自杀后，大量房地产和金银首饰落到家属手中，陈群遗下的几位姨太太四处活动行贿，与军统特务勾搭，多数房地产被放走。

经济汉奸、号称“煤业大王”的徐贵生的几百幢房屋，以其子徐思良及良华地产公司名义隐匿；日伪卷烟统制委员会主席丁厚卿的几百幢房屋和伪警察局局长卢英在崇德路的大批房屋，都被其家属通过行贿而化名隐匿。曾入日本籍的汉奸司马聘三为日军推销军票，搜括重要物资，其子参加日军屠杀中国人民，他家拥有大花园洋房和南徐公寓等，他与国民党行政院长张群有勾结，仅凭张的一封信便逍遥法外。

接收产业经层层截留，最终移交给敌伪产业处理局。对这些产业，当局以平卖、委托代售、标卖，拍卖、价让等方式出售以回笼货币，平抑物价。这就又给了接收官员以合法贪污的机会。如上海标售日人房屋2000多幢，基本上由接收时的占用者获得，所付只有标价的一半。有人估计全国标售敌伪物资总价在5万亿元左右，如以损失一半计算，即有2.5万亿元落入私人手中。

接收贪腐引来舆论沸腾。远在山城重庆不能坐享接收之财的参议会、检察院等机构，更是要求顺应民情，严查接收腐败，挽回民心。国民政府不得不组建清查团奔赴各地进行清查。但清查团人少事多、位卑权轻，也只能“拍拍苍蝇，摸摸老虎”。其中影响最大的是上海宪兵队队长姜公美一案，此案一波三折，扑朔迷离，成为战后清查反腐第一案。

## 蒋介石 越法权 砍头消弭众人怨

姜公美，又名姜美，江苏徐州人，1913年生。只上过两年初中，却刻得一手好字，并凭此闯荡上海滩，在郑家木桥和南市一带刻字为生。他结识了国民党宪兵司令部特务处驻沪负责人方骥，因情报工作经常需要使用假名、假印章，方骥经常找姜公美刻假印章，因此与姜相识，并将其吸纳为助手。姜公美在方骥的培养下，很快学会了特务的基本技能，建立了许多人事关系，开始在上海打开局面。随后，方骥将他推荐给重庆宪兵司令部特务处副处长魏持平，魏持平即委任姜为中尉情报员。姜为日伪做事为掩护，为重庆提供情报。后来，方骥被汪伪特工总部逮捕并杀害，姜公美接替他成为重庆驻沪情报组组长，与重庆宪兵司令部挂上了钩。

抗战胜利后，姜公美被任命为上海宪兵队队长（由此开始改用“姜公美”之名）。姜公美拜访杨虎夫人田淑君，借住在田淑君提供的房子里，利用田淑君以及洪门李炳清等人的帮会势力，将一班伪警察、国民党地下工作者组织起来，接收了伪警察局的300支手枪，正式拉起了一支宪兵队伍，划上海为六区，组建六个宪兵支队管理各区，进行接收。杨虎的一班弟子自然成了宪兵大队的核心。宪兵大队每到一处就查封一处，封条满天飞，姜公美成为名副其实的“封条大队长”，在上海呼风唤雨。

是年9月底，由重庆国民政府任命的各路接收大员纷纷到达各接收区域；管辖上海市范围的第三方面军总司令汤恩伯也抵达上海，布置接收；上海市长兼淞沪警备司令钱大钧也公开出面，成立各种各样的接收机构。各派势力各自为政，开始了接收争夺战。有时候一扇大门上就贴有无数个接收机关的封条，到处是因接收而引发的冲突，情况十分混乱。

姜公美遍布大上海的六大宪兵支队，与后起的各接收机关、接收大员产生了尖锐矛盾。每一个接收机关、接收大员，不仅都是手握一定权势之人，而且背后都有一个庞大的利益链支撑着，谁都不是省油的灯。大汉奸汪精卫在上海的私邸“汪公馆”里，有辆上海滩最好的汽车，被姜公美捷足先登，先予接收并自用了。淞沪警备司令部副总司令李及兰看中了姜公美的豪车，想要姜低价转让给他。姜不答应，自以为有重庆宪兵总司令张镇和市党部主任吴绍澍撑腰，没把重庆来的副司令李及兰放在眼里。

李及兰是堂堂黄埔一期生，蒋介石的嫡系。淞沪警备司令部是上海地区最高军事统帅机关，李副司令认为他有权管辖沪上各驻军、警察和宪兵单位。淞沪警备总司令由上海市长钱大钧兼任，而钱大钧与李及兰是连襟亲戚。在李及兰看来，上海宪兵队就是其属下的一个小单位而已。

淞沪警备司令部副总司令李及兰

突然，10月12日，钱大钧亲自下令警备司令部将姜公美的整个宪兵大队缴械，并将姜公美缉拿归案。原来，民众早就对姜公美的贪占行为进行了举报，只是大家忙于发接收财，无暇顾及反贪这一档子事，现在姜公美惹了事得罪了人，故而将其拿办起来。

正当淞沪警备司令部拘捕姜

公美并进入侦查阶段之际，重庆宪兵司令部总司令张镇亲自打电话给钱大钧，请求由宪兵司令部来审理姜公美案，并派姜公美的顶头上司魏持平来沪提人。张镇与钱大钧都是蒋介石侍从室出来的人，大家也算是兄弟一场，这个面子还是要给的，再说，宪兵向来独立行事，不受其他单位管辖。于是，就让魏持平把姜公美提走了。

姜公美到重庆后被偷偷释放，有人劝姜出去避避风头，但姜自以为已经平安无事，不肯离开。

钱大钧对宪兵司令部私放姜公美极为恼火，遂将此事告知了蒋介石。随后，蒋介石又命令军政部和陆军总司令部把姜公美逮捕起来，并押回上海交由淞沪警备司令部重新审讯。

此时，报上陆续公布了姜公美的一些罪状：纵兵殃民三起；擅自释放罪犯九起；非刑拷打五起；侵占公物一起；盗取物资两起以及其他舞弊共七宗罪。并有传言说姜还接收了新新公司总经理李泽的两亿元伪币和汽车一辆的贿赂，帮李泽开脱罪责。

1946年1月14日，报上公布侦查组查获姜公美的隐匿物资：棉布大小107件，约三千疋，另有432疋；肥皂68箱；橡皮车胎134条，内胎一箱；棉花113件，木棉154包；西药26箱；糖133包；螺丝板头38箱；其他颜料、生丝、火柴、蜡烛、硫磺等为数极可观。

钱大钧为示公平，特电邀陆军总司令部派员会审，且让来员李申之当主审官。淞沪司令部军法处长曾照贻参与会审。第一次会审过程中争议颇多，没有判决。

2月7日，警备司令部、陆军总部、军风纪巡察团和宪兵司令部联合组织特别法庭，对姜公美进行四堂会审。会审时，有关姜公美的罪状并没有调查清楚，甚至具体犯了哪些罪行各审讯者都心中无数。会审结束后，连判决结果都未公布，只说需要呈请最高当局核准，方可判决。钱大钧对媒体发表谈话说："现值委座莅临沪市，本部自当将全卷呈请核阅后，再行遵批办理。"

2月16日，蒋介石看过钱大钧提交的有关姜案的卷宗，认为审判过于草率，下令重审。

那就重审。可时间一晃两个月过去了，姜案却了无消息。许多报纸进行这样那样的猜测。4月1日，《申报》突然发布一条独家新闻："姜公美今日枪决"。这显然是记者利用愚人节之机发布假消息、开个玩笑，借以表达民众的意见。但这一消息一度使民众信以为真，因为大家实在希望政府能够公正惩处贪污、渎职的接收大员。然而，谁也想不到，到了10月16日，上海各大小报纸突然铺天盖地都是有关姜公美已经被执行枪决的消息。《申报》愚人节发布的假消息竟然变成了现实。

原来，姜公美被淞沪警备司令部判处有期徒刑五年半，并已获当局批准，在提篮桥监狱服刑。不料，10月15日，淞沪警备司令部突然接到总参谋长陈诚电令："被告姜公美应改处死刑，剥夺公权终身，仰即遵照，并将执行日期连同照片具报备查。"警备司令部接电后立即于16日将姜公美从提篮桥监狱提出，押赴刑场，执行枪决。

姜公美突然被执行枪决，很多人觉得不可思议，姜公美到底犯了哪些罪责，始终未有正式披露。当时舆论认为这"无非是政府借砍人头来平众怒罢了"。

国民党负责经济接收的重要官员邵毓麟曾当面向蒋介石进言："像这样下去，我们虽已收复了国土，但我们将丧失人心。"他预言："在一片胜利声中，已埋下了一颗失败的定时炸弹。"蒋介石也承认，"接收工作存在严重错误，已经贻笑中外，成为政府最大之耻辱"。

# 案二一　最大接收贪污案

## 盼中央 望中央 中央来了更遭殃

上文说到抗战胜利大接收中“重灾区”之一的上海，再来说说另一“重灾区”平津。

对于平津一带战后接收中的混乱状况，当时舆论多有报道和批评。《时事新报》社评论的题目是：“政府究竟替老百姓做了些什么？”中国民间舆论的喉舌《大公报》在短短半个月中两次发表社评：《收复失土不要失去人心》、《莫失尽人心》，痛斥当局“二十几天时间，几乎把京沪一带的人心丢光了”。

日本投降后，国民政府军事委员会将汉中行营改组成立“北平行营”，以李宗仁为主任。李宗仁回忆当年北平接收敌伪产时说，国民党中央对于接收职权的划分没有明确规定，各个机关蜂拥而至，择肥而噬。有时一个部门有几个机关同时派人员接收，以致分赃不均，大家拔刀相见。最令平津居民不能忍受的，是这批接收官员为便于敲诈人民，故意制造恐怖气氛，随意加人以汉奸罪名而逮捕，一时汉奸帽子纷飞，自小商人至大学教授随时有被戴上汉奸帽子坐牢的可能。因而凡是抗战期间没有退入后方的人，都人人自危。

当时京津地区的老百姓开始流传这样形容国民政府的民谣：“盼中央，望中央，中央来了更遭殃；想老蒋，盼老蒋，老蒋来了米面涨”。

1945 年 11 月 20 日，中国战区美军司令魏德迈中将会见蒋介石，建议，“迅速执行在政治和官吏方面的改革，准备扫除官吏的腐败行为及取消过分的重税，中央派往华北地区官员的贪污情况十分严重……”

蒋听了感到极端惭愧。

1946年3月，国民党召开六届二中全会。会议认为这是“本党从根本上整理刷新的大好时光”，要求每一个党员都“为民前锋，为民服务”，决议加强对从政党员的管理。会议特别在《政治决议》案中增设“检讨部分”，说“多年以来，官僚主义早已构成政治上最大弊害，假公济私为尤甚，一部分接收人员败坏法纪，丧失民心”。蒋介石决定筹组侦察贪污与军纪的机构，设立军法总监与各路军法机构，这就恢复抗战时期将贪污罪移归军法处理的老办法上。蒋介石沉痛地说：“现在我们中国政治最为外人所诟病的，就是我们政府的贪污和无能”。他决心忍痛断臂与除毒，祛除情感，惩治贪污。为此，他提出“提倡民主法则，加强群众监督力量，涤荡官僚恶习与铲除豪门资本。建立组织与制度之基础，慎选核心干部与新陈代谢法令之树立。”

蒋介石日记云：“党政军各级干部多幼稚无能，其间有人贪污自私为中外人士所侧目，尤其是京沪一带，强占民房，擅捕汉奸，藉此拷作报复，直至受降年余之今日，关于此种非法行动犹在发展，以致怨声载道，外邦讥刺，诚使此心愧怍无地。”他当即执笔起草杜绝各种恶劣现象的“禁令”。

然而，平津一带的“接收大员”们不拿蒋介石的训令当回事，只当他老人家又放了一通屁。依然是白天忙于抢占洋房、汽车、商店等敌伪资产，化公为私，其捞钱的手法无奇不有，查不胜查。晚上，“接收大员”们则纵情于色情享乐之中，酒吧舞厅灯红酒绿，热门舞厅人满为患，常常会挂出“客满”的牌子。其他党政军官员同样是恣意游宴，崇尚浮华，一掷万金，视若尘土，而其私邸，壮丽无伦，陈设铺张，备极奢靡。

1946年7月底，国民政府决定对收复区接收处理敌伪物资工作进行一次“全面清查”，并专门成立“接收处理敌伪物资清查团”，清查团分七区十八组，于8月份赴各地。以团长李嗣聪为首的冀察热绥区接收处理工作清查团于8月18日下午6时抵津，开始了为期两周的清查工作。

## 刘乃沂 遭举报 祸起小妾吴新芝

清查团团长李嗣聪到天津后，不几天时间就查出了刘乃沂贪污案。

刘乃沂时年 43 岁，是华北区海军专员办公处平津分处主任，是驻天津的“接收大员”。他不到半年，就有大小别墅五六处、姨太太五六个、汽车多辆、金条数百、珍珠数百。

刘乃沂早年在葫芦岛海军学校毕业，先是在东北军海军担任上尉连长，后随东北军海军投靠国民政府中央军，他当上了中央军海军教导总队的大队长。1944 年初被调往国民政府军政部。抗日战争胜利后，他又调回海军部，以华北区海军专员办公处平津分处主任的身份，进驻天津负责接收海军敌伪产业这一肥缺。

刘乃沂的脾气极为暴躁，且好女色，他与元配刘氏在辽阳结婚，感情不和，续娶尚氏（名尚树贤），元配气得发疯了，不久便失踪。刘乃沂遂将尚氏扶正。第三个夫人是姨太太葛氏（名葛树英），杭州人，在南京成婚。

刘乃沂来津后就沉溺于灯红酒绿的花花世界中，时常出入舞厅、旅馆、酒吧，不到两个月的时间就与凤凰舞厅的舞女金红（本名陆红英）相识，并被她的美貌所俘获。金红是当时津门红极一时的名舞星，是有名的交际花，与许多政界、军界的要人都有来往。刘乃沂来之前，她一直与一个姓苏的议员来往密切。刘一出现，金红便马上放弃苏议员而投入到他的怀抱，因刘每次请她跳舞都是一掷千金。刘曾向金红夸口：“你如果跟了我，天津、塘沽的任何东西，你只要想要，那它就是你的，我封你为接收夫人！”舞女金红自然乐意。

刘乃沂遂以 20 万元纳金红为妾，并赠以一盒金银首饰，金红也改名为吴新芝，在利顺德大饭店举行了隆重婚礼。新婚第二天，刘乃沂用汽车拉着金红在全城范围内选新房，最终选定了上海路临河里十号的一幢小洋楼。婚后，金红与刘乃沂形影不离，不论政事、家事她都要横加干涉。更有甚者，她经常在刘乃沂的政界朋友中大发接收夫人的脾气，她是见汽车要汽车，见房子要房子，见金子要金子；她还不断地挑拨刘乃沂与尚氏的关系，一次竟扣了刘乃沂一星期，不让其回家见尚氏，直至尚氏找上门来，并与金红大打出手。此外，她还倚仗刘的势力，在政界、军界的要员们面前要态度，动辄大声呵斥，弄得人家下不来台。

一次，在公开场合，不知昔日曾将她捧红的苏议员说了句什么话，她竟指着苏议员的鼻子说："以前，我这朵鲜花险些插在你这堆狗粪上！看看你那熊样！"气得苏议员浑身发抖，心脏病发作，后虽经及时抢救保住性命，但也只能卧床休养，因无颜见人而闭门谢客，嘴里总是念叨着："我一定要出这口恶气！我一定要亲手杀了这个小贱人！"苏议员暗自下决心要狠狠地整治她。于是，他暗中派人搜集了大量刘乃沂贪污、鲸吞敌伪产业的证据，并亲手写了三封举报信，直接寄给了平津的清查团长李嗣聪，还亲自出马上门举报，提供了线索。

清查团屡次接到有关刘乃沂贪污舞弊的密告信。举报称："刘乃沂趁接收之机，扣留天津日本人小莳洋行及协盛贸易公司巨量物资，匿不呈报；盗卖钢铁五十余吨、白糖数十吨，价值在数千元，均中饱私囊。"

根据举报线索，清查团经过十多天的缜密暗查，终于查出刘乃沂确有贪污巨额敌产的嫌疑，于是决定由天津警备司令部和宪兵20团协助缉拿刘乃沂归案。

## 先诱捕 再抄家 解送北平处死刑

1946年8月26日，北平行辕命令行辕驻津高级参谋卢济清，会同94军军长、警备司令部司令，还有宪兵第20团团长曾家琳，各方共同协助，缉拿刘乃沂。

8月27日下午，卢济清亲自给刘乃沂打电话，约刘到兴安路临时参议会议事。下午4时许，刘乃沂的汽车缓缓驶入临时参议会院内，宪兵第20团团长曾家琳迎上前来，与刚下汽车的刘乃沂热烈握手，寒暄后二人携手走进会议厅，而刘的3名卫兵却被客气地挡在门外。穿过会议厅往左一拐，曾家琳往前跨一步推开客厅大门，伸右手说："刘上校，您请！"刘乃沂刚一迈进大门，两只胳膊即被门两边埋伏的卫兵扭到背后，一名士兵飞快地缴获了他腰间的手枪，此刻刘乃沂并没有挣扎，只是问道："你们准备把我怎样？"

曾家琳答道："你在接收敌伪产业中有贪污嫌疑，我们奉命行事，把你请来调查调查，希望你能配合。至于怎样处置，还要看调查的结果。"曾家琳将刘乃沂送上车后，令士兵分乘3辆吉普车，连同刘所乘的汽车，一并押回宪兵第20团本部看管。

清查团将刘乃沂诱捕后，又迅速同军、警、宪，处理局及海关等40余人分四组，分赴第一区北平道海军专员办公处及刘乃沂的3处寓所清查。

第一组搜查位于第一区迪化道118号，这是刘乃沂的公馆，住着刘的夫人尚氏及二姨太葛氏。清查组在此发现保险柜一个，但因不知密码无法开启，遂打电话通知将刘乃沂押来。刘乃沂打开保险柜，内有：金镯7只、美金1000元、赤金17两，养珠一袋重4斤余。问及东西来源时，刘说："系日常生活积累。"

第二组清查的是第六区琼州道11号，也是刘乃沂的寓所，该处住有刘的侄子及侄媳。在大保险柜中查获许多贵重物品。

第三组清查的是四平道海军办公处刘乃沂的办公室，亦查得脏污若干。

第四组清查的是第一区上海路临河里10号，这里住的就是刘的小妾金红。清查组在该处查获东西最多，有汽车两辆，后院仓库里满满一仓库的东西，一时难以清点清楚，大致有钢铁、白糖及部分军用物资。在金红的卧房中获保险柜一个，经刘确认，这就是第五只保险柜，其中仅养珠一项计有1万余粒，价值在3000万元以上。

清查组问刘乃沂："这些赃物从何而来？她是你太太吗？"

刘乃沂十分狡猾，诡称："金红与我仅为同居关系。"

清查组说："不对吧，我们从保险柜中见到了你二人的婚书。"

刘说："这证书不过是骗她而已，我怎么能娶一个婊子做老婆呢？"

站在一旁的金红闻听此言，顿时暴跳如雷："我要是婊子，你就是婊子养的！明天我就找别的男人去！"

刘乃沂被带走。临行时刘对管家说："我此一去凶多吉少，她疯了，你们要看住她！”

岂料，胆大包天的金红竟令人在次日凌晨4时将仓库的物资偷偷运出盗卖，当场被宪兵扣留。

清查组查阅刘的日记本，里面记录有6个保险柜的密码，现已查出3个，尚有3个没有查获。清查组遂讯问其他保险柜的下落。刘乃沂坚称只有3个保险柜。

清查人员突然发现刘的办公室后面有一间密室。刘诡称：“这间密室是别人的，我没有钥匙”。清查人员将密室撬开，发现一个保险柜，并按日记本上所载密码顺利开启，内藏新皮筒50余件。刘推说这是朋友寄存的，但问及朋友姓名时，他却支吾着答不上来。

清查团从8月27日下午至28日下午，在各处共查获刘公馆3处、汽车两辆、黄金2000余两、美金1万元、养珠1万余粒、皮筒150余件、赤金镯12只、金表3只，其他物资还有洋灰、白糖、钢铁等。经查其接收日本人小莳洋行、太田洋行及中裕洋行的物资也未呈报。刘乃沂藏匿物资总价值在10亿元以上。晚上，清查团将物资清点后，委派津海关加贴封条，仍置放原处，并由警察局派警看守。

8月29日，清查团将刘乃沂贪污一案呈报国防部查照。接着，清查团奉命将刘乃沂押赴北平行辕。刘乃沂脸色黯淡，在征得清查团团长李嗣聪的同意后，他给上司海军总部教导总队队长唐静海打了一个电话，大致说：今天因有要事，须随清查团赴北平行辕，请速派员接替天津的工作。最后他用哀伤的语调说：“非常感谢您对我多年的栽培与提携，学生如有辜负，请您海涵……”说完，他又要求再见一见夫人尚氏，在遭到拒绝后，他又提出写一封信，得到允许。信的意思是嘱咐妻子要担起支撑家庭的重任，在得暇时可以赴北平一行，一来探视他，二来顺便探望一下唐静海总队长及在北平的各位故交。其用意显然是要唐静海及尚氏在北平多方疏通关系，为其开脱罪责。

宪兵将刘乃沂押出，乘吉普车至火车站，转乘特快专列抵达北平行辕，即由北平行辕军法处承审，审判长是甘沛泽。

9月2日晚6时半，清查团荣照委员由平返津，会同行辕联络参谋张振彝、宪兵20团团长曾家琳及警察局局长李汉元，再次前往四平道刘的办公处。走进密室，取下悬挂于墙上的一面大镜子，六个红色数字按钮立刻呈现在眼前。按照密码，曾家琳按动按钮，墙面立刻出现一道缝隙，缝隙在不断地向两边扩展，最后形成一个高1.5米、宽近1米的门，曾家琳等人鱼贯而入。打开电灯，人们都被惊呆了，这第六只保险柜原来是一个近10平方米的仓库！里面藏有500箱鸦片、300箱西药及大量的黄金和美金。清查人员经清点后加封。翌日，由荣照等人全部解送北平。

全国各报刊纷纷连续报道了刘乃沂一案，在全国引起轰动。

1947年1月12日，蒋介石接到毛人凤关于刘乃沂一案的报告，称该案是清查团查办出的最大贪污案。为了改变国民党政府“只拍苍蝇不打老虎”的形象，蒋介石当即作出“刘乃沂处死刑，刘乃沂的上司唐静海督导不力，令其引咎辞职”的批示。

1月16日晨9时半，军法处法官突然来到看守所，大声宣读刘乃沂贪污案的判决：刘乃沂侵占接收平津敌伪海军物资——鸦片、药品、黄金、房屋等物属实，依《惩治贪污条例》第二条第二款，《禁烟禁毒治罪条例》第十条第一项，处死刑，剥夺公权终身。

因事先毫无征兆，刘乃沂听后神色突变，手扶看守所的铁栏发疯似的高声叫道：“我冤枉，我不服，我要上告，我要向最高军事法庭上告，我要向蒋委员长上告！”

军法处梁法官说：“你不用告了，你的案子是委员长亲笔签批的，而且让我们现在就执行！”话音未落，宪兵已将刘乃沂上了绑。此刻的刘乃沂已战栗不止，体似筛糠，“扑通”一声跪倒在地。宪兵将其拖起往外走。刘乃沂声嘶力竭地喊道：“我要见见家人！我要给家里写信！”但没有人再理会他，宪兵们径直将其押上大卡车赴北平天桥刑场。

10时整，刘乃沂已跪在刑场。此时，他反而镇定下来，双目紧闭，只等着最后时刻的到来。不料，执刑宪兵有点紧张，第一枪只击中了左臂，刘乃沂大叫一声，右手去捂左臂。此时，第二枪又响了，正中后脑，刘乃沂当即前仆毙命。

第二天，全国各报纷纷报道了刘乃沂的死讯，均称“贪污之海军上校刘乃沂，为胜利后枪决贪官开一新纪录”。

当日，刘乃沂之妻尚氏及姨太太葛氏闻讯赶来北平收尸，运回天津安葬。刘乃沂之宠妾金红并未露面。刘乃沂被枪决三天后，唐静海引咎辞职的消息见诸报端。

# 案二二　花城“接收”贪污案

## 新一军 进花城 四处抢劫祸民生

1945 年 8 月 15，日本正式宣告无条件投降。8 月 18 日，蒋介石派第二方面军张发奎为海南、粤西、广州地区受降主官。张发奎受命后由广西向广州进军，率领前进指挥所进驻广州，开始筹划受降诸事。

张发奎，字向华，广东韶关客家人。早年参加中国同盟会。任国民革命军第四军第 12 师师长参加北伐战争，攻占汀泗桥、武昌城，荣立战功，升任被誉为“铁军”的第四军军长。抗战时任集团军总司令、战区司令长官，率部参加过淞沪、武汉、昆仑关等战役，被授予中国国民党军陆军二级上将。抗战胜利后，任广州行营（后改行辕）主任。

广州行营主任张发奎

日军投降后，广州城处于混乱状态中，各地到广州的军政人员，混水摸鱼，四处搜劫，发现所谓敌伪物资即占为己有。张发奎来到广州后，先控制了各金融机构，发布告禁止汪伪中储券流通，并用重庆的法币以不合理比价强行兑换，从中牟得暴利。

原属“中美合作所”、现为广州河北“游击队长”的谢大傻，以及小头目蔡春元等人窜进广州市内，扛着一面黄底黑字的大旗，旗中志一巨型“傻”字，先是劫走伪禁烟局所存的七万多两鸦片烟，接着就有计划地绑架有钱的台湾籍商人，勒索钱财。他们还闯进金饰店拿首饰，进茶楼酒馆大吃大喝，去上等妓院嫖妓，从不付帐，谁如果向他们要钱，他们立马拍着腰上的手枪恶骂道：“老子出生入死抗战多年，你这点东西值个屁？再不识趣，老子就锥你几个洞！”

广州市区繁华的高第街一带有洋杂商号、皮鞋商店等众多商家，谢大傻率队争先恐后购物买鞋，店员告以价目，请其付款时，他们则大骂：“你们都是些汉奸,供应‘萝卜头’(广州沦陷时俗称日本军队为萝卜头),大发国难财，揾得一身钱，我们不杀你就算够运，还要什么钱，说什么话！”店员们眼睁睁看着他们白白取走，无可奈何。直到9月7日，“新一军”抵达广州后，他们才有所收敛。

“新一军”是蒋介石的嫡系部队,全部均美式装备,军长张立人,师长李鸿、潘裕昆，均从缅甸由陈纳德航空部队空运到达广州。军长孙立人统一指挥所有广州部队，包括徐光英的别动军和伪军等，分驻市区各要点，命令在广州市的日军集中河南区并解除武装，进入战俘集中营。

新一军回国进驻广州这座南国花城时，孙立人从缅甸带回了600多个日军战俘和三头大象。当时，广州市民夹道欢迎，很多人都是第一次看到大象，感到很好奇。新一军装备精良，异常威武，也给很多广州人留下了深刻的印象。

新一军军长孙立人及其所部

9月16日上午9时，广东地区日军签字投降仪式在广州中山纪念堂举行。中国第二方面军司令张发奎上将偕同参谋长甘丽初中将、广州市市长陈策、美军联络官博文等步入会场。日军投降代表是第23军司令官田中久一中将、参谋长富田少将、海南岛日军指挥官代表肥厚。日军代表向中国受降官鞠躬致敬后，由田中久一签署投降书。

此时，张发奎为广州行营主任，罗卓英为广东省政府主席，陈策为广州市市长，李国俊为警察局长兼广东省青年团干事长，李福林为广东军事特派员。

李国俊接收警察局后，派汪伪政权的警察局长郭卫民任警察局副局长，提供线索来收查敌伪物资。又派练秉彝为督察长，派自己的族弟李彦良为探长，派亲信充当芳村、南岸等地的分局长。

省主席罗卓英亦于9月中旬率领所属抵达广州，即派丘新民接收伪广东建设厅，派同乡蓝逊接收敌伪遗留物资和各种企业，成立广东省企业公司。省政府接收物资多少，均由省主席罗卓英亲自迳报中央，报多报少，局外人不得而知。省府所属官员霸占市民房屋、家私，有胆怯畏事者，被霸占而哑认，也有市民申诉到警察局，控诉到法院，但没人搭理。

孙立人的"新一军"，军纪废弛，每晚黄昏时候，有官兵逾千，三五成群，借搜查敌伪物资为名，四处侵入市民住宅抢劫财物。有一次，"新一军"士兵多名，在西关多宝路搜劫居民财物，适警察局巡逻队巡至，当场围捕到士兵6名，押解回警察总局以候处理。当行至仁济路口时，被驻扎仁济路的"新一军"拦截包围抢回，并开枪打伤巡逻队长。巡逻队寡不敌众，只得将捕获时撕下的士兵胸章回局报告。警察局长李国俊立即携带胸章前往沙面"新一军"军部面报军长孙立人。孙立人不仅不将犯法的士兵惩戒，反而当堂拍案大骂："警察没用，捉贼不到，嫁祸于士兵，要警察局赔偿军誉！"

10月某日，黄昏时分，有两名"新一军"士兵穿着军服偕同两少妇到大新路金饰玉器店买手饰，向店员索取金链玉器来看，一到手即分交两少妇叫她们先走。店员呼喊少妇别走，士兵随即拔枪禁止店员声张，店员惊悸，不敢抗拒，任其劫去。店家去报警，警察局不敢追究。

驻扎在市郊乡村的部分"新一军"，招惹得一些爱慕虚荣的少女、少妇趋之若鹜，咸以与之结合为荣。"新一军"五十师副师长杨温开玩笑说："新一军两师人来到广州，先后举行过两次集体结婚，约计新娘200多人，其中有百分之八十以上是麇集于旅馆、酒店之卖淫私娼，这批'咸鸭蛋'给我们官兵带走了，警察局对私娼的罚款收入因此锐减。”

“新一军”在广州横行霸道，强抢财物，至全市风声鹤唳，鸡犬不宁，人怨沸腾，人皆呼之为“新日军”。

驻东山附近的一部分“新一军”部队，夜间很早就戒严，不准行人通过。有一位侨眷，在乡下生四胎女孩皆因战乱而夭折。光复后，再怀第五胎，特来广州东山待产。临产时由亲戚扶掖下楼雇车去邝磐石医院接生，来到“新一军”某部驻地附近时，被哨兵拦下，不准通过。产妇向他们说情，哨兵要她 300 元，产妇给了钱。哨兵又看见产妇的亲戚手上戴着金戒指，要她脱下。亲戚不许。纠缠中婴儿已呱呱坠地，时值隆冬季节，朔风甚劲，婴儿受风毙命。产妇于惊悸痛恸之余也大病了一场。

“新一军”在市面横行霸道，故一近黄昏，一般商号就关门。市内金饰店大部分增设了报警电铃直通警局，以求及时制止。

民众的怨恨无处发泄，就有一帮人去军部告状。孙立人军长说：“你们广东人分外刻薄，我军过去驻暹缅时，当地华侨对我们非常客气，解衣推食，我们士兵要什么，就拿什么，随便取用，来到广州要些东西，就说我们军纪不好，岂有此理。”

广州著名的汉奸刘焕，曾在日伪时期组织高级俱乐部来勾结日军将领和汉奸巨头，所得孽钱不可计数。日军投降时刘焕早已逃往香港，惟屋内尚有大量物资。逢源分局长将情况径报广州市市长陈策，陈市长即派其随从副官会同林荟材前往接收。警察局长李国俊闻讯，也派保安警察中队长带队前往监视。

刘焕私宅极其豪华，大厦巍然宽敞，金碧辉煌。内设中西舞厅、餐室，有四个大房，储藏古董、玉器、古今名人字画，琳琅满目。大房之侧另有 5 间房子，存放大皮箱六七十个。屋内家私用具，除一部分是绝好酸枝枱椅之外，大部分是最新式的西式床椅。刘焕宠妾的闺阁陈设更是精美绝伦。面对这天上掉下来的巨额财物，市政府和警察局的人在互相监视之下，谁都不敢下手攫取，只好将其逐一封存，命令保安警察中队长在厅外看守，听候处理。

越数日，陈策思得一计，勾结其同乡国民党军队第五十四军副军长叶佩高，由叶偕同少将数人，上校 10 人，马弁 10 多名，携陈策市长名片，声言市长交代他们进住刘焕私宅。警察局的守兵见他们是高级将领，不敢抗拒。叶佩高遂加派自己的卫兵守卫，将保安警察中队长用脚踢走。数天后，刘焕私宅内所有物资被一扫而空，叶佩高亦不知去向。

在敌伪产的接收中，各方各派你争我夺，令民众痛心，令友邦耻笑。

## 争权利 扩实力 私屯武器被枪毙

为了结束接收中你抢我夺的混乱局面，1945年10月初，国民政府军政部长陈诚任命莫与硕为军政部广州区中将特派员，来广州设立统一的“敌伪物资管理处”。

莫与硕，广东省阳江埠场端逢村人，出身寒微，早年入县立师范学校读书，又毕业于黄埔军校第二期炮科。此后，一直跟陈诚、罗卓英的18军11师，参加过东征、北伐，由排长累升至师长，是陈诚的嫡系军官。他曾自夸，他是不怕死、不要钱的，但要对得起主子。1939年12月，莫与硕任陈诚嫡系第八十六军副军长率部与日寇作战，收复镇海。次年3月，任该军中将军长，参加浙赣会战，以“阵地失防，作战不力”被革去军长职，差点送命。1944年，在重庆任军官总队长、第三补给区司令。

莫与硕来到广州后，虽然说是南京派来的特派员，但却是行辕主任张发奎的下级。张发奎、白崇禧、余汉谋等两广实力派素与蒋介石不和，也就与蒋的亲信陈诚不和，而莫与硕又是陈诚的亲信，因此，莫与硕与张发奎自然也不和。莫与硕看不起张发奎，在会上，在电话里，二人时有争执，莫与硕还背后骂张发奎老奸巨滑。

莫与硕上任后疯狂劫收，有人提醒他应慎重些，顾己前途，他笑了一笑说：“我现在取名为田夫，立心要做田舍郎，还怕什么？”意思是大不了去官回家做田舍郎。莫与硕把接收的敌伪物资、枪械均径报陈诚支配，其中接收的10万日军枪械（日军投降时所缴的枪支）除发警察局六五步枪2000支外，其余悉数拨给中央嫡系部队。

警察局因缺乏巡逻车辆，看见接收回来的吉普车四五千部，露天摆在中山纪念堂草场和海珠桥旁空地，雨打风吹，车身锈烂，就请求莫与硕批准发给 4 辆，可莫因为警察局是张发奎行营那边的人而不许。张发奎的行营形同虚设，一切实权实益都被陈诚抢去了。张发奎与陈诚的矛盾进一步加深，莫与硕与他的办公厅主任、广东省自卫总队长李节文勾结，将大批日寇新武器，如掷弹筒、小炮、步马枪，都是原箱未动的，及大批弹药，化整为零，匿藏中山、顺德、东莞各县，待价而估。

1946 年夏，新一军 159 师搜剿盘据中山与东莞大小虎一带的汉奸李辅群残部时，无意中发现了莫与硕藏匿的原箱新马步枪支和掷弹筒、小炮等一大批武器，十分震惊。消息传到张发奎那里，张欣喜异常，他把莫与硕接收贪污劣迹和勾通李节文吞没枪支，培植自己武力等情写成材料，密报中央。蒋介石看后大怒。当时，蒋在内战中的几个战场都失利，损兵折将，莫与硕是黄埔学生，又是自己的得意门生，竟敢盗卖军火资敌，当即电令广州行营张发奎，尽快查实此案。

恰在这时，有军统局外围人员崔南山向军统局广东站站长何崇校报告，说是驻广州军政部特派员莫与硕与他的办公厅主任李节文接收投降日军物资时，隐藏大批武器，秘密收藏在中山县黄阁乡，其中六五步枪数千支，还有机枪、迫击炮以及大批通讯器材，还提到共产党和民盟等民主党派正准备在广东建立反政府的民主联军，需要一批武器，囤藏的武器准备卖给他们，现已进行议价和商量运交办法。

何崇校将此情报即刻上呈军统局。军统局来电查问出售武器给异党的根据，何崇校复电谓“广东乡间地主虽有购枪自卫，最多不过十来支，股匪的枪多从劫夺而来，只有异党组织反政府联军才购买这么多武器。”于是，军统局将此事通报给张发奎。

张发奎迅速派人起出中山黄阁乡隐匿的军械，捕获串通作案的黄阁乡乡长，扣押莫与硕与李节文，下命令彻底清查案件，并把莫与硕贪污也算是陈诚罪证之一。

莫与硕被囚禁起来。值得一提的是，莫与硕被囚禁时竟然为共产党做了一件大好事。事情是这样的：

莫与硕的一位老部下、在广东省中北部的英德县进剿中共游击队的杨旅长，跑来广州看望老上司莫与硕，他告诉莫与硕："第二行政督察员兼清剿司令的莫雄有生命危险，因为广州警备司令、中央军某部军长胡长青听属下说莫雄秘密通共，致剿共中央军损失惨重，胡长青已经下令'莫雄是江北匪首、格杀勿论'！"

莫与硕听了十分震惊，他与莫雄有深厚交往，情同手足。莫雄，广东英德县人，早期追随孙中山，参加同盟会。他曾把蒋介石庐山秘密军事会议"铁桶围剿"的绝密文件——第五次"围剿"红军中央根据地计划，暗地里报告了中共，使中国工农红军第一方面军赶在"围剿"之前开始二万五千里长征。1938年，莫雄任南雄县县长，将囚禁在县府监狱的中共党员、红军战士、进步人士全部释放。1947春，莫雄挂少将参议名留在余汉谋第十二集团军，兼任英德县长、第二行政督察员兼清剿司令。莫雄一直以来暗中与中共联系。

杨旅长走后，莫与硕即着人通知他的朋友阮退之去向莫雄报讯，要莫雄设法自救。莫雄闻讯，马上到张公馆见张发奎。张发奎勃然大怒，打电话给胡长青，要他收回处决莫雄的手令。正是老朋友莫与硕的暗中报信，莫雄才免于一死。

此时，莫与硕身陷弊案，他的所有政敌，如何应钦、白崇禧等人纷纷借莫与硕案攻击陈诚。国防部派员组织军事法庭会审莫与硕贪污案。莫、李二人认供后，经蒋介石批准，判处死刑。陈诚不敢为莫施援手。同年9月16日，莫与硕与李节文在广州被枪决。

莫与硕与李节文被执行枪决时，一些好友步行相送，李节文忍不住哭起来。莫与硕则神态自如，对李节文不屑地说："事情既已做出来了，何必做出此窝囊相！"

莫与硕的妻子唐亦真，出身广东中山唐家湾（现属珠海市）名门望族，在上海受过高等教育。莫与硕死后，唐亦真在广州办（新文艺）进步刊物。中华人民共和国成立初期一度回到唐家湾，后由政府安排到广东省参事室任研究员，1970年病逝。

# 案二三　弹劾航政局长案

## 强勒索 荒政务 航政局长成蠹蛀

在广州莫与硕盗卖武器案的同时，还发生了一宗“航政局长索贿案”。这个案子的影响超过了莫与硕案，涉案人周演明资历深，有背景，是孙科派的人。

周演明，湖北人，出身士绅家庭，曾与宋教仁是同窗。1905年，周演明东渡日本，在明治大学就读，参加了同盟会，1908年回国。武昌起义中，他带领一个小分队冲锋陷阵，占领了楚望台军械库，受了伤，为此受到嘉奖，被任命为湖北军政府交通部副部长。在随后的历程中，周演明跟随孙中山从二次革命到护国运动，英勇战斗，功劳显赫。广东革命政府成立后，他留在交通部担任要职。抗战期间，撤退到广西梧州担任珠江航政局长。抗战胜利后亦任此职，接管航海经营权。

广州珠江上的繁忙航运

那时候，广东水上运输出现前所未有的繁荣。1946 年 2 月，民国政府交通部颁布文件，在内河航行的船只，须向当地航政局领取“准航单”，交管理费 300 元—500 元。身为珠江航政局长的周演明开始忙碌起来，因上门求帮忙的人很多，他收受的贿赂也多，很快就腐化起来，整天花天酒地，变成一个贪婪无度、荒于政事的人。

本来，交通部规定每笔管理费收三至五百元，可周演明吩咐出纳员李天华多收二百元。李天华为人木讷，不善言辞，每当船主因乱收费质问他时，他总是涨红着脸与人大吵大闹。有次两名船主实在忍无可忍，到局长周演明办公室告状，周故作惊讶：“居然有这样的事，我怎么一点也不知道？走，我给你们退钱去！”到了李天华办公桌时大喊：“你狗胆包天，竟敢顶风作案，即刻退钱！”

那李天华本来就不会讲话，更被眼前景象弄得目瞪口呆。待两位船主走后，周演明转眼一笑，拍着他的肩膀说：“没事没事，我这是做样子给他们看。”

周演明也知道自己这样做随时会出事儿，就想到找一个人在前台唱丑角，选谁呢？他脑子一转，想到办公室的罗艳。这个姑娘口齿伶俐，颇有姿色。第二天，罗艳就坐到收费处办公了。罗艳果然不负所望，对每个前来交费的船主总是笑脸相迎，她解释说，虽然交通部规定了数额，但本地财政还需要调整，请大家谅解，那嗲声嗲气温柔可亲，令不少船主默不作声了。只半年工夫，罗艳就多收了四五百万，这些钱，大部分进了周演明的腰包。

1946 年 11 月，根据交通部的指示，广东辖区里的海员、大副、二副都要配备“海员手册”。手册每本的成本费不到二百元，可是，周演明竟然狮子大开口，海员收一万元，大副、二副收两万元！这一来，船运的人们愤怒了，在广州航业公会筹备委员朱克勤的率领下，公会几百人到两广监察区（驻广州）集体控告周演明的讹诈行径。

广东监察区监察使刘侯武看到这浩浩荡荡的阵势吓了一跳，决定对珠江区航政局进行调查。刘侯武是广东潮阳人，老同盟会会员，参加过黄花岗起义，辛亥革命后，历任汕头市交通科科长、广东第一办事处交际主任、汕头《晨报》社社长、潮安县长等职。抗战后，刘侯武南下监察基层工作，目睹潮汕粮荒严重,便敦请旅泰潮人救助灾民,结果募得暹币100万铢和港币140万元，购粮布运抵潮汕，缓解潮汕粮荒。如今已年过半百的刘侯武是国民政府监察院监察委员兼特派两广监察区监察使。

## 法庭上 起波折 嫌犯反诉弹劾人

周演明听说刘侯武要前来调查，思前想后，决定来个先发制人——先去拜访他。

1947年2月的一天，周演明来到刘侯武家。一开门，刘侯武颇感意外，但还是笑着迎客："稀客稀客！请！"

"刘兄,早就想拜访,公务缠身,今日才得空闲。"周演明坐下后,他继续说，"听说刘兄是光华大学高才生，还留学日本。鄙人也曾东渡扶桑……"

没等周说完，刘侯武道："不知局长光临寒舍，有何贵干？"

周演明说："最近你们监察使署来了两个人，说是调查，我看是误会。本人素来洁身自好，断无传言中贪污勒索之事。可能本人工作中态度生硬，开罪了不少人，以致……"

刘侯武打断他的话，道："局长多心了，检查也是例行公事，若无弊端，也不会强栽罪名。"

周演明听了，心头似放下一块石，没想到对方还有半截话："若贪赃枉法，我们当然不会宽贷。"

周演明强作笑脸："那就好，那就好！我先告辞了。"他起身向刘侯武哈着腰，从口袋拿出一个小包偷偷地放在桌上。等刘侯武送客返回时发现了小包,估计是钱,便拿起小包追出去,可周的汽车已经远去了。刘侯武回家一看，吓了一跳，里面是50万元钱。

第二天上班，周演明刚刚坐在办公室里，就有一位四五十岁的女人求见。周演明问"什么事啊？"

女人说："我是刘侯武的妻子，这是你的东西，现在完璧归赵。"说完扔下小包扬长而去。

这一切发生得如此突然，周演明醒过神来，开始如坐针毡。中午回家也是神不守舍。太太胡芝华问他怎么了，他没好气地说："等着坐牢吧！"

太太脸色突变，停了一会，说："我和刘侯武太太打过几次牌，她叫陈婕，我去找找她看。"当天晚上，胡芝华就碰了壁——陈婕知道她想干什么，拒而不见。

胡芝华又生一计，找到陈婕的表姐，再把陈婕约到茶楼。陈婕一见又是胡芝华，气氛尴尬起来。胡芝华眼溢泪水，说："不久前，我婆婆生了一场大病，要找医生却没钱，无奈之下演明才做出那糊涂事。恳请你在刘监察面前说说情。"说着把原来的那个"小包"塞过去。陈婕当然不肯收，推让之间，引来不少茶客好奇的目光。推不过，只好先收下。陈婕一回到家里，立刻把小包交给丈夫，刘侯武笑笑，放在一边。

次日，刘侯武上班，把"小包"交局里的出纳保管。接着，他以行贿罪向广东省政府和交通部提交弹劾周演明的文件，建议广州市法院拘押周演明。

一个星期后，广州仓边路法院检查处首席检查官汪舒馥，带领三名法警，找到周演明，宣布将他逮捕。

周局长被抓，立刻引起广州社会轩然大波，人们议论着，对刘侯武赞不绝口，报界新闻更是铺天盖地。

周演明毕竟是有革命资历的人。开庭审理那天，法庭坐满了人，其中还来了一个大官陈济棠，还有周演明聘请的广州四大律师之一的陈大年为他辩护。检察处首席检察官张某以及法院霍院长也派司法官来了。

法庭先由公诉人陈述，起诉周演明违反国家法令，贪污勒索，还竟然叮嘱其妻送 50 万行贿以自保。

法官让周演明陈述发言。周演明不慌不忙，慢慢站起来，一字一句驳斥："首先，我和刘侯武之间并非像刘所说的'素乏交情'，而是关系密切。"此言一出，满场听众惊讶不已。周演明说，"不久前，我还和一个朋友拜访过他。"

法官也奇怪了，问："那么，你们之间到底出现过什么问题？"

周道："这事还要回到抗战时期，有华侨援助抗战的 40 万元的物资，是一批蓝布，由缅甸运到柳州，但刘侯武竟然查封了，查封的结果是进入自己的腰包。”

此言一出，满场轰然。

周演明接着说：“当时我是侨务处处长，据理力争，把这批货全部取回。刘侯武怀恨在心，才找机会报复，这是一。”

场下唏嘘声一片，法官敲打锤子让法庭静下来。

“还有，”周演明接着说，“刘侯武于4月8日，授意参议员——我们小时候的同学官韦到我住所讹诈，说刘正办我的案，如不花钱消灾，怕大难临头。提出要3万元（合法币1400万元），结果被我拒绝。”

法庭之上，案件竟然出现戏剧性的“反诉”，这令在场的人无不惊讶万分。

这时，周演明的律师起来说：“周妻交给刘的50万法币，合港币才几百元，如果说这是贿赂，那是开天大的玩笑。友好的馈赠，也算犯法吗？即使这是贿赂，也是他妻子的事情，怎么能算到丈夫头上？”

大半天过去了，这场审理在人们的满头雾水中暂且停止。

第二天，全市的报刊纷纷报道此案，社会舆论渐渐把矛头指向刘侯武，希望他亲自到庭自清。刘侯武本想反贪，没想到反被对方咬了一口。他思前想后，越想越害怕。晚上，他来到法院院长霍某的家，一一驳斥周演明的控告，还反复申明，让自己出庭，就是中了奸人的计，使代表国家检举贪官污吏的监察大员受到损害，闹得人人自危。

“好吧，你先回去。”霍院长也没有立刻表态，“你反映的问题我知道了，法院会根据情况作出判决的。”

此后几天，法院和检察院几经商谈，最后决定用“情法之平”的处理方法。周演明反诉刘侯武“挟案敲诈”，但并未经检察官起诉，按照刑法“不告不理”的原则置之不理。对周演明的贪污案从轻发落，以免引起更大波澜。至于官韦佐证，采用马虎对付，只要官韦发表一纸声明，称自己绝无私下与周演明来往，也就不再追究下去。

最后结果，法院判处周演明有期徒刑一年半；判处其妻胡芝华同样刑期，监外执行。

周演明对此判决不服，找到“十大中委”鸣冤叫屈。于是，由立法院院长孙科领头，还有中委梁寒操、吴铁成、马超俊、刘纪文等人，给司法部长居正和广东高院院长史延程写信，称周演明“服务党国三十余年，其人诚实稳重……此次被判处徒刑，至为惊讶……”

见到如此多的大官为其说情，主审法官也感到棘手，遂派人到南京最高法院摸底，最后，请法律界前辈郑乘堙主审此案。经郑乘堙最后审理，除判词稍改外刑期不变。

孙科虽是立法院长，但不是直接管辖的长官。而刘侯武是于右任的亲家，又是监察使，他坚持不放周演明，所以法院也无法更改。

周演明成为民国史上因行贿而遭到弹劾的第一人。

# 案二四　牟廷芳贪污巨案

## 蒋介石 砺廉隅 惩治腐败下猛药

1947年的中国是人心向背急剧变化的一年。

从1947年下半年开始，国共两党在战场上的较量中，国军屡屡出现败绩，人民解放军由被动逐步转为主动。南京国民政府逐渐走下坡路。

在对敌伪财产的接收中，国民党官员的贪污腐败行为已经达到前所未有的程度，军政大员们纸醉金迷、穷奢极欲、吃拿卡要、敲诈勒索；国民党对中共党员、民主人士、进步群众等进行血腥镇压；更严重的是官僚资本控制社会经济命脉，由于内战消耗，军费激增，滥发纸币，造成通货膨胀、物价暴涨；工商业倒闭，工人失业，农产量激剧下降，农民破产。国民党统治区经济处于崩溃边缘，人民生活苦不堪言。

1947年3月，国民党召开六届三中全会，会议认为“党的病状已陷于积重难返之势”，提出“反对个人利己主义，抨击升官发财观念，随时淘汰投机分子、动摇分子、腐化分子及恶化分子，以保持党员成分之纯一”，同时提出“加紧监察工作”。3月23日，近百名中委又提出临时动议，要求彻查“官办商行”账目，没收贪官污吏财产以平民愤。会议决议交中央常务委员会迅速切实办理。

是年7月，魏德迈作为美国总统杜鲁门特使率领调查团再次访华，其任务是对中国的政治、经济、心理及军事情况作出评估，以便确立美国下一阶段的对华政策。

魏德迈，美国退役陆军上将，盟军中国战区第二任参谋长。美国国务卿马歇尔欣赏他的才智和正确的战略判断。这是他第二次中国之行了。7月22日，魏德迈一行到达南京。29日，他致电马歇尔说：“我觉得国民党统治下的中国人在精神上已经破产，他们不明白为何而战，他们对军政领导阶层已失去信心，预期全面崩溃。那些居上层的贪腐之辈则企图在崩溃之前竞相捞取，……”此后，魏德迈等人访问北平、天津、汉口、沈阳、旅顺、青岛、济南、广州等地，所得情况使调查团极为震惊。

8月10日，魏德迈向在南京的蒋介石递交详细的考查报告，列举国民党应该改革的各个方面，指出国民政府的种种弊端。他判断，两年之内中共军队将取得最终的胜利。蒋介石看了一笑了之。

魏德迈又与蒋介石长谈，从上午10点一直谈到下午4点，直谈得蒋介石对党内腐败痛心疾首，深表自责，他表示：“政府决心扫除贪污，提高监察权与民意检举权；对贪污富豪应除其党籍，以消除腐败。”蒋在当天的日记中写道：“亲属贪污，中外诟病，其不知自耻，更增痛苦。每念少年罪孽深重，所以上帝予我以如此惩罚乎？不然，何以使我耻辱至于此极？否则，天父加我以特别锻炼，而望我完成其所予我之重大使命，以增强我信心乎？”

8月22日，魏德迈应蒋介石之邀，向国民政府委员及部会首长报告访华观感，魏德迈毫不客气地说：“贪赃受贿和残酷镇压的政策把政府搞得四分五裂，最为严重的是国民党高层的贪污腐败，……”

戴季陶闻言当场泣下。

蒋介石在当天的日记中云：“本日魏德迈对我首脑部之谈话，无异严厉之训斥，类于斥责裁判，实为我国最大之耻辱，若不痛自反省，发奋雪耻，何以立国？何以成人？”

这时，蒋经国从东北赶回南京，向蒋介石报告，高级将领已全失信心，对前途绝望，贪污自保之念日甚一日。蒋介石听了此言，十分沮丧，他自责自己平时大意疏略，监教无方。

8月24日，魏德迈即将离开中国，临行前发表声明，其中说：“只要撤除目前在政府中占据许多负责地位的不称职和贪污的人，中央政府就能够赢得和保持大部分中国人民专一热情的支持。”他提醒国民党，必须立即实行彻底的深远的政治经济改革，“空言已是不够，实行乃是绝对需要的，……”

8月30日，蒋介石决定砥砺廉隅，惩治腐败，开展“自力更生运动”，其具体内容有“社会革新、为民服务、解除其压迫；勤俭报国、平均地权、耕者有其地”等。其中尤其强调扫除贪污。31日，蒋介石进一步强调：忍痛断臂与除毒，祛除情感，惩治贪污；提倡民主法则，加强群众监督力量；涤荡官僚恶习与铲除豪门资本；建立组织与制度之基础；建立干部政策，慎选核心干部与新陈代谢法令之树立。

## 牟军长 胃口大 私吞赃物两千万

就在国民政府决心反贪的背景下，保密局查办了第94军军长兼天津警备司令牟廷芳的贪腐案。

牟廷芳，1902年生于贵州省郎岱县下营盘村，家里仅靠租田生活。6岁时父逝。16岁时，有两名警兵来向保长催款，牟廷芳与其赌钱玩，兵输，心不甘，将一板子弹5发装入他衣袋内，诬其偷弹，并扭至保长家吊打。保长判他给警兵小洋100块。其母被迫典当田产将其赎出，叫他到昆明的恒兴益商号当学徒。1924年，牟廷芳由安健先生推荐，进入黄埔军校第一期，毕业后分到国民革命军教导第一团任少尉排长。在北伐战争中，牟廷芳作战勇敢，先后任营长、团长。1928年春，赴日本步兵专门学校深造。回国后分到某独立旅任上校团长，又调任贵州省保安处副处长。1936年夏，任陆军121师副师长。1937年，率部赴上海参加“八·一三”淞沪抗战，升任121师师长。翌年，为防敌人进攻宜昌，与新四军配合作战，取得胜利，他亲自到新四军驻地致谢。1941年牟廷芳升任第94军军长，率部转战湖北、湘西、桂北，屡建战功。1945年8月初，牟军长率部攻克桂林，参加此战的美国顾问电告最高统帅，请嘉奖廷芳及其官兵。

抗战胜利后，牟廷芳率94军作为首批接收部队空运至上海。他刚下飞机就说：“我们到达黄金国啦！”此后，他先后接管上海、天津、秦皇岛，并担任北宁铁路的监护任务，其间还兼任天津警备司令。

牟廷芳在接收上海时到底搞了多少金条，没人知道。至于房子，牟廷芳在上海就有三处公馆，还送给其黄埔一期贵州老同学刘汉珍一处。牟廷芳在天津驻防时期，在天津、北平、南京、武汉、重庆等地都有住宅和高级车子，他的妻子车氏还专门派人把车子开回贵州赠其弟。在北平、天津两地的多处牟寓里都有他的“夫人”。

手下军官每次去牟廷芳的沪寓，总看见何应钦五弟身着黄色军呢在场。牟廷芳是杂牌黔军将领，其靠山是何应钦。何应钦的五弟是这里的常客，与他聚赌的乃是一群红颜女子，多是些红舞女。舞女中有不少是从妓女中转身而来的，卖淫是他们的老本行。接收大员们每天都去跳舞，在舞厅猎艳，继而带回家，以陪舞为名寻欢。

牟廷芳的贪腐行为被军统局代理局长郑介民抓了个典型。郑介民与牟廷芳素有矛盾，他这是借机发泄私愤。1947 年 9 月，郑介民把牟廷芳的贪腐材料上呈蒋介石，罪名是“在天津私吞敌伪物资价值两千万元”。

郑介民上报牟廷芳的贪腐案时，蒋介石正因军内腐败遭到国内外舆论一致谴责而闷闷不乐。当蒋看了牟庭芳的材料后，忍无可忍，决定杀鸡骇猴，煞住军中歪风，遂下令将牟庭芳送交军事法庭，撤职查办。此时，牟廷芳的靠山何应钦已被陈诚挤得大权旁落，不得不出国赋闲去了。

## 心不平 图报复 机场行刺蒋介石

蒋介石对其“皇亲国戚”、天子门生违法乱纪、盗珠窃国之事不闻不问，却在一怒之下惩罚区区一杂牌小贪，自然使牟廷芳及其部下大为愤怒。也巧，此时，1947 年 10 月，牟妻车氏在上海聘请一位年轻的工程师在贵阳老家建筑豪宅，牟廷芳一抓，新屋落成典礼竟成了她和帅哥工程师的结婚仪式。这让牟廷芳的部下又怒又伤心，以为这都是由蒋介石抓人带来的祸，激愤之下策划了一场刺杀蒋介石的行动。

此时的国共战局正一步步朝着不利于国军的方向发展。因华北国军增援东北，解放军乘机向保定，石家庄进攻。11 月 12 日，聂荣臻部攻克石家庄。傅作义受命担任华北剿匪总司令，率领主力部队沿平保线寻机作战。聂部围点打援，机动歼敌，消灭国军第三十五军两个师。徐向前在山西南部发起运城战役，国军形势万分危急。

11 月 26 日，蒋介石偕熊式辉、俞济时、蒋经国、石祖德等人由南京飞赴北平，督导华北“剿匪”军事。第二天，蒋介石打道回府。李宗仁、傅作义、孙连仲等将领驱车护送蒋去飞机场，武装卫队乘车在前面开路。当蒋介石的车经过西门外时，突然，从路边跳出一位军人，对准蒋介石的座车就是一枪，由于车速较快，子弹经车顶端“嗖”的一声飞过。蒋介石急忙趴在座位下，抱着头一动不动车，子停了下来。孙连仲眼疾手快，急忙打开门，跳下车子，箭步扑向刺客。刺客要发第二枪时，被身材高大的孙连仲夺过了手枪，再飞起一脚将刺客踢翻在地。这时，蒋介石的侍卫们赶过来，一拥而上，七手八脚去捆绑刺客。那刺客在地上一个打滚，两三个侍卫猝不及防，跟着摔倒在地上。跟过来的俞济时骂着手下：“几个人打不过一个刺客，真丢我的脸！”说着，一脚踢中刺客的大腿，孙连仲急忙伸过手来，死死抓住刺客的手臂，然后用力往后背上扭，众人这才把刺客制服，捆绑起来。

“你是什么人？是谁要你刺杀先生？”俞济时疑惑地问。

刺客咬着牙关，红着眼看着他们，骂道：“很遗憾，没击中！”

孙连仲见状，对俞济时说：“看来刺客一时也不会交代，你们去机场，此事由我处理吧！”

蒋介石说：“押回南京审讯！”

到达南京后，石祖德立即带人对刺客进行审讯。事情很快就真相大白，原来是一起由于蒋介石惩腐不公而引发的报复刺杀案。

事后，官方有意掩盖这次刺蒋行动的真相，北平的报纸仅仅作了如下报道:“大约在委员长专车通过这一地点前八分钟，一名中国空军上尉开枪猎禽。上尉被捕，经调查后释放。”

蒋介石反腐差点反掉了自己的性命，这让他很是后怕。此后，他本人对此事秘而不宣。据美国驻华大使司徒雷登回忆说：“12 月 2 日晚上，我与委员长会谈。我觉得他比以往我所了解的更加情绪低落，但他未向我提及遭到谋杀的事。”

事后，侍从室对这次路边枪击事件进城反省。一介书生陈布雷忧心忡忡地说：“我们这些人靠着卫士们保驾护航，或许能保住自己的性命，然而，腐败终会要送断国民政府！”

“中国这么地大物博，贪点吃点，就会送断国家？”俞济时不相信。

竺培基也赞同俞济时的观点：“不可能！布雷先生的玩笑开大了！”

“反腐反到我们自己头上，我们还当初革命、北伐、抗日干啥？”石祖德说，“我看，保卫领袖的措施还得加强，丝毫不得松懈。蒋先生出点啥问题，那我们的大树就真的要倒了！”

“别乱说，别乱说！”俞济时赶紧拦住他。

国民政府此时已经走到了危险的边缘，无论蒋介石有无彻底治贪惩腐的决心，已经无关历史大势了。牟廷芳案在虚晃一枪后，撤了他的职，可并未查办，牟廷芳弃戎闲居，过起了清净生活。1953年病逝于香港，享年51岁。

# 案二五　民国最大金融案

## 抛黄金 抑膨胀 岂料物价再狂涨

蒋介石发动内战，弄得百业凋敝，官方货币——法币贬值，物价狂涨。一些生活在水深火热之中的老百姓愤激之下，组织起来，去“吃大户”，划米袋子，抢米风潮此起彼伏；觉醒了的工人学生组织发动的“反内战、反饥饿运动”如火如荼。面对如此时局，正在南京准备召开“国大”的蒋介石责成行政院院长宋子文，要他拿出办法来“立刻解决”。

宋说：“为今之计，只有抛售中央银行库存黄金这个办法了。黄金一上市，法币就会大量回笼，法币一回笼，币值就会提高，物价自然下跌，不出一个月，人心就会趋于稳定，困难迎刃而解。”

蒋介石问道：“中央银行有多少库存黄金，抛售完了怎么办？”

宋说：“库存黄金还有800多万两，售完了还有10亿美元外汇，此外尚有正在洽谈可望成功的20亿美元贷款，社会上的游资哪有如此大的胃口！”

蒋介石闻言，紧皱的眉头一舒，立刻拍桌定案。

宋子文既是协助蒋介石成功稳定国民党政权的关键人物，又是整个国民党政府的财务系统的建立者，还是中央银行的创办人。为了发展国民党经济制度，势必与许多国民党元老有冲突，有时候是利益冲突，更多的是观念的冲突。他毕业于美国著名的哈佛大学，观念开放，务实开明，多有主见，而国民党内部很多官员对经济运作非常陌生，这种矛盾冲突时有发生，为此他也多次与蒋本人闹翻，而且是国民党高层中极少数敢在蒋面前拍桌子的人。

1947年抢购黄金的上海市民

宋子文又是一个深受四大家族惯性思维模式影响、被公众及学术界长期“误解”的悲情角色，宋的家庭和蒋介石的密切关系使得他招来诸多责难。现存的中外学术著作，很多把宋子文描述为国民党特权分子、亲英美派代表、腐败和贪财。

1946 年 3 月初，国民政府决定开放外汇市场，实施黄金买卖政策。不曾想，在抛售黄金的过程中，官僚特权势力趁机大肆投机取巧，至 1946 年下半年，上海金融市场出现大幅度的波动，物价如脱缰的野马一路暴涨，特别是粮价涨了 15 倍，其他与市民生活密切的商品也无一不涨。市民发现原先够吃一天三顿饭的伙食费，这时候已经只能吃两顿饭了，晚饭需要勒紧裤带了，从而引发了一场社会动荡。

黄金买卖由中央银行负责办理相关事宜，主要是大量低价抛售为主，中央银行间或有买进黄金，但数量极少，而且都是矿金，做做样子而已，因而在一般市民眼里，买卖就是抛售。

抛售的办法分为两种，第一种是明配：每天上午 10 时，由中央银行根据当日上海黄金市场的金价规定牌价，经上海的金号、银楼公会会员提出当日申请购进的黄金数量，交由公会负责人报请央行业务局配给。上午由央行将黄金配下，下午金市收盘时，配售户将配给的黄金的价款缴库。

央行抛售黄金的市场代理人是上海金业公会和上海银楼业公会。具体由同丰余、太康润、大丰恒三家金号以及方九霞昌记、杨庆和发记两家银楼负责，他们领取和分发所有中央银行配发的黄金。其中，同丰余金号老板詹莲生，神通特别大，担当金号业公会的主席。詹莲生成天跑中央银行业务局长林凤苞、副局长杨明仁的公馆，陪他们的太太、小姐从这家金号进，那家银楼出，专门选送最贵重的金银首饰、珠玉宝石，以此进行贿赂。詹莲生对业务局的次要官员也处处“烧香”。所以，别的黄金投机商只能排队登记，按定额分配得到官价黄金，而詹莲生却有中央银行官员自动送货上门。

第二种是暗售：因为当时明配的黄金数量总是供不应求，遂由央行根据市场波动情形，暗地将黄金交由委托的几家金号、银楼，向市面抛售。央行不直接露面，说是为了便于控制，实际上是为了便于勾结舞弊。

上海共有 65 家金号，其中 44 家不但没有营业执照，甚至连营业门面都没有，全是皮包金号。这伙人来无踪去无影，在黄金市场上靠军警宪特撑腰买空卖空，投机倒把。

上海黄金商大体上可以分为三类：第一类有权有势，后台很硬，能在黄金市场上呼风唤雨，操纵涨落。上海人因这伙人其贪如狼，其凶似虎，把他们称做“金老虎”；第二类资金雄厚，经营有年，上海人因这类人胃口很大，把他们叫做“金黄牛”；等而下之的是第三类“金苍蝇”，这伙人零炒零卖，靠信息转手吃钱，在黄金市场飞来飞去，专赶浪头。

到了 1947 年初，市面金价一天几波，中央银行虽然逐日抛售金条，但涨风仍不能平息。当时，全国各地的金价普遍高于上海，以 1947 年 2 月 11 日的金价为例，每根金条上海为 734 万元，北平为 860 万元，南京为 930 万元，武汉、重庆为 950 万元，广州竟高达 1100 万元。于是，全国各地游资纷纷流向上海抢购黄金。许多高级军官把领到的军饷钞票暂不下发，装运到上海来抢购黄金美钞。运送战备的火车成为运送钞票的专列，各大派系为了争夺交通工具，还大打出手，连中航的飞机也被人用来运黄金！

上海黄金库存很快见底，宋子文急忙调用运输机，从重庆的黄金库存向上海输血，最高的一天曾抛售黄金 10 万两，但也无济于事。据统计，上海金号业公会和银楼业公会的成员，在数月之间，吞掉国民党中央银行库存的黄金 800 余万两，制造了国民政府最大的金融案！

金融市场的混乱，造成许多家庭财产缩水三成；商店则囤积居奇，不愿出售货物；市民加入到抢购物资的风潮中去；一些中小工商业者为了保本保值，只得从流动资金中移出一部分，购买与生产无关的物资；许多企业都在风潮中破了产；上海多家米店、银楼，被愤怒的市民捣毁……

面对这种情形，蒋介石再也坐不住了，决定停止抛售黄金。他叮嘱宋子文说："今日所应急切图之者，尤莫重于改变经济政策！"宋子文还想变更外汇汇率和继续抛售黄金，蒋介石把脚一跺，怒道："胡闹！"但下一步如何走，蒋也不知道，只好走一步看一步。

抛售黄金弄得国民党在财政经济上油干灯草尽，宋子文也黔驴技穷，行政院只好于 1947 年 2 月 16 日炮制出一个"经济紧急措施方案"，经国防最高委员会议通过，于 3 月中旬开始实施。方案宣布停止一切黄金买卖，不准以黄金作为通货在市场流行，个人不得携带和存有黄金，方案实施前存有黄金者立即到中央银行按 1946 年价格换回法币，违反者一经查出将依法治罪。

这一政策出台后，政府组成了经济监察团，对商民持有的黄金和美钞，加以充公或按市面牌价兑换。军警宪特闻风而动，把金苍蝇和一般持有黄金者赶得鸡飞狗跳。普通商民叫苦连天，大骂行政院长是明目张胆的最大抢劫

1947年2月上海民众在央行门前排队抢兑黄金

犯，中央银行是黑帮中的黑帮。

政府抛售黄金给商民，半年后又强制从商民手中把黄金掠夺回来，其结果是肥了少数人，坑了老百姓！

由于黄金风潮闹得民不聊生，国民党内就有人呼吁，要彻查黄金案的责任。有的人则把矛头直指宋子文，想乘机把他赶下台。著名学者傅斯年，在世纪评论上发表《这个样子的宋子文非走开不可》一文。不同的动机，汇成了一股打倒宋子文的浪潮，酿成国民党内部异常激烈的斗争。蒋介石为了展示公正，信誓旦旦地表示，要彻查“黄金风潮案”。

## 黄金案“金牛党”案子责任是中央

1947年3月起，被称为最大金融案的“黄金风潮案”开始调查。

在军队，由国防部二厅厅长、国防部保密局局长郑介民组成调查团，负责调查军人在风潮中挪用军费抢购黄金的情况；在民间，由淞沪警备司令宣铁吾组织“经济监察团”，负责调查上海商民投机倒把、违反金融管理规定的行为；在上层，由监察院委派何汉文、谷凤翔、万灿、张庆桢四名监委，负责此案的清查。

郑介民于1947年4月带领一个检查团来到上海调查军方抢购的黄金。他已经掌握了较多这方面的情报：驻在山东、河南的有3个军的军需处处长在南京领了几大卡车的军饷，从南京返回驻地，运钞车已到了徐州，听说上海正在抛售黄金，3个军需处长灵机一动，命令汽车回头跑上海，各派出一排荷枪实弹的士兵，挨家挨户找金号银楼用法币换黄金。经过挤脖子，每个军也挤得三五千两黄金。郑介民毫不掩饰地向他的部属说：“军队会挤‘金老虎’的脖子，我们就挤他们的脖子！”他写了3封私函给3个军需处长，要他们立刻到上海对簿公堂。3个军需处长得到郑介民的私函，知道这是要脑袋搬家的事，但郑介民没有用国防部二厅的命令，用的是私函，这就表示可以私了。军需处长们到了上海，把到手的黄金与郑介民五五分账，皆大欢喜，案子也就此打住。

国防部二厅厅长郑介民

监察院院长于右任

淞沪警备司令宣铁吾的军警宪特“经济监察团”，连夜出动，突击工厂商家，把守车站码头，逮捕“金苍蝇”。他还制订了鼓励告密办法：凡密报核实者以查得黄金的20%提奖。于是，在检查中形同明火执仗，在密告中捕风捉影，闹得乌烟瘴气。宣铁吾的“经监团”把上海正泰橡胶厂、大中华造纸厂、生化制药厂的老板送进特种监狱，诬他们是“金老虎”，打明了向三个老板说：“你们的案子大也大得，小也小得，给你们一天时间考虑：要钱还是要命，要命就把黄金吐出来，要钱就准备棺材收尸！”

郑介民和宣铁吾的两个检查团只不过拍了一部分“金苍蝇”，连带打击了一些无辜者。那么监察院的四大监委查的怎样呢？

许多人指望监察院的那四位元老“调查上层”扳倒宋子文，舆论界便不断在报刊上呼吁：请铁面御史出朝打大老虎！监察院院长于右任早就对宋子文看不顺眼，想通过查案扳倒他，也改变一下人们讥笑监察院是“养老院”的局面。他对精明干练的何汉文、谷风翔、张灿和张庆桢四个监察委员说："这次监察院派你们赴上海办理黄金案，必须打'老虎'！"四监委听了深受鼓舞，摩拳擦掌准备启程。上海报纸说他们是"御史出朝，地动山摇"。

被誉为铁面御史的何汉文等人到了上海，先从主管抛售黄金的中央银行着手调查。他们问该行业务局正副局长林凤苞和杨明仁："你们究竟抛售了多少黄金？为什么要交与金老虎詹莲生总揽其事？

二人轻蔑地答道："抛售黄金数量是国家机密，中央银行贝祖贻总裁交代不得向任何人泄露，恕无可奉告。至于为何由金号银楼出面，这是根据宋院长的指示；詹莲生是金号业公会主席，交他去办是理所当然的事。"

何汉文等人去找总裁贝祖贻，询问抛售黄金数字，贝祖贻推到宋子文身上。他们去找宋，宋说："抛售黄金数字保密是奉主席（蒋介石）的口谕，你们要问就去问主席。"他们一个推一个，最后推到老蒋头上。

四监委于气愤之下，给老蒋打去一个请示电："此次黄金风潮事出突兀，查办该案抛售黄金数字极为关键。据宋院长称此数保密系奉钧座口谕，不知确否，祈即电示。"

老蒋不作答复。

四监委碰了一连串钉子后仍不灰心，通过明察暗访，获知了上海金业公会主席、同丰余号经理詹莲生，操纵上海金市攫取20多万两黄金的事实。黄金的抛售都归同丰余号经理詹莲生负责，詹莲生是上海黄金商人和央行之间的纽带，虽然说只是个小小的经理，却神通广大，包办了中央银行暗售的所有黄金配额，而其他几家代理金号、银楼的黄金配额，也要靠他来分配。詹莲生还利用"火耗"等名目，从中大肆克扣，中饱私囊。例如以所存400两一块金砖，熔化为市面通行的10两一根金条。不经过当时的中央造币厂，而直接交詹莲生分配给有关金号、银楼代熔，每条付给三分火耗。此时，监委们又收到举报，说詹"一年中所赚得黄金有10万条以上"。

何汉文派人去找詹莲生。詹莲生有恃无恐地说："何汉文是谁？找啥吃的？我没听说过，你回去向他说我没空。"

后来由于贝祖贻向詹莲生打了招呼叫他应付应付，他才与何汉文等人见了面。连寒暄一句也没有，何汉文批头就问詹莲生："你赚的大笔黄金究竟弄到哪里去了？"

詹莲生满不在乎地说："告诉你又能怎样？我是赚了一二十万两黄金，赚项大，应酬也大，剩下的只是金砖改铸金条的火耗，每天240两，半年下来不过七八万两。"说时，嬉皮笑脸，不把这几个老家伙放在眼里。

何汉文问他："你的黄金应酬了哪些人？"

詹莲生说："上上下下，四面八方都有，无名无姓，有形无踪。"

何汉文见再问无益，便打开录音叫詹莲生听了一遍。詹莲生想不到这个老东西这么狡猾，听后脸色大变，趾高气扬的神气一扫而空，他哀求何汉文："何委员，你老高抬贵手，把录音交给我吧！那是我信口开河，哪知你就当真了啊！"

何汉文笑笑："詹主席，你有贝祖贻做后台，又何必怕呢？"

第二天，立法委员、军统大特务、杜月笙的徒弟王新衡请何汉文到他家吃饭。饭后王新衡向何汉文说："关于詹莲生的事，我以老同学的关系向你说句知心话，官场的事不能太认真，留点余地大家今后好见面。昨天你和詹莲生的谈话，我看你就把录音交给他，叫他拿400根金条出来，你这辈子也就阔了！怎么样？"

"铁面御史"何汉文

何汉文不作答复。

王新衡又说："今天这事是杜老板叫我向你转告的，你不答应我王新衡不算啥，可杜老板那里这面子怎么放得下？"

何汉文知道，上海是流氓世界，杜月笙这尊神无人惹得起。叫詹莲生拿400根金条说不定是军统搞的圈套，他不敢要。他只好向王新衡说："办这件案子的是四监委，再说录音已由另一个监委在今晨送往南京交与于右任去了。不过请杜老板放心，我一定从中斡旋，不把案子搞得太严重就是。”

王新衡说：“也好！”说完起身告辞。

1947年，一袋子纸币换不来一袋子米

四监委又打听到，詹莲生与贝祖诒同为苏州人，与贝家有亲戚关系，早在贝祖诒任中国银行上海分行经理时，两人已经在外汇买卖上合作，大捞了一票。林凤苞、林仁安则一直是贝祖诒的亲信，原先也在中国银行任职，贝祖诒任中央银行总裁，就把这两个亲信捎上，当了央行业务局的正副局长。贝、詹、林、杨，实质上是以同丰余为掩护的一个贪污团伙，被上海市民称为“金牛党”。

四监委商议后认为，案子颇有些棘手，这帮贪污团伙的社会关系错综复杂，不大好对付，大家一时有些情绪低落。可他们又不愿意当人们所说的“养老院”的人，一个个内心里纠结起来。这时，有人给四监委提供了一个令人意想不到的消息：同丰余号竟是一家没有向政府备过案的黑店！这下监委们似乎找到追究的把柄了，他们立即向上海市社会局质问道：“何以同丰余没有批准立案，而经理这样重大的业务，你们不加以取缔呢？”

不料，社会局负责人苦笑着回答说：“贝总裁招呼我们不要管，我们只好不管。”

监委们又去询问林凤苞，林的回答更加振振有词：“因为上海金业公会会员复杂，不可靠的多，詹是公会主席，熟悉情况，有信用，有号召力，贝总裁也知道他可靠，所以选择他负责。哼，大惊小怪！”

监委们再去盘问贝祖诒，回答也是差不多的口气。四监委又向贝祖诒询问抛售黄金的情况。贝傲慢地回答说：“央行原有库存总数，从 1946 年 3 月至 11 月的抛售总数和现存底数都有，但事关机密，奉主席（蒋介石）谕，对任何人不能公开。”

四监委没有办法，心里憋屈。他们灵机一动，何不利用孔祥熙与宋子文的矛盾做做文章呢？这一手果然有效，他们从孔祥熙那里探知中央银行已经将全部库存 900 万两几乎售罄的内幕。监委们核以央行每月售出黄金约 70 万两，共计 12 个月，约为 850 万两左右。可是，央行抛售黄金没有什么法定的手续，一切都由宋子文、贝祖诒说了算，同丰余连一本进出的账目都没有，也就是说，监委们没有什么过硬的材料可以拿到手，案子还是难以获得突破性进展。

四监委都明白，“黄金风潮案”嫌疑人的顶头上司就是宋子文，而宋子文的上面还有蒋介石。怎么办？还查不查？四监委没了主意，请示于右任。于答：“继续查！”恰好宋子文那几天在上海办事，于是监委们赶往宋宅，正好把宋子文堵在家里。监委们诘问宋，出售黄金经过政府的同意，而引起大风潮的停售黄金令，却没有经过政府的讨论或同意，据说是你个人的决定。

宋子文一脸不屑，说：“元老们，停售黄金是奉主席的口头指示，我不过是奉令行事！至于事先没有提出讨论，一来事情急迫，二来主席的意思大家也不会另有什么好办法，徒然引起一些无谓的争论，暴露国家的机密，影响戡乱大计。”又说，“我能力有限，已经向主席提出辞职，一切听上面决定处理！”

事情到了这个份上，监委们只好倚老卖老，硬着头皮打电报给蒋介石，询问停售黄金是否确奉主席的命令？可迟迟不见蒋的回复。监委们想见蒋介石，哪里有合宜的时机。有位老于世故的监委出主意，让他们到国民政府文官处查询一下，看看蒋介石有无批复。果然，那里有人拿出一份文件，笑笑说：“批示有的，只是不大好复电，你们自己看看吧！”

四监委拿过文件，一起伸过来老脑袋看，蒋介石在电报上的批示是：“并无其事。事到如今，有何办法。”四监委看了，都啼笑皆非，怪不得一直没有回音！看蒋介石的意思，显然也没有办法，我等也只能让外界说无能、检察院是“养老院”了。

的确，蒋介石也陷入两难的境地。据当时任中央银行稽核处的李立侠回忆:“蒋介石对中央银行是十分重视的，这是他的总账房，不许别人为所欲为。由于宋子文乱花了他的家当，他就断然把宋赶走了。不过他也知道，宋子文也是在为他办事，试想，不是宋子文殚精竭虑，他打内战的巨额经费又从何而来？真要追究的话，自己是点过头的，对于这一事件，应该负有主要责任。何况宋子文毕竟是自己的大舅子，关起门来是一家人。

怎么办？四监委不肯收兵，就领衔监察院10多名监委提出弹劾“宋子文、贝祖诒案”。立法院开会时，把宋子文、贝祖诒请来质询，弄得两人面红耳赤，下不了台。接着参政会也向宋、贝两人提出质询攻击。事已至此，关键要看蒋介石的态度如何了。

1947年5月，监察院根据宋、贝贪污的确凿证据，向新闻界曝光之后，两次提出对宋、贝的弹劾案，迫使宋子文引咎辞职，黯然南下，就任广东省政府主席;贝祖贻也被撤职查办。上海法院根据詹莲生前后吞进黄金120万两，判处詹莲生有期徒刑12年，林凤苞、杨明仁7年。

这三只金老虎被判刑后，用黄金开路，花了2000多两黄金，获得“保外就医”，连一天监狱都没有蹲就逍遥法外了。

# 案二六　邮政储局贪污案

## 大贪官 色情狂 娇妻美妾数不清

1947 年的上海滩，大大小小的贪赃舞弊案层出不穷，其中，国民党邮政储金汇业局局长徐继庄贪污案，被当时的舆论界称为民国四大贪污案之一，受到了朝野内外的极大关注。

徐继庄，浙江宁波镇海人，其父徐青甫曾经是蒋介石读中学时的校长，还担任过浙江省民政厅长，浙江省议会议长。徐继庄年幼时与蒋介石是小学友。徐青甫是江浙财团实力派人物之一，为蒋介石当初在政界和军界的崛起立下过汗马功劳。徐继庄小学毕业后，即进入中国银行做练习生，后赴美国加利福尼亚留学，读金融专业。学成归国，恰逢北伐战争，徐继庄入上海特别市市政府，成为市长黄郛（黄与徐父徐青甫为师生）幕僚，任职于北伐军经理处。北伐胜利后，蒋介石返浙江遇见老校长徐青浦说：“余有今日，不仅

徐继庄

因校长之教导，也有令郎子青（徐继庄的字）学弟之功，是我的好管家。”

纸币上钤有徐继庄的签名

蒋在江西“围剿”中国工农红军时，决定开设鄂、湘、皖、赣四省农民银行作为自己直接掌控的银行，总行设在汉口市，由蒋的心腹徐继庄出任行长。徐颇有银行业务才干，在蒋的大力支持下，扩大为中国农民银行，独立发行通货，票面印“中国农民银行”，有各种面额，钞票印刷中均盖有总经理徐继庄签名、印鉴，与中央、中国、交通三行平起平坐，被称为四大官方银行。

有一年，农民银行在英国德纳罗公司印刷钞票，英方为酬谢徐继庄为他们揽来的这笔业务，照例要送一笔巨款答谢，徐继庄却将巨款原封退还。徐继庄的清廉还表现在不用私人，就连他亲叔介绍来的人也被拒之门外，从此，他的清廉、严谨、有为之名扬声金融界。

1937年，徐继庄改任香港邮汇局副局长。1941年，香港被日军占领，时任港督的杨慕琦被日军捕获，关入日军在香港的集中营。盟军对日占香港屡次发动空袭，日军集中营成为盟军空袭目标之一。杨慕琦担心个人生命安危，暗中托人写信给徐继庄，托付他设法与英国政府联系，并托付徐继庄要求英国政府通过中立国瑞士，向日本提出外交交涉，要求日本按照当时的国际法，在集中营上空悬挂有红十字的旗帜，从而避免外籍人士伤亡。徐继庄毫不犹豫接受了来自杨慕琦的请托，利用自己的人脉关系完成了杨的托付。在来自英国政府等国际外交舆论压力下，日军在集中营上空升起红十字旗，盟军空袭避开该目标，杨慕琦等外籍人士的性命得以保全。日后，轰动一时的“徐继庄贪污大案”爆发，徐首选香港作为逃脱地点，即与此有关。

1942年，徐继庄出任中国邮政储金汇业局局长，从香港奉命调至抗战陪都重庆。或许是由于对调动的不满，他从此变得放荡不羁，与此前判若两人。

《重庆旧闻录》中记载，1943年，国际形势发生了很大的变化，国际金融活动频繁，蒋介石认为邮汇业务应因时扩大交往，把原有邮汇局扩大为邮汇总局，设在民族路，即现渝中区解放碑邮局原址，徐继庄坐上了总经理的位置。

徐继庄把在农行搜刮百姓的方法使了出来，他一面提高利息吸收游资，一方面对外汇款的客户提供方便，没有半年，使得邮汇局业务上升。徐于是搞内部印发“本票”,既吃同行（当时有许多私人银行和钱庄）又吃平民百姓。

业务之外，徐继庄最热衷的有两件事：一是沽名钓誉，二是玩女人。

为显赫其名，他不惜花费数千万元巨款行贿，买来一个国民党候补中委的名衔。他还对体育表现出异乎寻常的热情，在邮汇局内雇用了一批专职球员，打着他的旗号四处参赛，为他扬名。他出任香港东方体育会名誉会长，亲率东方足球队远征菲律宾、南洋一带，挥金如土，出足风头。

他的“抗战夫人”换了一茬又一茬。夫人的身份大都是漂亮的舞女，其桃色绯闻与纠纷层出不穷。一次，为偿付某舞女的赡养费，他拿出600万法币才算了结。谁也说不清他究竟有多少“太太”，但却知道他有大约30多个子女。

抗战胜利突然从天而降，物价狂跌，重庆大批存户要取现金，准备东下。机关复员，百姓还乡，本票本是银行之间转账之用的，由于现金不够，造成扩大流通，本票满天飞。徐用种种手段，使邮汇局大捞了一把。

1946年初，邮汇总局迁往南京，并在各地设邮汇分局，其中以上海为最大的分局,由徐的亲信沈镜为经理,驻上海九江路36号。上海是全国经济中心，所以徐长驻上海。上海分局内为徐设有总局长办公室。徐总局长这时找了一个交际场所的高级交际花谭莉萍作为他的“专用小蜜”。不久，徐继庄又与王白梅厮混在了一起。王白梅又名王韵珊，原为上海米高美舞厅的红舞女。

国民党上海市长兼淞沪警备司令钱大钧离任，空出极司斐尔路上的一所官邸，徐继庄以280余条黄金买下来当别墅，又出巨资装修，成了金屋藏娇的地方。徐、王二人同居于此，过着奢侈糜烂的生活。在此期间，徐继庄的贪污达到登峰造极的程度。

1947年，上海军校女生们走上街头游行

徐继庄与来自重庆的正和银行总经理、广东揭阳人彭秉澄合伙办远洋公司，做投机生意。徐投资200万美金，去日本冲绳岛收买美军剩余物资西药、医疗器械7000箱和大批血浆，然后运回上海，这是个一本万利的生意。因为血浆不宜久放，徐继庄不得不在上海各大报上登广告，推销“美国冷藏血浆”。不料，此举却引起了美国政府的不满，说这些血浆是二次世界大战时，美国人民捐献给反法西斯战争前方战士的，现在居然有人把它作为商品出售！美驻华使馆向国民政府提出抗议。国民党外交部接到美使馆抗议书后，赶紧将这批血浆和医药及器械全部冻结。徐投资的200万美金无法收回。

投资拿不回来就挪用公款。于是徐又来一招，把冻结在仓库的200万美金的物资作为抵押，换取资金再做投机生意。当时棉纱上涨，他于是大批抢购棉纱，囤积居奇。可万万没有想到，市面上的棉纱突然由大涨变为大跌，酿成惨重损失。徐一不做二不休，又动用公款从美国商人那里购到一架二手客运飞机，想办民航公司。他想只要公司办成，挪用的公款可以此搪塞。不料办民航公司的手续却久久拿不下来。此时，冻结的血浆药械仓库费每月要付款，民航机的停机费要缴，所属几个单位人员的工资要付，还有这几个筹划人，每天要付出一笔费用，搞得徐焦头烂额。

1947 年，国民党政府发行美金公债，时年 44 岁徐继庄经手售出 500 万美元，竟然中饱私囊 400 万美元。

是年 10 月，徐的犯罪事实被人告发，说徐继庄有贪污公款 1000 亿元以上的嫌疑，还有其他渎职罪行。

蒋介石蒋闻报大怒，当场下令上海警备司令部宣铁吾将有关人员立即逮捕。

徐继庄在上海得到凶讯后，迅即躲进了当年中央银行的同事、正业银行董事程天如的公馆。徐继庄宦海浮沉十数载，已经有了相当深厚的根基，案发后，自然有“耳报神”及时向他通风报信。

上海警司特务大队长戚再玉带了大批人马至徐的公馆抓人，不料却已是人去楼空。此时被蒋介石贬职的中统局局长徐恩曾已将徐继庄隐藏起来。

上海地方法院即将对徐继庄提出公诉之时，徐继庄又事先获悉风声，在徐恩曾安排下，化名陈大年，乔扮成平民模样，与王白梅和化名陈金吉的儿子，悄悄溜出公馆，登上轮船，南下香港去了。为了保险起见，他和王白梅及儿子屈尊在三等舱内，熬过了那段艰难的航程。

淞沪警备司令宣铁吾派人拿办徐继庄扑了个空。法院只能对其下属痛下狠手，前经理沈镜、副经理俞子、会计张植荣、科长吴永年、营业处长张玖、编纂陈公培、调查员王祥发、稽查处长阮树荣等相继被逮捕。

## 历五月 行万里 缉捕逃犯得而失

徐继庄的失踪，惹得蒋介石怒不可遏，手令淞沪警备司令宣铁吾限期将徐继庄缉捕归案。

宣铁吾的干将把上海像梳头发似的梳了一遍，也没找到徐继庄的人影。迫于无奈，1947 年 11 月 17 日，宣铁吾逮捕了继续留居在泰安路 22 号的徐继庄的妻子徐金珊，从她口中获悉，徐继庄已带着王白梅逃往香港，她本人正在愤愤不平。至于具体地址，徐金珊坚称不知。宣铁吾遂派干员南下香港追捕徐继庄。

经国民党外交部两广特派员公署特派员郭德华联系沪港警方，请求联手行动办案。然而，一个多月过去了，了无所获。那么，徐继庄到底藏身何处？

其实，徐继庄并不在香港，而是去了九龙。初到九龙，徐继庄携王白梅匿迹于万邦公寓之内，不久又移居澳门，再打算逃往美国。住在澳门，对他办理护照、签证都带来不便。为此，他托一位做船务生意的朋友在香港薄扶林道132号新找了一个住处，此处背傍铜锣湾，环境幽雅且隐蔽。小洋楼内仅住着一位形单影孤的老太太，很欢迎徐继庄夫妇迁来与她做伴。

徐继庄隐居香港，深居简出。无奈爱妾王白梅舞女出身，生性浮浪，奈不得寂寞，频繁出入社交场合，终于被猎犬般四处嗅其踪影的上海淞沪警备司令部侦缉处副处长郑重为的手下侦探发现，并一直盯梢到薄扶林道132号。对此，王白梅了无知觉。港警方威廉臣警长和郑重为开始对徐继庄监控，这一天是1948年1月17日。

1月21日深夜，香港地区飘起蒙蒙细雨。威廉臣警长率领一干人，驱车沿薄扶林道自北向南疾驶。同行的还有几位身份特殊的人物，他们是：国民党上海淞沪警备司令部侦缉处副处长郑重为、侦缉大队长罗静芳及其随员冯仲连、赵广禄等人。他们到了薄扶林道132号附近。这是一幢依山坡而建的小洋楼。警车车灯熄火，威廉臣低声叮嘱："注意，不得惊动周围居民！"说罢，率先闪身下车，扑入夜幕之中，警探们已将小洋楼团团围住。

郑重为抬腕看表，时针指向11时整。楼内的那个要犯，曾经官居邮政储金汇业局局长宝座的大人物即将束手就擒。为了完成蒋介石"着即将徐继庄缉捕归案"的手令，郑重为及其同僚们已经辗转奔波了3个多月。

烟雨之中，威廉臣上前叫开房门，众警探随之一拥而进，将徐继庄"请"了出来，送进囚车，王白梅痛哭流涕，紧紧抓住徐继庄不让走，警员用力把她分开。徐继庄被押到荷理活道中央警署，他万念俱灰，当晚在狱中数次试图自杀未果。港署恐生意外，第二天即将其移押赤柱监狱橡皮监房，小心看护。

国民政府得知徐继庄被捕，即向港方提出引渡要求，并命令郑重为等人静候香港，以期完成法律手续后将徐押回上海。

民国政府对徐继庄贪污舞弊提出的正式起诉金额为：美金 5 万元、美金公债 26 万元、法币 28 亿元，而非此前传说的巨大的天文数额。即便如此，其贪婪的程度同样令人瞠目。

与此同时，王白梅投入了营救徐继庄出狱的活动之中，她延聘香港著名律师施露华为其辩护。深谙香港法律的施露华经深思熟虑后，向法院提出了一个十分具有诱惑力的提议：将缴纳保释金的金额由 100 万港元提升至 500 万港元,以期求得徐继庄交保释放。施露华的提议,使香港司法当局十分动心，且合于英国方面的法律规定。在当时，500 万港币折合美金达 125 万元之巨，如此巨大的保释金额，在香港尚属首例。经过几度庭审辩护，香港方面终于接受了施露华的要求，徐继庄被准予保释。1948 年 1 月 28 日，香港最高法院作出最终判决，徐继庄引渡案不成立，徐被当庭释放。究其深层原因，与徐继庄曾协助营救过港督杨慕琦大有关系。

香港《大公报》对此做出如下报道："本报香港卅一日专电，在此受审的前邮汇局长徐继庄，已在旧历除夕日由香港最高法院开释。徐氏由他妻子和儿子陪着离开法庭，满面笑容。据国民政府驻港代表说，正等待训令，俾采取进一步行动云云。"

1948 年 2 月 4 日，国民政府派至香港的的淞沪警备区司令部郑重为一干人等空手而归，飞回上海。国民党政府长达 5 个月之久的种种努力在 500 万元港币面前统统化为泡影。

次日，上海各大报纸均以《徐继庄没回来》为题报道了此事。上海地方法院不得不将此案作为悬案搁置。

# 案二七　田赋征收贪污案

## 田粮官 黄德安 大肆侵吞田粮款

反贪腐总是历代执政者需要面对的重要问题。国民政府对官员的贪腐，从书面申诫、到有期徒刑、再到死刑，政府反腐决心不可谓不大，但收效甚微，这究竟是何原因！

1948年，湖南省主席程潜办了一件“打老虎”的案子，该案颇具戏剧性，影响一时。

当年9月11日，已经卸任的省田粮处处长黄德安被警局扣押，涉嫌贪污，按当时金价折算，这位田粮处长贪污公款数超过一千两黄金。这一天，距他上任田粮处处长职位正好一年。

黄德安曾经清廉过，《黄德安除夕办公轶闻》就讲述了黄德安的一个动人故事：

抗日战争期间，湖南省政府从长沙南迁到耒阳办公。黄德安任财政厅主任秘书，他素以敏捷干练著称，平时强调“今日事，今日毕”，要求全厅同仁做到案无积牍。大家服其才气，对他敬畏有加。某年大年三十这天，几位科长决定开他一个玩笑，把平日各科积压尚未“呈判”的文稿，在除夕那天下午，集中送到他的办公桌上，堆起来足有一两尺高，还附上一个纸条：“今日请君输一着，公文判决待明年（意思是说，你要求“今日事，今日毕”，可你当日处理不完）。”

黄德安下午来上班，看完笑了笑，马上命人将大门锁上，立即着手核阅批审，且边批边发还下去。经几个小时批阅完毕，他轻松地抽起烟来。但却苦了全厅工作人员：大部分获得判“行”的文稿集中到了缮写室缮印；少数批退科室要求修改补充；最糟的是因文稿错误而被批“重拟”。工作量大，一个下午哪办得完，弄得几个出馊主意的科长狼狈不堪，只好向黄德安作揖打拱，赔笑说：“黄秘书厉害！请叫他们开门吧，明天再向您拜个早年。”

黄德安于1947年9月经举荐当上湖南省田赋粮食处处长。田粮处长负责管理全省田赋征收和军粮供应，成为高危职位。

湖南盛产稻米，历年远销南北各省。据1936年《长沙经济调查报告》载：“湖南每年出口谷米，除因歉年政府禁止或限制出口外，每年约在二三百万担之间。”长沙因系一省政治、经济、文化中心和水陆交通枢纽，自清末起，粮食贸易日益兴盛，与九江、芜湖、安庆合称中国“四大米市”。

长沙米市的谷米交易，在1938年以前价格比较稳定。1938年后，米价开始一路飞飙，1940年，每市石米价法币17. 5元，至1945年的6年间，由于法币贬值，粮价上涨了476倍，每市石米价达8330元。抗战胜利后，由于国民党政府全面发动内战，经济崩溃，物价飞涨，至1948年8月，米价暴涨了7900倍。

湖南省各县粮官的贪污数字动辄以千石、万石计。黄德安的前任胡迈，于1946年，任湖南省财政厅厅长兼田粮处处长，胡迈提用公款非法获利480多万元，又从桃源等县收购稻谷中非法获利4000多万元。因同僚举报落马，被判刑10年。当时的媒体感叹道：“天下乌鸦一般黑，粮官无地不贪污！”但据亲历者回忆，胡迈以征粮“成绩”优异，并没有坐过牢，当判决书送到粮食部时，他正在重庆大请其客。胡迈的境遇正诠释了政府反腐收效甚微的原因。

黄德安接任胡迈的田粮处长，在1947年9月至次年9月任职期间，利用金钱贿通上司，伙同部属利用公款放息，贪污620亿元；吞蚀军粮运费104亿元；印刷赋券贪污70亿元。以上3项按当时金价计算，共值黄金1000两。此外，多次谎报船工口粮共213100斤；伙同田粮处长沙交拨所所长任正凡等侵吞赋谷37000石，成了解放战争时期，湖南国民党官员的重大贪污案件之一。国民党政府的粮食部长徐堪说“好人不进粮食部”。

黄在极短的时间里轻而易举地贪污这么多的钱财，与当时的官场风气有极大关系，贪污腐败已经是普遍现象。

## 长师派 一师派 派斗揪住贪污案

黄德安贪污案发是湖南《中央日报》的“监督报道”引起的。这份报道最先曝光了省田粮处长沙交拨所亏欠37000担粮食的事，该所业务股股长杨尧闻风逃走。湖南省主席程潜派人彻查，由此揪出了贪污犯黄德安。湖南《中央日报》也因此报道收获了1.8万份发行量，创民国湖南报刊发行量纪录。

黄德安在长沙城素有才子之名，深得曾任湖南省长赵恒惕的赏识，他平时也以赵恒惕为靠山。案发之初，有人前来劝他逃跑，他强硬回答：问心无愧，

1941年，长沙城北护城河（即北门便河）的风景

用不着走。

9 月 11 日，黄德安案情初有眉目，下午 3 点，且已被监控，程潜召集省警局局长刘人奎到省府，向他交代逮捕黄德安一事。当警察突然出现在黄德安面前时，他脸色变得蜡黄，警察把他“请”上黄包车到了警局。黄德安要求与省政府秘书长邓介松通电话，希望在自己家里接受看管。邓介松唾弃其恶行，甚至不愿跟他通话。当晚，他被押在警局训练室。

黄德安贪污案，从立案清查到警局扣人，前后不过 13 天。

黄德安的靠山赵恒惕被记者问及此事时，表露出几分无奈，他说：“德安是一个杰出的人才，文章写得又快又好，处事又敏捷又稳健，可惜落得如此结局啊！”黄德安被捕的时候，赵恒惕已垂垂老矣，政治资本已经远不如往日。

黄德安表面上因贪污而入狱，而实际原因是他的政治资本不够，栽在了私人恩怨和派系之争上。抗战胜利后，长沙县参议会一成立就派性丛生，如“长师派”（长沙师范毕业的）、“一师派”（湖南第一师范毕业的），还有党派（国民党 CC 分子）、团派（三青团中坚分子）等。

1946 年 3 月，长沙县参议员竞选省参议员，初时有黄德安（长师派头头）、陈士棻（一师派头头），另外有周昭怡、刘兆丰。周昭怡中途弃权，刘兆丰无足轻重，所以只有黄、陈两人棋逢敌手。各自的助选皆紧锣密鼓，讲演台上，各方都鼓舌如簧，把如何治省治县创造业绩说得天花乱坠，其实这都是形式主义。在长沙县土生土长的“长师派”毕竟实力较强，且黄德安又得到三青团的支持，其优势明显，投票结果，黄德安票数遥遥领先，当选为省参议员。

长沙县通过省、县参议员选举后，形成长师派、团派结成一帮；一师派、CG 派结成一帮，两帮对峙，壁垒森严，常因权利之争而舌战不休。

1947 年春，开始立法委员选举，分区域和人民团体两种方式产生。长沙市、县两个区域分配立法委员名额 1 人，由选民直接投票产生。长沙市、县区域竞选的候选人是柳克述，乃本地长桥人，曾留学英国剑桥大学，他是国民党中央常委，又是陈诚智囊团文官长。一到长沙，省、市、县的党、团、参、政、军、新闻界所有头面人物，就像鸭子一样成群地拍着翅膀迎了上去，寓所车马盈门，好不威风。长师派头头黄德安最为卖力，出谋划策，奔走呼号，为其效劳。

以至无人敢与柳克述匹敌，也就没有竞争对手。柳克述一举囊括了全部选票，顺利地当选为立法委员。黄德安因助选有功，由柳向有关方面推荐为湖南省田赋粮食管理处处长。黄于是官运亨通，由省参议员一跃而登上湘省之财神宝座，显赫一时。黄德安得意忘形，贪污舞弊有恃无恐。

立法委员选举后，接着开始国大代表选举，其时，1947年，国民党政权已经处于风雨飘摇之中。长沙县区域分配国大代表名额1人，竞选人一为余籍传，他在何键主湘时曾任湖南省建设厅厅长10年，抗日胜利后任省善后救济总署署长；二是黄德安，他爬到省田粮处长官阶后，得陇望蜀，还想捞个国大代表作为继续向上爬的政治资本，也要参加竞选。可是，不少人认为他是个八面玲珑的政客，支持他竞选国大代表的人为数不多。黄德安知情不妙，在长沙师范召集助选骨干碰头，恳切要求大家出力，支持他竞选，但不少人默不作声。最后，开票结果，余籍传当选为国大代表，黄德安落榜。

1948年，随着国民党湖南省政府主席王东原的去职，黄德安亦被迫下台。交接时，新任省政府主席程潜派蒋伏生等负责清查监交。黄德安上任是经周斓等举荐的，黄是周的亲信，而蒋伏生恰好与周积有宿怨，所以蒋乘机让报纸揭露黄德安的贪污行径以打击周斓，“一师派”的人全力支持，于是，黄德安被捕。

黄德安供认，参与贪污的不仅是田粮处的官员，国民党粮食部长和湖南省政府主席王东原，以及其下属官僚也接受过黄的贿赂。具体说来，贿赂国民政府粮食部长1.5亿余元，省政府主席王东原42亿元，省警务处长李树森1.5亿元，省政府秘书长刘公武1亿元，省议长赵恒惕4500万元等，并贿赂长沙新闻从业人员十数亿元。

黄德安贪污案被报章广为关注，湖南《中央日报》、湖南《大公报》、南京《和平日报》、上海《申报》等国内重要媒体都作了报道。迫于舆论压力，长沙地方法院1948年12月29日对黄案进行公开宣判，黄德安被判处无期徒刑，剥夺公权终身。

黄德安等几名被告人对终审判决不服，向最高法院申请复判，还没等到复判下来，1949年8月4日，程潜在长沙起义，次日，解放军进驻长沙。

# 案二八 上海政府禁舞案

## 端风化 杜奢靡 政府发布禁舞令

说到上海禁舞案，需从上海舞业的发展谈起。

上海自1843年开埠以来，“跳舞”现象就渐渐扑入国人眼帘。跳舞是指交际舞，又称“舞厅舞”，它最早被上海人译为“跳戏”。国人见洋人跳舞，感到那么新奇，有人赋词描述道：“玻杯互劝酒休辞，击鼓渊渊节奏迟。入抱回身欢已极，八音筒里写相思。”

但跳舞最初并不适于国人，三寸金莲的小脚女子跳不来。到了民国20年代，尽管许多女子都放了足，但依然是“小脚女人”，行动依然不便。20世纪30年代，上海跳舞业才真正兴盛起来，因为这时未缠足幼女成年了。有了人员基础，商业性舞业发展起来，舞女作为一种职业产生了。于是跳舞学校、跳舞养成所等纷纷开设，专教赶时髦、不懂舞术的青年们。

上海舞厅业的发展，使舞女成为时尚中的标志物。一些舞厅订立了严格的陪舞制度，规定只有经过考核并发给伴舞证的舞女才能伴舞。舞女们相貌谈吐不输名媛，舞技高超，收入颇丰。比如百乐门里一个入行二、三年的舞女，月收入可达数千元，是当年一名普通工人收入的十倍至百倍。风光只是表象，百乐门舞女最受追捧的岁月里，也没有得到主流社会的接纳，当年上海滩的太太小姐们甚至不愿在百乐门里跳舞，因为不屑与舞女为伍。边缘、弱势、他人掌中的玩物，一直是那个时代舞女的命运。

尽管舞女的地位低下，爱国却不甘后人。1932年5月，国民党南京政府与日本在上海签订《上海停战协定》，上海的社会生活恢复常态，然而牵动人心的是坚持抵抗的东北义勇军和大量流落关内的东北难民。社会各界举办了形式多样的捐助活动。其中，影响较大的是1933年元旦前后举办的“救济东北难民游艺大会”，其重头戏就是“竞选花国舞后”。舞女们积极报国，日夜伴舞不停，将所得钱款救济难民或义勇军。

抗战胜利后，由于内战的全面爆发，国统区的经济陷入严重困境，生产萎缩，物资供应十分匮乏，通货膨胀日益加剧，在抗战中凝聚起来的民族精神也在逐渐消失。随之而来的是政府官员变本加厉地享乐与贪污。之前是志士们一寸山河一寸血，现在是贪官们一场酒宴百姓一年粮。这些躲在民族英雄后面的侏儒官员，意志懈怠，贪欲横流，追求的是金钱和享乐。他们嫖妓彻夜不归；包养小妾三个五个不嫌多。兜里揣着美元的盟军和家里藏满了法币、黄金的国民政府官员们更是频频出入舞厅。

上海舞女的数量在迅速增加。1946年六七月间，上海警察局曾办理过一次舞女登记，职业舞女已达3300余人，年龄一般在16岁至24岁之间。到1947年，以上海著名的“百乐门”舞厅为龙头，带动上海舞业蓬蓬勃勃地发展起来。舞场里吸引青年男女通宵达旦狂歌狂舞，舞场灯红酒绿挥霍无度。舞曲一阵紧似一阵地响，歌曲一曲一曲地唱，有香格里拉、夏威夷天堂、烟雾蒙住你的眼睛、夜上海、夜来香、似水流年、玫瑰玫瑰我爱你、蔷薇蔷薇处处开等等。

夜上海的舞女被称为“货腰女郎”，在生活的重压下，强颜欢笑供人搂抱。她们大多没有受过多少教育，因为家境贫寒而要早早地养家，只能靠着年轻下舞场、吃青春饭了。开始她们谈吐应酬功力不足，舞技也不娴熟，在设备简陋的小舞厅里应付鄙俗舞客。等到才艺长进了，就有可能进入名流富豪云集的头等舞厅角逐了。如果色艺俱佳，又有人捧场，就能成为“红舞女”。

舞女的生活表面浮华，实则大多处于艰难。她们出现在各色报刊上的总是轻生、情杀、铤而走险、以及家庭纠纷等内容。舞场危及社会治安，是个时时隐含凶险与暗算的不安分场所，舞女也成了一个不体面的形象，因搂抱而至淫乱，昭昭在人耳目，危及社会风化。比如行政院副院长王云五，他的女婿和儿子嗜舞成癖，其女婿娶了个舞女做小老婆，女儿一气之下吞药自尽。正当王云五悲痛之时，他儿子又恰好与上海的某个舞女谈恋爱，王认为有辱门风，恨透了舞厅，发誓一定要禁舞。

在中央正式下达禁舞之前，上海市长吴国桢提出了“肃舞”与“分期禁舞”的折中办法，想缓和社会上对禁舞的不满。但这两种可笑的做法非但没让舞女以及舞客们满意，还招来了中央的施压，《中央日报》发表题为《跳舞就禁不得吗？》的社论，大骂上海是“法外之地”。

既然要禁舞，那么舞女“下岗”后靠什么为生？这给上海政府出了难题，政府先是想出了让舞女专业当护士的办法。此想法一出，立刻引起强烈反对。医护界的韩曼丽在1947年8月的《申报》上发表文章《舞女与护士》，说，要成为一个护士，必须修完“解剖学、生理学、护医学、医药学、个人卫生、公共卫生、细菌学、内科、外科、伦理学等十余种必修课程”，作者虽然同情舞女，但认为舞女在离开出卖色相的生活后，立刻从事神圣、崇高、严肃的护士职业是不妥的。上海护士协会也反对让舞女做护士。长期习惯于昼睡晚起散漫生活的舞女要改任生活严肃的护士也确实不切实际。

当时还有一种主张是认为舞女最好的出路是嫁人。王云五提出：“此辈舞女，均是成年女子，出嫁以后即解决生活问题，为妻固妙，为妾亦无不可，总之女人以嫁人为原则。”

上海社会局局长吴开先也说风凉话：“舞女的生活糜烂惯了，救济所养不起她们，她们也住不来，所以没有办法，只有嫁人。”

国民党当局为“戡乱建国，整饬纪纲”，开展了节约运动，提出杜绝“妨碍节约，有伤风化”的奢靡、浪费行径。当局称，自抗战胜利以来，政府机构和社会在人力、物力上多有浪费，必须加以有效限制。而营业性舞厅里滋生出诸如盗窃、欺诈、轻生、情杀、凶杀等种种弊端，当在取缔之列。

终于，南京政府于1947年8月，正式颁布了《厉行节约消费办法纲要》，其中的第二大项第六条即为“禁止营业性跳舞场”。此令一出，立即引起舞业界的强烈震动。浙江、福建、河南、湖南、北平、南京、汉口、沈阳、天津、广州、重庆等省市的营业性舞场先后停业。青岛除保留两家供盟军所用的舞场外，其余亦均停业。

1947年10月，上海市社会局宣布禁舞令，实行分批禁舞、抽签决定的办法，第一批抽签日期定为1948年1月31日下午3时。

禁舞令使上海舞女面临失业，她们集合抗议

大上海的摩登舞女们面临着失业。怎么办？舞业自发召开舞女代表大会，成立临时性“舞女联谊会”，选派代表分头去疏通关系，抗争“禁舞令”。舞女代表们不辞辛苦，分赴上海国民党市党部、市政府、社会局、民政局等处诉说苦衷。其他舞女也坐不住，认真挖掘各方关系，运动关节，有的还去了国大代表常委会秘书长洪兰友处求情；有的拜访上海社会名流，争取他们的同情和支持；有的召开记者招待会，诉说舞女即将失业所带来的种种困难，并提出必须先解决舞女的转业问题然后才能禁舞。

舞女们的行动得到新闻界的广泛同情，各报纷纷报道。有舆论指出：节约运动不是要使有饭吃的变成没饭吃的，政府把舞女当做洪水猛兽，强行禁绝，将有治丝益紊之虑。

舞女联谊会还迅速办起“转业学习班”、“舞女转业速成学校”，教授打字、簿记、看护、纺织、刺绣、编结等等。然而，当时正值社会动荡之际，各行各业的就业情况都十分困难，舞女们要在短时间里不可能自行完成转业。上海社会局考虑到舞情汹汹，也在想办法，表示将禁舞后的舞女充做看护，但又认为这一改变恐非易事。

“禁舞与吃饭”之间的矛盾成了难解的大疙瘩。舞女们的种种努力不能改变“国法”政令。就有舞女想到了蒋夫人宋美龄，她也是女人，想必女人会对女人说句公道话。于是舞女们给宋美龄写了封公开信，信中说：“谁忍以洁白身心，为众人轻视，然为生活鞭策，不得不强颜欢笑，以掩内心之痛，而博活命之资！我们穷，转业又困难，我们一日不伴舞，一日不能生，我们不能饿死啊！……”

禁舞所牵连的其实远不止于舞女，时任上海市长的吴国桢在与南京方面交谈时，屡诉禁舞对上海市面的影响：“在上海的舞厅中有八千名舞女，她们还有许多家属，如果我们完全禁舞，对舞女及其家属以及靠这类场所过活的小生意人来说，后果可能是灾难性的。例如，乐师们、来回拉顾客的黄包车夫们，以及面向舞女的鞋店与头饰店之类。总之，我估计有成千上万人的生计会受到影响。”

然而，禁舞势在必行。舞女们从希望到失望进而绝望。无奈之下，舞女联谊会决定召开全市舞女与舞业职工大会，发动大家力量集体抗争。

上海市舞女与舞业职工大会会场

## 掐下身 挠脸皮 搏斗警察赛猛虎

1948年1月31日，是第一批“禁舞”抽签的日子，哪家舞厅抽到签，哪家就得停业。这天下午一时，全市舞女与舞业职工及家属大会在新仙林舞厅召开，与会者六千余人。大会上，舞女们放开嗓门大声呼喊:“我们要吃饭”、“我们要转业”、“反对抽签禁舞”、“团结起来，有饭大家吃”。

这时，一个爆炸性的消息传来：上海社会局局长吴开先不顾原先由舞业公会自行抽签的约定，已经单方面抽出了首批禁停名单，包括了仙乐、百乐门、米高美、丽都等14家一流舞厅。顿时，与会者激愤起来。一陈姓舞女当场对天号啕：“天啊！我们一家上下8口都指望我吃饭，禁舞后他们怎么办？难道政府要逼得我们去做‘野鸡’吗！”人们怒吼着要向当局去讨个公道，纷纷往社会局涌去。

此时全场秩序已经完全失控，舞业界名人孙洪元见状不失时机地火上浇油，他和唐宗杰等人当即弄来了十多辆大卡车，在他们的推波助澜下，一场大规模的舞女游行爆发了！

下午3时许，游行队伍来到林森中路社会局门口。数千张口一齐怒吼:“我们要吃饭！”“吴开先滚出来！”“政府禁舞，我们饿死！”巡警见状，如临大敌，赶紧把路上的几辆警车开来堵在社会局门前，又挥舞警棍以制止人群再上前。

社会局吴局长正在局内和市参议会参议长潘公展等人开劳资评议会，闻声向窗外望去，顿时脸上失色，连忙吩咐警卫:“出去传我的话，叫她们先回去，我们随后开会研究解决。”

然而，几句敷衍的话哪里能骗得了情绪激昂的舞女们？咆哮之声反而越来越高。吴局长不得不把金美虹等6名舞女代表请进了社会局办公室谈判。数千人在刺骨的寒风中等啊等，却始终得不到答复。人群开始推搡着向社会局大门逼进，警察们见状警棍再度挥舞起来。可后面不住的推动，队伍停不下来。只听一声惨叫，一个舞女手捂额角，鲜血流淌下来。“打人了！打人了！”人们再也控制不住情绪，某舞厅大班朱鼎等人首先挥拳向警察击去，其后舞女，乐师纷纷用小旗竹竿作武器，向警察们的头上扫去，抱住警察抓脸、掐肉、扯衣，有的专掐警察的下身，一个个奋不顾身。

大班，是居于厅主和舞女之间的一个中间管理者，原是些被上海人讥为“小抖乱”的准流氓，他们有的是“抱台脚”的，说白些就是维护舞厅秩序的打手；有的是“坐台子”的，其实就是舞厅的皮条客，为舞客舞女（实为嫖客）牵线。这回禁舞，等于把他们的饭碗也给砸了，所以他们参加起来特别凶狠卖力，武力冲突就在他们的带头下发生了。怒火一旦在拳脚作用下倾泻出来，就不容易收场。平日里受尽歧视和欺凌的舞女们，将多年郁积的怨恨一下子倾泻出来。社会局办公室内，玻璃窗被全部打碎，办公桌椅被砸烂，办公文件也被撕碎。舞女们一改往日的温柔，个个犹如猛虎。会议室的门被撞开了，潘公展的警卫大怒之下出去质问：“谁在这里撒野！”话音未落，他头上就挨了一竿子，继而竹竿雨点般落在他头上和身上。舞女们冲进了会议室，却不见吴开先局长踪影。“吴开先呢！”在愤怒的质问下，潘公展全身颤抖，指指侧门，原来吴早从这里逃走。

被砸烂的上海社会局一片狼藉

舞女们没抓到吴开先，怒气更甚，便一路冲砸过去，局长办公室以及各科室里的电灯、电话等用具全碎了。

嵩山分局局长接到社会局求援报告，即刻出动三十多名警察赶赴现场，但人少力薄，警员很快被舞女征服，警服被撕坏，脸被挠伤，枪支被夺下。

上海市警察局长俞叔平一声令下，大批“飞行堡垒”迅速到达，数百名警察手持警棍，盾牌并排而进，高音喇叭喊起：“马上散去！不准闹事！违令者严惩不贷！”警方见威胁无效，便发动攻击，舞女们毫不畏惧，以木棍，旗帜等作武器，几十人围攻一人，平日弱不禁风的舞女们，此时一个个变成了凶悍的母老虎，她们边打边骂，不少警察被打翻在地，哀呼“小姐别打了！”

混战一直持续到下午4点，“舞女”们毕竟不敌“武男”，被塞进警车的越来越多，但却无一人后退或投降。至下午5时，上海市警备大队与骑兵巡逻队赶到，用刺刀把人群逼至一处。一场舞、警对抗终于结束。统计双方战果：有三十多名舞女和四十多名警察受伤；逮捕舞女诸797人。

冲击社会局的带头人之一孙洪元没能逃脱，被警察从社会局的厨房内揪出，在上海警备司令宣铁吾凶狠的逼视下，他很快就招供了武力冲突的全过程和舞女联谊会大会主席团名单。立刻，唐宗杰、金美虹、孙美芳等主席、代表被关押。当日上海所有警局监狱内人满为患。

## 唇似枪 舌如剑 答辩惹得众人笑

翌日，《中央日报》、《正言报》、《铁报》、《东方日报》等各大报纸纷纷第一时间在头版头条对舞女案进行了报道，震惊了全国。南京的蒋介石也被惊动了，立刻招来社会部长谷正纲，国防部副部长郑介民商谈对策。1948年2月8日，国民党中央行政院开始弹劾吴开先禁舞不力。吴为了摆脱困境，竟声称“显系共党有组织之行动”，遂下令强制解散舞业工会；宣铁吾亦宣布全城戒严，一时间大上海人心惶惶。然而，始终没查出共产党介入的证据。

3月份，社会各界舆论开始声援被捕的舞女们，对上海当局的作法提出质疑，认为是践踏人权、欺压弱小的行为。国民党行政院内部亦有人开始替舞女们说话。迫于各方面压力，南京当局不得不于3月31日宣布取消“禁舞令”，各大舞厅复又开始营业，上海滩依然是摩登的上海滩。然而，对这次“禁舞案”中的肇事者不能不追究。7月23日下午，上海市地方法院对“禁舞案”开庭审判。

看看当年的审理记录，真是令人忍俊不禁——太滑稽幽默搞笑了。如：“查瑞礼，男24岁，扬子大班。罪行：首先响应喊打；杨莉莉，女，26岁，远东舞女。罪行：扼警员冯若愚睾丸；施梅芳，女，27 岁，华都舞女，罪行，预备用竹竿打玻璃……”

施梅芳从事舞业多年，舞厅里，她靠了两条不断旋转的美腿承担起家庭的生活重担，这是最令她心慰的事。她已不是陋巷里原先那个羞涩、没有卖相、营养不足的少女了，而今她已经成为轻肢蛮腰的舞女。她在这次反抗“禁舞”中发挥了主人公的作用。庭审中，她与法官唇枪舌剑，毫不示弱——

法官：“国民政府开展新生活运动，早就取缔妇女奇装异服、不准烫发和穿高跟鞋，你们舞女为什么不尊法令？”

施女辩称：“服饰、鞋帽，花自家的钱，穿自家的衣，没招谁惹谁，何罪之有？先生家的太太、小姐难道没穿高跟鞋？”此言引起众人喝彩、大笑。

法官：“严禁交际舞营业，为的是端风化而正习俗。我国向有‘男女授受不亲’之明训，而舞女以声色为饵，缠绵撕摩，使无知青年和其他社会人士恣情纵欲，陷溺其间，且衍生种种弊端。跳舞不合中国国情，自当取缔！”

舞女杨莉莉打断法官的话道：“跳舞是正当舞蹈，原为健身运动之一种。难道法官大人没进过舞场？法官大人不会跳舞？没有‘缠绵撕摩’过？我就是在舞厅里认识你的！”

几句话说得这位法官额头上渗出了汗珠，他起身假装喝水，退席了。

接下来，由陪审官继续询问案情。大部分被告众口一词说自己“并未动手，立在后头，谁动的手，没看见。”

69 名被告舞女中，却有一名女中学生。法官问她为什么也去社会局请愿，她回答说：“我本来要去美琪看电影，因为买不到票，正巧朋友叫我一起坐卡车去，我长这么大还未做过卡车，就去了。人家叫我喊口号我就喊了，怎么的？吼两声也犯法！”

法官对她大发雷霆道：“此案如果全是舞业人员，人家不至于怀疑有政治作用，现在就因为你一人夹杂其中，人家怀疑学生煽动舞潮！你 17 岁已经害了很多人，你到 37 岁要害多少人！”

女学生被训得摸不着边际，头脑一懵，号啕大哭；旁听席上大笑不止。

最后法官钟显达宣判：最先动手的大班朱鼎，以聚众暴力胁迫罪处以 4

年徒刑；曾志刚处有期徒刑三年六个月；忻松存处有期徒刑一年；沈妹妹、谭佩娥、俞志琴、孙致敏、孟燕、金美虹等，损毁公务人员职务上掌管的文书物品，处有期徒刑五个月；金英处有期徒刑三个月……总之，数十名舞女和舞业人员被判刑，其他人或缓刑，或无罪开释。

# 案二九　包庇县长贪污案

## 禁烟毒 滥职权 县长贪污惹民怨

四川省开县位于重庆市东北部。清乾隆《开县志》写道：开县虽僻处偏隅而景物繁华，英贤聚集，农工商贾，皞皞熙熙，说礼敦诗，家弦户诵矣。开县可谓是一个人杰地灵的好地方。到了民国后期，却出现了一个蠹虫——该县县长曾逸贪污祸民，影响一时。

据《开县志》记载：开县县长曾逸，四川省汶川人。自1948年6月到任以来，不特无行政经验，且无任何政治措施，任内毫无建树，惟率亲信宵小，勾结不肖之徒，大肆贪污，不遗巨细。他上任才三月，开县人民怨声载道。

事情还要从禁烟运动说起。

1947年，国民政府下最大决心禁绝烟毒，内政部特定这一年为“烟毒禁绝年”，并颁布禁绝烟毒办法多项。四川省政府根据这些办法，又提出禁政初期注意事项：各县迅速准备实行连保连坐工作，成立烟毒调验所；凡缉获种、运、售之烟毒犯一律按法律枪决。省府还配制戒烟国药分发各县，每县五百剂，用于勒戒烟犯。

开县吴县长于3月12日正式成立四川省禁烟协会开县分会，有理监事12人，公推谭炳成、王锡三、袁震风为常务理事，皮怀白为常务监事。各乡亦成立禁烟支会，地方士绅及社会贤达参加，以扩大影响。接着，禁烟分会根据上级指示，采取措施，由县府财政拨款300余万元购置设备，成立烟毒调验所。烟民入所施戒，勿论贫富，伙食自备，并分四等缴纳施戒费。要求

1940年代四川开县的村童

全县公教人员一律尽先调验，以资倡导。为此，县政府发动社会宣传和社会制裁，务使县人普遍明了禁毒的重要性。

县里还成立守法运动促进委员会，协助禁政推行，严密查缉运毒人犯，依法处理查获烟土，凡查获之烟土应依法层层上交，不准不报或私吞。鼓励民众积极密告检举烟毒罪犯，加强麻醉品管理，严厉打击市面上借卖麻醉药品暗售吗啡等毒品的毒犯。

一些乡镇也开始设立戒烟所。城厢镇还出现兄勉其弟、妻劝其夫、亲戚邻友、互相忠告的动人事例。烟民自动投戒者一个月就有 90 多人，并有 40 余人脱瘾出所。

7 月底，县烟毒调验所统计，26 乡镇的脱瘾男女烟民共有 279 人。依法起诉了数十案，照死刑起诉的有十余人。

四川省政府认为开县“分区设所,调集烟民施戒,具保限期鼓励烟民自戒,依靠社团组织烟民勒戒”的施戒方法周妥，通令各县参酌办理。

1948 年 6 月，曾逸县长到任后，依照上峰禁烟禁毒条例，也规定：凡制、藏和贩卖烟毒、设所供人吸食以及栽种罂粟、戒后复吸者，均处死刑。惟以一纸训令，加上执行者本身也不干净，因而执行者多阳奉阴违，表面上煞有介事，雷厉风行，实际上放任自流，大开绿灯，结果还是吸者自吸，贩者自贩。

曾县长到任后拿获的烟土为170多两，但缴案的仅100.5两，鉴定时又只有60两了，而且烟土完全变质，只有表面少许是烟，内层完全是土。人们怀疑此事内幕与曾县长有关。

1948年7月，曾县长召开扩大县政会议，其会议经费未将预算报省核准，也未通知县参议会，曾县长独自签支法币四亿余元。此款以支付与会人员旅食费为借口，实则握存在曾县长自己手里。而去年，吴县长任内召开的秋季扩大县政会议经费，开支数为二百多万元。此次会议经费即使算上物价上涨因素，也不应相差如此之巨。对于此项内容的询问，曾县长均不申复。

1948年8月，曾县长还浮支乡镇自治人员选举费。曾县长办理此项事务支出法币8亿余元，拟用于人员旅费，实际并未开支。由恒茂号承印选票78万张，每张千元。经查询始知，恒茂号并未承印过什么选票，是承办人找印刷工人承包后用木板承印的，实属舞弊。

这时，县参议会探悉，中央发给开县的免赋补助费共约法币二亿余元，分批下拨到县。第一笔下拨款是二亿六千多万元，其中却被扣出一亿三千八百万，县政府不明是何原因，于9月份去呈询问。中央回复说，是曾县长借的旅费。曾县长自己借了钱用，反不知道，实在糊涂。

曾县长借口奉有手令，委派一名叫易璋的人，筹组开县“情报组”，名额仅15人，每人支双饷。情报组到处以搜捕反动分子为名，大肆搜括，为害乡里。对于烟毒抢劫等案，私自逮捕以勒索财物。如在铁桥乡谭先智家搕取金元券一万二仟伍佰元，谭先智卖黄谷三百余市石，菜油十担始行缴足；又在三合乡王定科家搕取生洋三百元，法币七十亿元，其他类此之件，各乡俱有，赃款之巨，骇人听闻。

参议会历次会议主要是听取县政府及科室施政报告，讨论、审议各种决议、提案及选举事项。1948年10月5日，县参议会召开第八次会议，根据部分参议员提案，决议对县长曾逸的贪污行为予以检举揭发。参议员们根据舆情，在对县府的询问案中，就明指其过，希望他翻然觉悟，有所悔改。但是，曾县长不理会县参议会的忠告，依然我行我素，胆子越来越大，特别是借禁烟，敲诈勒索。

中央归还开县的粮民到期借谷本息代金一千七百多元，照当时市价可买八十个老石的谷子。这笔巨大的公款是县参议会和县府领兑回县的，然而，曾县长不经财料、县库，也不通知参议会，竟私行领用，迄今数月之久，仍未归库。经县参议函询，答称，已用作开会旅费及印制国民身份证之开支。县参议说："印制国民身份证另有专款，不容含混。此款为粮民权利之所属，竟由县长私自挪用，至今贬值，等于乌有。此重大违法贪污案件，实为吾川所仅见。"

还有县参议质问曾县长："本县自卫常备五个中队，自岁末成立以来，缺额极多，从今年点名情况来看，一月份应到 472 名，实到 299 名；三月份应到 454 名实到 263 名，缺额之主付食款米，一向由县府庶务代领转发，请问，这项空饷都发到哪里去了！"曾县长无言以对。

开县的"禁绝烟毒"经过几度展延禁止期限，最后竟无声无息地收了场。虽然勒戒了一些赤贫烟民，关押了一些有名毒犯，也枪毙了制毒犯张德明，一段时间也震慑了一些瘾哥，但断禁的狂风一过，烟毒仍然流行。不但吸鸦片的人一天比一天多，而且吸吗啡的人更多更普遍；不但私贩鸦片的人多，而且制售吗啡的人也越来越多。浦里南门场一带，简直成了吗啡制造场，连胆小的人也敢于制毒、贩毒、吸毒，甚至偷种鸦片了。从此，开县逐渐变成了毒窝子。

县府与法院同为国家机关，同处一城。其职权行使各有范围。曾县长因不满意开县地方法院之所为，竟派遣武警，荷枪实弹冲入法院，一时人心惶惶，街市秩序大乱。幸地方人士出面排解，方未酿成巨变。此种好勇斗狠之行，滥权违法之举，实为少见。

## 参议会 怒检举 县长贪污受包庇

1949 年 3 月，开县县参议会在召开的第九次大会上，专题讨论了曾县长的贪污案件。讨论时全场愤慨，有大半参议员痛哭流涕，一声一泪，参议员隗云阁因义愤填膺还当场吐血。鉴于正值宪政初行之时，而曾氏竟敢公开违法敛财，且事实确凿，情节严重，为伸张正义，严惩腐败，救县人于水火，参议会经全体会议通过，将该县长到任以来的贪污违法事实，分别向重庆监察院行署，重庆绥靖公署，四川省政府，九区专员公署进行检举。与此同时，县参议会还决议将检举曾逸贪污案进入司法程序。即行告发，除正副议长为法定代表外，并推参议员谢伯仲为检举案代表人。

除呈送检举书外，还推举议长包朝永、国大代表尹辉九、国民党部书记长陈宝田等为代表，于1949年3月17日同行赴万，向九区专署请愿。李专员听完代表们的检举呈诉后，对此案极为重视，当即派李明哲科长到开县调查。

开县旅万同学会得悉县参议会检举贪官曾逸的消息后，即于3月中旬发出启事，率先响应，并陈献意见五点：一、请参议会呈请专署依法扣押曾氏，追还贪污款项，以维县益。二、请参议会继续侦察检举曾氏贪渎事实，并呈请政府严惩究办；三、曾氏违法领取中央发还到期谷款，应按现时物价折合归还；四、请参议会将曾氏贪污劣迹诉诸法院，免使幸逃法网。五、请求本县父老组织借款索债团，向曾氏追索，以维护本身所遭受之损失。

曾逸案震动了各方，一时间闹得街谈巷议，舆论汹汹。

不料，到了3月末，有消息传出，说曾逸将调任酉阳县县长！

县参议会闻讯后，即按旅万同学会的意见，于4月2日发出急电，呈请专署扣押曾县长。电文说："本县县长曾逸违法贪污，曾经罗列事实电请钧座撤职法办在案。据闻曾逸业已奉调酉阳县县长，并饬留员交代，先行赴任等因。窃思曾逸贪污事实，昭昭在人耳目，且违法领用中央发还到期借谷本息代金，吞食自卫常备队缺额及勾结省府督导员售卖省级公粮，舞弊朋分等项，均属证据确凿，无可交代，诚恐其中途逃逸，案悬莫结，理合电请钧座准予先行扣押，以期结清交代而明责任。"

这时，曾逸随同专署李明哲科长到万县，听候处理。专署李科长来到开县县府后，即调阅有关卷宗，查询经办人员，收集各方调查证据，积极投入曾逸县长贪污违法案的调查工作。

李科长要曾逸县长交出相关资料备查，可曾县长毫无准备，匆忙间东找西找，卷牍也不齐全，甚至好多连卷宗都没有。李科长说："曾县长未将地方事务办好，足见你办事是一塌糊涂，不但手续不合，且有违法事件，无论如何他是应负重大责任的。"

在十天的调查中，李科长除核实了县参议会检举的八大贪污案件外，还补充了两项贪污内容；一是壮丁征集费，二是售买省粮。壮丁征集费1948年9月师区下发140多元,今年（1949年）二月,团区又下发90多元,数字虽小,乡镇长应依法分到一份，可曾县长竟不分发。售买省粮是省府派来的邹督导员将1947年的省粮二千石悉数卖掉，完全未照规定手续办理。虽然邹督导员是省府派的,但是县府是会同邹督导员出的领据,应有责任。邹与曾是否舞弊,或者是曾送人情都未可知，但不管怎样，曾都不能辞其责。

李科长在地方人士的多方协助下，对曾县长各项贪污内容分别调查竣事后，即在县参议公开报告调查经过及曾县长的贪污事实，驻城县参议员20多人出席了报告会,《新开县报》也派记者旁听。

李科长就县参议会检举各项的查明情形公开报告如下：

关于曾逸的贪污案，当时轰动了邻近各县，尤以本县民众，更是骂声不绝，专署为此曾派李明哲科长来开对该案作了详细调查，并在本县参议会公开报告调查结果，证明检举事实不虚，曾逸贪污违法属实。但是，李科长在报告的最后说，曾县长的贪污违法事，现事实已经查明，究竟如何处理限于职权范围，只有听候专署呈报省府处理。于是，在李科长公开报告的后两天，即5月4日，李科长查案完毕，返万复命，而被检举之曾逸县长，竟然同李明哲科长一道走了，很令人莫明。

此后，县人翘首以待，天天都在盼望关于贪官曾逸的处理消息，但一直没有回音，此案似乎就这样不了了之，而曾逸在酉阳县仍当县官。

# 案三十　币制改革“打老虎”

## 薪金少 物价涨 机关职员诉颓伤

国民党政府发动内战，计划3–6个月剿灭“共匪”，可是事与愿违，内战打了两年，仍不见“剿灭”的迹象，反倒是国民党军队在战场上逐渐处于被动。政府已无法通过发行公债筹措军政费、弥补财政赤字了，无奈之下便由国家银行垫款。中央银行从1946年起，为给政府垫款，不得不大量增发纸币，

上海电话公司发工资，一捆捆贬值钞(1948年3月)

法币的发行如脱缰野马，一发不可收拾，造成恶性通货膨胀。

到 1947 年 5 月，一个教授所领薪金 142 万元，不够买 10 袋（440 斤）面粉。以后虽每隔一两月调整一次薪金，但与物价上涨速度相比，还是望尘莫及。北京大学校长胡适致电政府，说平津物价高昂，教员生活清苦，吃不饱，请求发给实物；如不能配给实物，请按实际物价，提高实物差额金标准。1948 年 1 月，教授的薪水不够买 5 袋面粉。教授尚且如此，一般市民就更用说了。人们的劳动所得竟是成捆成捆不断在贬值的纸币，成了中国历史上的通胀奇观。

上海街头，随处都是为维持生计而苦苦挣扎的小商店主、劳动者、小贩和乞丐。小公务员的日子同样难过。1948 年 5 月 27 日《大公报》登载了一篇描写小公务员生存状态的“三字经”，摘要如下：

> 职员小，薪金少；下班迟，上班早。公事忙，做不了；管外勤，两头跑。自行车，倒方便；无钱买，可怎样。对上级，常媚笑；若触怒，饭碗掉。借人债，须还清；再拖欠，理难通。老少衣，破烂穿；欲购置，无钱买。米面涨，柴炭贵；思生计，实艰难。电灯费，街派摊；灰渣费，花样繁。父年迈，母高龄；遭不幸，怎能行。妻啼哭，子女闹；小职员，心烦躁。处此世，无处告；苦在心，强作笑；写几句，略解嘲。

南京中央政府各机关中流传着一段话：“慢慢叫，画画到，讲讲话，说说笑，吸吸烟，看看报，总算一天混过了！快回家，听听戏，打打牌，好睡觉。”

老百姓对于国民政府军政官员的贪污腐败行为是无比痛恨的，又苦于无法可施，便编了歌谣进行揭露和讽刺。如：“半分责任不负，一句真话不讲，二面做人不羞，三民主义不顾，四处开会不绝，五院兼职不少，六法全书不问，七情感应不灵，八圈麻将不够，九流三教不拒，十目所视不怕，百货生意不断，千秋事业不想，万民唾骂不冤。”

蒋介石进一步感受到贪污问题的严重性，他在日记中写道：“听取保密局贪污案报告，其诚骇人听闻，可痛！重庆高级机关与主管官之贪污索榨，不道德无廉耻之腐败情形，闻之色变，不知革命前途究将如何结果，不胜悲痛之至。每念中央军队高级将领之贪污富有，淫佚无度，以致忠勇之气荡然，廉耻之心扫地，是以不能剿匪，不能整军……”

到 1948 年 8 月，法币发行额竟达到 660 万亿元，是抗战前夕发行额的 47 万倍，而物价则比抗战前上涨了 600 余万倍。国民经济近乎崩溃。

## 金圆券 换法币 币制改革泄了密

1948 年是国民政府风雨飘摇、拼命挣扎的一年。

是年 4 月 20 日，国民政府举行了中华民国第一任总统、副总统选举，这是首次依照宪法举行的总统选举。蒋中正以 2430 票击败获得 269 票的同党对手居正，以高票当选行宪后的首任中华民国总统。副总统候选人在经过四轮投票后，孙科败给桂系军人所拥护的李宗仁。当选正副总统的蒋中正、李宗仁于同年 5 月 20 日在南京总统府宣誓就职。

行宪选举后，翁文灏出任行政院长，王云五任财政部长，开始筹划货币改革。7 月 29 日，蒋介石为挽救因法币破产而可能导致国民经济崩溃，在浙江莫干山召见翁文灏、王云五、外交部部长王世杰、中央银行总裁俞鸿钧等人，商讨币制改革方案，以图重整经济，恢复国家的经济秩序。币制改革的方案主要由财政部部长王云五提出。面对愈演愈烈的通货膨胀，他认为必须实行币制改革，其方案为，采行管理金本位制，发行新货币——金圆券。规定以金圆为本位币，法币及东北流通券均停止流通。法币三百万元换金圆一元，东北流通券三十万元换金圆一元。金圆四元兑换美金一元。蒋介石同意实施发行“金圆券”的重大举措，以管制物价。

1948 年 8 月 19 日，南京国民政府在法币流通濒临崩溃之际，再次企图通过币制改革以挽救国内局势。宣布中央银行总裁俞鸿钧和蒋经国为上海经济管制正、副督导员并即时赴任。蒋经国深知在上海前台活动的商界大佬们的后台就是南京的党国要人，任务将十分艰难。赴任之前，他就对父亲蒋介石说："上海金融投机机关无不与党政军要人有密切关系，且作后盾，故将来阻力必大，非有破除情面，快刀斩乱麻之精神贯彻到底不可也！"

蒋介石在日记中这样写道："虽然我晓得这个职位可能使经国遭到忌恨，甚至断送前程，但是我必须派他去。经国是可以承担此一任务的惟一人选。"上海是当时全国的经济、金融中心，蒋介石派蒋经国担负此重任，表明蒋介石在"经济改革"上的决心。

上海经济管制区包括首都南京及江苏、浙江、安徽三省，就是说，如果经济改革在上海能成功，其他各地也可能成功，从这一点看，蒋经国肩上的担子可谓不轻。

8月19日,国民政府颁布《财政经济紧急处分令》,公布《金圆券发行办法》等四项法规。据此,国民政府开始发行金圆券,取代之前的法币。所谓"法币",指的是1935年11月3日，国民政府宣布的将银元国有化、停止以银元兑换银行券的措施，所有通货改成政府指定的纸币，中央银行、中国银行、交通银行发行的钞票，为法定货币。

《金圆券发行办法》规定,三百法币兑换一元金圆券,禁止私人持有黄金、白银、外汇，凡私人持有者限于1948年9月30日前收兑成金圆券。

8月20日，38岁的蒋经国抵达上海。

蒋经国在九江路中央银行大楼3层设立了"经济督导员办公室"。他豪气干云，开始了整顿币制，惩治奸商的铁腕行动。他公布了有关的《经济管制法令》和《物价管制办法》，冻结物价，以法令强迫商人以8月19日以前的物价供应货物，禁止抬价或囤积。他以《上海向何处去》的醒目标题发表了告上海人民书，其中说："投机家不打倒，冒险家不赶走，暴发户不消灭，上海人民是永远不得安宁的……不惜以人头来平物价"。

金圆券发行之初，普通老百姓在"违者没收"或被投入监牢的高压下，只好将所存金银外币向银行兑换金圆券，而深知国民党政府经济危机底细的工商、金融大资本家就没那么乖顺了，蒋经国对他们不得不采取强制手段。他原来国防部的总队作为基本队伍，组织起他直接指挥的执法队伍——大上海青年服务总队，共有1万人，编成20个大队，分布在上海各个区，任用亲

“大上海青年服务总队”成立大会

信王升少将为总队长，准备雷厉风行，打击囤积居奇、投机倒把的行为。蒋经国在大上海青年服务队成立大会上，鼓舞队员们，对阻碍币制改革的巨商、富户要有“武松打虎”的勇气。

上海经济管制督导员、中央银行总裁俞鸿钧被赋予警察权，蒋经国只是作为他的副手，但高层人士都十分清楚，真正握有实权、且具雄心的却是蒋经国。当地的英文报纸《华北日报》称其是“在上海打经济战的主帅”。

蒋经国接连召见上海经济界的头面人物刘鸿生、杜月笙等人，要他们拥护政府措施，交出全部黄金、外汇，否则即勒令停业，甚至说出：“谁不交，就按军法办理！”

上海《大公报》记者季崇威 8 月 21 日在报上披露，一神秘人士于币制改革宣布前夕，即连夜从南京乘车抵达上海，8 月 19 日一个上午就向市场抛售 1000 万股永纱股票，照 20 日股票惨跌的行市计算，此人获利高达一千六百多亿元。这条消息犹如重镑炸弹炸开，各界沸腾。血本无归的股民们更是团团围住交易所和市政府，大骂社会黑暗，政府腐败，眼看一场轩然大波就要发生。

8月26日，国民政府监察院签发通知，派监委唐鸿烈、孙玉琳二委员火速赴上海追查“隐名人”真相。唐鸿烈、宋玉琳抵沪后，直奔京沪经济管制副督导员蒋经国办公室。蒋见唐、孙二人到来，让座，未做寒暄便单刀直入道：“泄密案在上海闹得沸沸扬扬，这几天股市连续狂跌，情形极为严重，此案不破，金圆券改革难以执行下去，不知二位监委对此案有何眉目。”说完，眉头紧锁，在房中踱来踱去，一旁坐着上海金融管理局局长林崇墉。

唐鸿烈欠了欠身，极为自信地说：“督导员，您不用太担心，这则消息最初来源于《大公报》，我们不妨首先从这里入手，追根溯源，定能查出蛛丝马迹。”

一旁的林崇墉接过话题道：“我和督导员也考虑过这个问题，但是如果《大公报》不肯合作，守口如瓶，我们有什么对策呢？”

蒋经国点了点头：“是啊！我看还是这样吧，唐监委、孙监委，你们二位调查《大公报》，我和林局长通知上海市警察局，对上海各股票交易所进行调查，核查19日的交易额，二位意下如何？”

孙玉琳道：“这样最好不过，委员长要求我们迅速破案，事不宜迟，我们俩这就去。”

唐、孙二人直访《大公报》，道明来意。经理李子宽吩咐手下人把记者季崇威找来。不管唐、孙二人如何软硬兼施，季崇威就是不肯吐露实情。李子宽也表示爱莫能助，唐、孙二人碰了壁，怏怏而归。

正当唐、孙二人一筹莫展时，蒋经国邀请他们出席第二天市警局会议，会同上海市警察局共同破案。会议中，接到南京总统府限令7天破案的追加电令。蒋经国当即命令金管局与警察局抽调精干人员，组成8个行动组，分赴全市237个交易所，查寻19日交易额在300万股以上的交易所。行动组很快就在237家交易所中，查出有嫌疑的22家。

8月31日下午6时，查出鸿兴证券交易所疑点最大，有大笔场外抛股的记录。鸿兴证券号是237号，来头可谓不少，其经济负责人是上海证券交易所理事长、杜月笙的二公子杜维屏！杜月笙是上海青红帮三大亨之首，蒋介石早年曾投靠过他，为蒋介石占据上海立下过汗马功劳。行动组感到十分棘手。唐鸿烈出了个主意，认为还是请蒋督导员亲自出面，可能比较合适，众人一致赞成，并由唐、孙等人直接向蒋经国汇报。

9 月 1 日，蒋经国笑容可掬地把杜维屏迎进了私人住所，分宾主坐定后，蒋经国与杜维屏拉了一些家常，杜维屏不明就理，忍不住问道："经国兄今天把我找来，只是为了叙旧？"

蒋经国不露声色地道："除了叙旧，倒还是有一事请维屏兄帮忙。"

杜维屏连忙拍了拍胸部："经国兄尽管吩咐，在上海，只要我杜维屏能办到的，一定在所不辞！"

蒋经经笑了笑，道："维屏兄，贵交易所在 19 日有二笔数额巨大的股票抛售记录，不知维屏兄是否知道这事？"

"这——"杜维屏一时语塞。

"维屏兄，政府内部有人泄露币制改革秘密，有人利用这一消息进行股票黑市交易，从中获取暴利，引发股票市场大动荡，政府经济改革也难以进行，还请维屏兄助我一臂之力。"

杜维屏欲言又止，面色十分尴尬，支吾着说，"经国兄，这件事我恐怕不能帮上大忙，请原谅。"

杜维屏异常的神色和举动，自然没逃过蒋经国的眼睛。蒋经国顺水推舟地说道，"维屏兄，这事就暂搁一边，还有几位朋友想与你见见面。"接下来，唐鸿烈、孙玉琳、林崇墉

被抓奸商的女眷来到蒋经国办公室哭哭啼啼

等人轮流盛宴杜维屏。杜维屏实在过意不去，终于向蒋经国透露了事情的真相：19 日上午，李伯勤陪同两个女人来到鸿兴交易所，以“兰记”和“淑记”两个女人的名号开户，抛出 300 万股永安纱厂股票。

蒋经国立刻命令上海警备司令部稽查处迅速逮捕李伯勤。李伯勤住在上海市延庆路 9 弄 20 号妹妹李国兰家，李国兰丈夫陶启明是财政部秘书。当天，淞沪警备司令部稽查处经济组组长毛克刚派便衣人员潜伏在李家附近，李伯勤一直到晚上 12 点还未露面。毛克刚当机立断，命令该组干将李吉光进入李家探虚实。李吉光敲开李家的门，自我介绍道：“你是嫂子吧，我是启明兄从小一起长大的朋友。”

李国兰一听是陶启明的儿时朋友，连忙把李吉光引进屋内，热情招待。扯了一些家常后，李国兰对李吉光已没有任何戒心，气氛十分随意，李吉光道：“19 日那天上午，我就要来找嫂子，想请启明兄帮忙，敲门时，家里没有人。”

李国兰冲口而出，“上午我和另外两位朋友去鸿兴交易所炒股去了，你当然找不到我了——不知你有什么事需要启明帮忙，我帮你转告。”

李吉光不动声色：“想不到嫂子还炒股，我对这个一窍不通，嫂子以后要多开导开导我，让我也有发财的机会，哈哈哈！”顿了顿，李吉光又故作亲切地说：“我听说股票大跌，嫂子这次肯定亏了。”

李国兰得意地说，“这你就有所不知，别人都亏，我却赚了！”说完也笑了起来。

李吉光见目的达到，把脸一变，掏出警员证件，严肃道：“对不起，你被捕了！”

李国兰几乎不敢相信自己的眼睛：“你不是启明的朋友么？原来你是……”她吓得瘫倒在沙发上。外面的人进来，将她带走了。

随后，专案组来到湖南路 343 号石油公司宿舍，逮捕了杨淑瑶，带回警察局。唐鸿烈、孙玉琳亲自提审了二人。李国兰供认丈夫陶启明让她与李伯勤、杨淑瑶出面抛股。另一案犯杨淑瑶是中国石油公司南京营业所主任徐壮怀之妻。

陶启明由王云五的亲信、财政部主任秘书徐百齐介绍，两个月前进入财政部任秘书。徐百齐接到林崇墉的电话，得知陶启明泄密，不敢怠慢，马上报告王云五。王云五立即通知警察厅长黄珍吾，逮捕陶启明。

当晚，陶启明在财政部宿舍被捕。在历时56个小时的审讯下，陶启明终于承认泄密罪，他是8月18日连夜从南京坐车返回上海，找到好友徐壮怀、袁柳安等，策划了狂抛永安纱厂股票事件。

陶启明还供出了顶头上司徐百齐以及有关人员徐壮怀、袁柳安。袁不久被捕，徐壮怀早已闻风而逃。随着审讯的进一步发展，这起金融泄密案也水落石出。

## 蒋公子 志踌躇 铁腕打击贪“老虎”

蒋经国推行金圆券、抑制物价，最大的难题是那些有实力又有势力的商人、资本家。他一个个地召见上海的大资本家，胁迫其申报登记资产，交出金银外汇。煤炭大王、火柴大王刘鸿生对手下说：“蒋太子满脸杀气，向工商

黄牛党，一些靠炒汇牟取利益的小奸商，正在警察所接受审问

界人物大发雷霆，他是什么都干得出来的！不敷衍不行啊！要防他下毒手！”刘鸿生被迫交出黄金800条（每条10两）、美钞230万元、银元数千枚。

上海商业储蓄银行总经理陈光甫，曾为国民政府赴美奔波借款，颇受蒋介石赏识，此时也不得不向中央银行移存现金外汇114万美元。

金城银行总经理周作民不敢住在家里，几乎每晚换个地方，后装病住在虹桥疗养院，警察局曾派人来告知，非经批准，不准擅离上海。

1948年9月，政府规定：文武公教人员之待遇，一律以金圆券支给。照抗战前标准领取600元薪水的教授、高级知识分子们，这时得月薪为金圆券122元，相当于战前银币61元；实际收入为战前标准的十分之一。

9月6日，蒋介石大骂资本家们“自私自利，直接破坏政府戡乱救国的国策”，威逼他们必须马上改变观望态度，否则“政府不得不采取进一步措施予以严厉制裁”。

王春哲是林雪公司总经理，因私套购黄金外汇、参与黑市投机而被捕；上海警备司令部科长张亚民、大队长戚再玉因勒索罪被枪决。蒋经国声称这是一种社会性质的革命运动，要发动广大的民众来参加这个伟大的工作。

蒋经国又成立“人民服务站”，设立检举箱，鼓励各界检举。其后，蒋经国先扣押了上海申新纺织公司总经理荣鸿元，又扣押了杜月笙之子、鸿兴证券号负责人杜维屏等人，转交法庭审理。

9月24日，王春哲在上海被警察处决。引起轰动。因为王是著名商人、百万富翁、黑市奸商。在王的豪宅里，全家嚎啕大哭。但蒋经国说：“我宁愿看到一个家庭痛

黑市奸商王春哲被从刑事法院押往刑场

哭，而不愿意看到满街的人痛哭。”

这时,《时代》发表中国通讯，描述了蒋经国的上海行动，认为蒋经国在苏联接受的教育及经历,影响了他所采取的行动方式。《时代》写道:上个星期，上海市民快乐地看到一个活人的葬礼：一辆马车运着一副棺材，棺材上站着一个打扮怪模怪样的老头，他紧紧抓住一条香烟，两块香皂，几盒手表，一捆布。棺材盖上一次，又打开一次，每一次这个老头都要从里面爬出来，向人群大声坦白囤积和倒卖的邪恶。周围的标语牌上写着:“囤积者是公敌。”“谁危害金圆，就砍谁的头。”组织这一活动的人，是负责监督上海新的金圆券兑换流通秩序的督导员蒋经国少将。

蒋经国做事认真，看上去比他三十八岁的年龄要年轻。他的位于中国中央银行的办公室向民众开放，听他们的抱怨。涌到蒋经国办公室的人，包括身穿灰长袍的商人，给小孩换尿布的妇女，穿宽松外套、黑色苦力裤的劳工。蒋穿白色开领短袖衫，像一位美国政党在社区的选民头目，听来访者反映问题。

蒋经国的“上海打虎”初见成效，物价在一个时期内保持了稳定，岌岌可危的财政金融危机也似乎有所缓和，舆论一片赞扬之声。有报纸称蒋经国是国民党救命王牌；有的甚至称颂其为“蒋青天”、“活包公”，从中也可看出民国百姓对于贪腐的痛恨和对于根治贪腐的热切期盼。一片赞扬声中，蒋经国却啃到了一块硬骨头——杜维屏案。

9月下旬，蒋经国在浦东大楼召集许多工商巨头开会。会议开始，蒋经国照例客气地表示感谢诸位对币制改革的支持，接着话锋一转，带着威胁的口吻说:“有少数不明大义的人，仍在冒天下之大不韪，投机倒把，囤积居奇，操纵物价，兴风作浪，危害国计民生。本人此次秉公执法，谁若囤积物资逾期不报，一经查出，全部没收，并予法办！”

他的话音刚落，杜月笙却不紧不慢地说道：“犬子维屏违法乱纪，是我管教不严，我叫他把物资登记交出来，而且把他交给蒋先生依法惩办，无论蒋先生怎样惩办他,是他咎由自取。”杜月笙顿了顿,抛出了“撒手锏”:“不过，我有个请求，也是今天到会各位的一致要求，就是请蒋先生派人到扬子公司查一查。扬子公司囤积汽车、呢绒，匿藏金银外汇，在上海首屈一指，远远超过其他各家。希望蒋先生一视同仁，把扬子公司囤积的物资同样予以查封，这样才能使大家口服心服。”

杜月笙的此番话立即令蒋经国陷入了尴尬境地，但他接着表示：“扬子公司如有违法行为，我也一定绳之以法。”

法院审讯杜月笙的儿子杜维屏（左，穿长袍者）

在送走杜月笙之后，蒋经国立刻派人赴扬子公司执行查封。

扬子公司是以孔令侃为董事长兼总经理的公司，在当时叫“豪门资本”，成立于1946年4月，注册资本1亿元，1947年7月，该公司已因套用大量外汇，资本增加为10亿元。分为100万股，孔令侃占24万9千股。此次囤积大量物资一事被发现，自然令各阶层人士更加愤怒，不少人主张立即逮捕孔令侃。

## 打“老虎”“老虎”硬“老虎”屁股坐你头

孔令侃可不是一般人，他是孔祥熙、宋霭龄的长子，而孔祥熙是行政院院长，又是宋美龄的姐夫。宋美龄此前因小产而终身未育，视孔令侃为亲子，满心疼爱。

10月2日，上海《正言报》发表消息，标题为《豪门惊人囤积案，扬子仓库被封》，成为一个轰动上海的新闻。孔令侃自认为靠山硬，谁也奈何他不得，所以并没有把“太子”放眼里，违法乱纪的事实路人皆知。整个上海都拭目以待，看蒋经国如何动作。蒋经国也横下心向孔令侃开刀，他虽然知道孔令侃不好惹，但他不得不惹。

不料，这边扬子公司刚被查封，那边孔令侃就跑到南京向姨妈宋美龄求救。宋美龄给蒋经国打电话调解，蒋经国不妥协。宋美龄紧急飞到上海。急电给在北平的蒋介石，说上海出了大问题要他火速南下。当时北平形势紧张，蒋介石正在主持军事会议和亲自督战，闻讯后立刻要傅作义代为主持，自己飞赴上海。

宋美龄亲自驾车将孔令侃带入官邸，引见蒋介石，抢先告了蒋经国一状。这事被《大众夜报》窥知，就报道，说“……宋美龄穿的是黑色旗袍，孔令侃穿的是灰色西装，神态怡然”。

第二天，蒋介石召见蒋经国。蒋介石在经过一番痛苦的思想斗争之后，他妥协了。父子交谈不到半小时，蒋经国就垂头丧气地出来了。

接着,上海《大众夜报》被责令停刊。为什么停刊？因为它不仅发了《扬子囤货案》等报道，还有一篇社论《请蒋督导为政府立信，为人民请命》，其中有这样一段话：“轰动一时的沪上豪门大囤积案似有烟消云散之势，方在人民心中栽下了的对政府的一点‘信仰’之幼芽，恐将因此而连根拔去，同时亦可能给当前的经管工作以致命的打击，瞻望前途，不胜忧虑。”

外界舆论说上峰压制调查，窒息言论，徇私包庇，终于毁灭了民众的最后一点希望，造成人心尽失。

孔令侃化险为夷，被视为蒋经国“上海打虎”的转折点。

据《蒋经国传》称，孔令侃做出和解，交给政府六百万美元，然后前往香港,再转赴纽约,避免了更严重的惩罚。杜维屏在上缴大笔罚款后获得释放，离开上海前往香港。

维持了 70 天的“打老虎”行动以蒋经国辞职而收场。曾试图一展宏图的蒋经国，虎头蛇尾，如此这般结束了他的使命。

物价刚刚稳定不久，便又急速上涨。金圆券的信誉又一落千丈，金圆券贬值超过 2 万倍。被人为控制的物价以更惊人的速度扶摇直上，黑市黄金价格越来越升。从 10 月以后市面上就没有“限价”商品了，人们只能在黑市高价购买生活用品。

10 月 26 日，翁文灏的行政院不得不变通策略，宣布调整 8 月 19 日颁布的限价；10 月 28 日，又决定粮食可以自由买卖，货物可计本定价，承认币制改革失败。

11 月 3 日，翁文灏率内阁总辞职，这一天，距 7 月 29 日莫干山上蒋介石与他们的聚谈，只有三个多月。

其实，问题恐怕远非如此简单。即便没有孔令侃一案的转折，这场涉及领域极其广泛、触动利益层面极其复杂的“上海打虎”，也会因币制改革的必然溃败而前功尽弃，因为金圆券政策失败源于发行限额无法严守。国民党政府在 1948 年战时的赤字，每月达数亿元至数十亿元，主要以发行钞票填补。

这年秋冬之际，东北、平津先后失守，中原会战惨败，国军精锐丧尽，内战的军事急速逆转，而国民党曾希望得到的美国贷款援助却从来没有落实。军事上的失败和金融上的崩溃互为因果，通货进一步膨胀。至 1948 年 12 月底，金圆券发行量增至 81 亿元。当时流行着这样的笑谈：“在中国唯一仍然在全力开动的工业是印刷钞票”。

历史走进 1949 年。

4 月 23 日，中国人民解放军占领南京，5 月 27 日攻取上海，6 月 5 日下令禁止金圆券流通。国民政府逃往广州后，仍继续发行金圆券，但“多数地方已不通用，即在少数尚能通用之城市，其价值亦逐日惨跌，几同废纸。”广州国民政府终于在 7 月 3 日停发金圆券，发行仅 10 个月的金圆券就此收场。原本有点家底的市民一夜之间变成无产者，蒋宋孔陈“四大家族”把民间数亿美元、外汇和金银搜刮到手了。“金圆券风暴”成了国民党在大陆的最后一次腐败狂欢。

司徒雷登是 20 世纪前半叶中国历史的见证人。他断断续续一共在中国生活了 50 年。这些经历大致记录在他的日记体的回忆录《在华五十年》一书中。他说，国民政府在意识形态方面苍白无力，缺乏志存高远的精神，没有革命的理想，国民党并不抱有要推行民主和进行社会改革这样一些较为积极的目的。国民政府在组织上仍采用旧式封建管理方式，腐败丛生。国民党内部腐败的猖獗，许多官员都是通过正当或不正当的手段发了大财之后告老还乡的。腐败腐蚀了整个国民党军事体系。甚至在抗日战争期间，军官们的贪污行为就已十分猖獗。在国家资源日益枯竭，前途已经无望时，这一现象依然如故。

司徒雷登对国民政府的失败进行了小结："中华民国政府失败的原因，那不是因为援助不够。我们派驻现场的观察员报告说，国民党的抵抗力量之所以遭到极大削弱，实际上乃是战争初期我们派驻重庆的观察员所见到的那种腐败现象，国民党军队不是被打败的，他们是自行瓦解的。"